비즈니스 성공의 비밀 탈무드

유대인들이 절대 가르쳐주지 않는

비즈니스 성공의 비밀

탈무드

래리 캐해너 지음　　　　　김정완 옮김

BUSINESS
SECRETS

한국경제신문i

사람이 죽은 후 하늘의 대심판정에서
가장 먼저 받는 질문
"살아있는 동안 정직하게 비즈니스를 했느냐?"

– 라바, 탈무드에서

지혜를 얻고자 하는 사람은
돈이 작동하는 방식을 먼저 공부해야 한다.
《토라》학습에서 이보다 더 중요한 것은 없기 때문이다.
토라는 흘러넘치는 시냇물과 같다.

– 랍비 이쉬마엘, 탈무드에서

1500년이나 된 탈무드로부터 배우는
비즈니스 성공의 비밀

북미 최대 부동산회사 올림피아앤요크개발Olympia & York Development, Ltd.은 1980년대 중반 자산가치가 한때 최고 100억 달러에 달했던 라이히만Reichmann 가의 기업이었다. 정통 유대교 가문인 라이히만 가는 헝가리에서 건너온 캐나다 이민자들로서 '자선과 관용'이라는 핵심가치를 고집하면서 청렴과 정직, 정시 프로젝트 완수 등을 기반으로 명성을 쌓았다.

라이히만 가의 성공을 지켜보던 경쟁자들은 그들이 매일 탈무드를 공부한다는 사실을 알아내고는 사업성공의 비결을 알아내려고 탈무드를 읽기 시작했다. 이윽고 그들은 라이히만 가의 사업적 통찰력이 확실히 탈무드의 실용적 조언, 도덕 기준, 윤리적 가치에서 비롯됐다는 것과 이 기업의 성공은 이를 성실히 수행하는 데 있었음을 알게 되었다.

탈무드는 유대주의와 유대 문화의 초석 가운데 하나지만, 종교적인 책은 아니다.《바빌로니언 탈무드》는 약 250만 단어 분량에 고대 랍비(선생)들 간의 뜨거운 대화와 논쟁으로 구성돼 있다. 랍비들은 의약 분야에서 어린이 양육 방법, 상업거래에 이르기까지 사실상 삶의 모든 측면에 관해 논쟁을 벌였다. 탈무드가 '인생 사용 설명서'로 불리는 이유다.

이스라엘 제2성전 시대, 곧 BC 539-332년경 제사장들과 뛰어난 학자들로 구성된 '위대한 모임The Great Assembly'의 사람들이 글로 된 모든 텍스트를 하나로 모으고 체계화하기 시작했다. 그들은 그 텍스트들의 순서를 정함과 더불어《토라》라 불리는《모세5경》에 들어갈 책들을 선정하는 작업도 병행했다. 보통 두루마리 형태로 만들어진《토라》는 우리에게 익숙한 성경 이야기들을 수록하고 있었다. 학자들은 선지자들의 행적을 담은 예언서와, 시편·잠언·역대기를 통칭하는 성문서도 체계화했다. 이 책들은 한꺼번에 묶여서 유대인의 성경인《타나크》로 만들어졌다.《토라》를 포함한 유대인의 성경인《타나크》는 기독교의 구약성경이며 기독교 분파 종교들이 흔히 사용하는 경전의 원본이기도 하다.

일단 성경을 만들고 난 후 학자들은 다시 오랫동안 구전으로 내려오던 장로의 유전, 뒤죽박죽된 율법들, 다양한 의견들, 장기간 흩어졌던 많은 이야기를 체계적으로 정리하는 데 관심을 기울였다. 그 결과 만들어진 책이《토라》의 주석으로써 구전으로 내려오던 것을 글로 정리한《미쉬나》이고, 그《미쉬나》에 다시 질문과 토론 방식으로 주석을 붙인 것이《게마라》다. 구전율법을 글로 정리한《미쉬나》가 완성된 후《게마라》를 덧붙여 마침내《탈무드》가 탄생했다.

탈무드는 비록 오래 전에 기록됐지만 현대의 랍비들은 여전히 고대 탈무드 랍비들이 기록해놓은 대화와 논쟁을 바탕으로 다양한 질문에 답하고 있다.

애초 탈무드는 각자의 신념을 드러내느라 현자들 간에 벌어졌던 활발한 토론과 자유연상을 통해, 대화와 논쟁을 자극할 목적으로 만들어졌다. 아이디어와 토의가 샛길로 빠졌다가는 다시 돌아오기를 반복하고 때때로 주제를 중심으로 맴돌기도 한다. 탈무드에는 비즈니스나 의약 섹션이 따로 없지만 관련 주제들이 일부 모여있거나 대개는 탈무드 전체에 흩어져있다. 이 같은 불규칙적인 구조 때문에 탈무드를 이해하기가 쉽지 않다. 하지만 오히려 내용이 풍부해지는 효과도 있다. 탈무드를 읽는 독자들은 어쩔 수 없이 잠시 멈추고 질문하며 심사숙고하지 않을 수 없게 된다.

왜 탈무드는 비즈니스를 강조했을까?

탈무드는 삶의 다양한 분야를 다루고 있지만 특히 상업거래를 중요시한다.《모세 5경》에 기록된 613개 계명 중에 100개 이상이 비즈니스와 경제 관련 계명이다. 탈무드의 현자 라바는 사람이 죽은 후 하늘 대심판정에서 가장 먼저 받게 되는 질문을 다음과 같이 소개했다. "살아있는 동안 정직하게 비즈니스를 했느냐?" 또한 랍비 이쉬마엘은 이렇게 말했다. "지혜를 얻으려면 돈이 작동하는 방식을 공부해야 한다. 토라 학습에서 이보다 더 중요한 것은 없기 때문이다. 토라는 흘러넘치는 시냇물과 같다."

탈무드가 '비즈니스' 또는 '돈과 이익'에 대해 그토록 관심을 보이는 이유는 뭘까? 유대인들이 돈만 밝히는 사람들이라는 오해를 사고 있지만 실제 유대주의나 탈무드 랍비들이 전하려고 했던 건 그게 아니다. 탈무드 랍비들이 굳이 비즈니스, 상업거래, 돈에 대해 토론한 이유는 다음과 같다.

· 탈무드는 정직한 상업거래를 강조한다. 인간의 도덕성과 인성이 상업거래에서 가장 잘 드러나기 때문이다.
· 일하고, 돈 벌고, 거래하는 과정에서 우리는 자선을 베풀고, 고용을 창출하고, 공동체와 세상의 번영에 쓰일 재산을 축적할 절호의 기회를 얻기 때문이다.

인간의 연약함, 편견, 이웃을 대하는 자세 같은 인간의 내면은 돈과 비즈니스 활동에서 적나라하게 표현된다. 결과에 상관없이 이익을 극대화하려는 인간의 본성이 고개를 들기 때문이다. 때때로 사람은 비즈니스 거래 중 남을 속이고 싶은 유혹을 느끼기도 한다. 다른 사람들도 다 그렇게 하고, 그 정도의 잘못으로 얼마나 큰 피해를 입히겠느냐, 또는 상대방과 다시는 거래할 일이 없을 것이라 생각할 수도 있다. 탈무드는 사소한 거래란 없으며, 가볍게 넘길 죄악도 없음을 분명히 하고 있다.

탈무드 랍비들은 회사운영, 노무관리, 상품의 구매 및 판매, 동업관계, 계약체결, 납세, 게다가 상품 광고홍보에 이르기까지 구체적인 업무지침을 마련해놓았다. 윤리적인 비즈니스 운영 자체로도 큰 보상을 얻겠지만, 탈무드는 비즈니스의 윤리적인 경영이 해당 기업은 물론 공동체에도 유익하다는 점을 누누이 강조하고 있다.

탈무드가 제시하는 비즈니스 교훈을 읽다 보면 대단히 중요한 윤리적 주제들과 마주하게 될 것이다. 탈무드적 사유의 뿌리를 형성하는 이런 가치들은 모두 유대주의의 도덕적 신념에서 비롯된 것이다. 일부는 기독교와 이슬람교 같은 종교에서도 발견되지만 대부분은 탈무드에서만 발견할 수 있다. 이를 정리하면 아래와 같다.

1. 네 이웃을 네 몸같이 사랑하라

탈무드 랍비들은 인간과 신의 관계도 중요하게 여기지만 그에 못지않게 사람과 사람 관계에도 더욱 큰 관심을 기울였다. "네 이웃을 네 몸같이 사랑하라"라는 황금률은 인간관계의 근본이다. 이교도들의 조롱을 받으면서도 《토라》를 가르치는 걸

멈추지 않았던 랍비 힐렐은 말했다. "네가 하고 싶지 않은 일을 남에게 강요하지 마라. 이것이 《토라》의 전부다. 나머지는 주석에 불과하다."

2. 절대적인 소유권은 존재하지 않는다

사람은 청지기다. 신은 우주의 모든 것을 소유한 주인이고 사람은 단지 이를 관리할 뿐이다. 청지기로서 신의 소유물을 맡아 잘 관리할 책임은 이 땅은 물론 이웃, 동물, 돈, 비즈니스 등 모든 것에 적용된다.

3. 입힌 피해에 대해선 반드시 책임진다

'눈에는 눈'이란 성경 구절은 가해자의 죄악을 처벌하는 것과는 전혀 상관이 없다. 사형을 인정한 것도 아니다. 오히려 자신이 저지른 모든 일에 대해 반드시 책임져야 한다는 것을 지적하고 있다. 무엇인가를 망가뜨렸다면 반드시 고쳐주거나 교체하고, 비용을 지불하거나 배상해야 한다.

사람은 가급적 피해를 끼치지 않도록 조심해야 하며, 어떠한 것도 불필요하게 파괴하지 않도록 유념해야 한다. 피해는 인간의 작위나 부작위에 의해 발생한다. 이 금기사항은 눈에 보이는 물질적인 것뿐만 아니라 타인의 자존심이나 명성 같은, 눈에 보이지 않는 것에도 적용된다.

4. 약자에게 동정심을 보여라

이 구절은 가난한 사람에게 자선해야 한다는 것을 말한다. 또한 비즈니스 거래에서 연약한 사람을 이용해서는 안 된다는 메시지를 포함한다. 《토라》는 다음과 같이 언급하고 있다. "시각장애인 앞에 장애물을 놓아두어선 안 된다." 정신적으로 문제가 있는 사람에게 위험한 무기를 팔아서도 안 되고, 미성년자에게 술을 팔아서도 안 된다. 그들은 그런 물건을 다룰 능력이 없기 때문이다.

5. 인간은 자유의지를 갖고 있다

"모든 것이 미리 정해져 있지만 선택의 자유는 여전히 유효하다." 탈무드에 등장하는 이 경구는 얼핏 모순처럼 보이지만 전혀 그렇지 않다. 신은 미래를 꿰뚫고 있지만, 인간은 신의 계획을 알지 못하므로 자신이 내린 선택에 대해 반드시 책임을 져야 한다.

이웃이 하는 행동은 통제할 수 없지만, 자신의 행동은 스스로 통제가능하며 따라서 모든 책임을 져야 한다. 성공하든 실패하든, 적절하게 행동해야 할 책임은 전적으로 자신에게 달려 있는 셈이다.

6. 공동체의 관습을 따라라

탈무드 랍비들은 공동체가 그 구성원에 대해 도덕적 행위를 강제할 수 있다고 믿었다. 공동체 멤버라면 그 공동체의 법을 따라야 한다. 세금을 납부하고, 법원의 판결을 따라야 하며, 사업과 상업거래에 관계된 공동체의 관습을 지켜야 한다.

7. 균형 잡힌 삶을 고수하라

탈무드는 삶의 균형을 강조한다. 부자가 되려는 것은 장려할 만하지만 그렇다고 너무 많은 재산은 오히려 부담이 될 수 있다. 지독한 가난은 반드시 피해야 할 재앙이다. 일은 지극히 중요하지만, 과로는 좋지 않다. 랍비들은 충만하고 즐거운 인생을 살려면 여러모로 균형 잡힌 삶을 살 것을 강조한다.

오늘날의 비즈니스를 위한 안내서

비즈니스 환경이 점점 더 복잡해지고 어려워지자 많은 CEO들이 고전古典에서 문제의 해답을 찾곤 한다. 《손자병법》은 시장의 치열한 경쟁에서 어떻게 살아남을 것인가에 대한 깊은 통찰력을 제공한다. 마키아벨리의 《군주론》은 군주의 무자비한 권력에도 불구하고 명확성과 선견지명 덕분에 많은 비즈니스 스쿨에서 필독서로 지정할 정도로 화려하게 부활했다.

탈무드 랍비들의 견해는 종종 우리의 상식과는 상이한 경우가 많다. 예를 들면, 돈과 이익추구를 악의 뿌리로 보지 않고, 선행을 실천할 수 있는 기회로 본다. 게다가 생활수준 향상은 물론 가족들과 즐거운 시간을 보낼 수도 있고, 《토라》를 배울 기회를 얻을 수도 있으며, 삶의 행복을 만끽할 수 있게 해준다고 본다. 물론 돈은 지나치게 집착할 경우 삶을 망치는 원인이 될 수 있다는 점도 놓치지 않는다. 랍비들은 돈을 선하게 벌고 쓰기 위해서는 탐욕을 억제할 수 있는 능력을 반드시 먼저 배양해야 한다고 주장한다.

탈무드의 지혜는 그 깊이를 가늠하기 어려울 정도로 깊다. 탈무드는 유대인의 횃불이며, 혹독한 검열과 분서焚書의 위협에서 생존을 이어왔다. 탈무드를 공부했다는 이유로 많은 이들이 고문을 받고 죽임을 당하기도 했다. 엄혹한 고난의 시간을 함께 견뎌낸 탈무드와 유대인은 서로를 풍부하게 살찌우고 있다. 탈무드의 지혜와 가치는 오래도록 지속될 것이다.

이 책은 탈무드에 기록된 비즈니스의 지혜를 안내할 목적으로 쓰였다. 탈무드는 오랫동안 검증된 윤리도덕의 틀 안에서 회사를 성공적으로 경영하는 법, 협상 방법, 직원들의 충성도를 높이는 법, 상품을 성공적으로 판매하는 법, 광고를 효과적으로 하는 법, 고수익을 얻는 법 등을 제시한다. 인간의 본성과 비즈니스의 기본은 변치 않으며 따라서 이러한 주제들은 오늘날에도 여전히 참고할 만하다. 흥미로운 점은 유대인들이 농업경제에서 상업경제로 변화하던 과도기에 탈무드가 만들어졌다는 것이다. 탈무드는 고대 유대인들이 상업거래와 비즈니스 규칙을 만들어가는 과정을 상세히 보여주고 있다.

이 책에 등장하는 탈무드 랍비들이 제시하는 비즈니스 교훈은 돈과 직업에 관한 아주 기초적이지만 심오한 아이디어로 출발해서 노사관계, 동업관계, 경쟁과 같은 좀 더 복잡하고 어려운 비즈니스 이슈들로 옮겨간다.

이 책은 탈무드에서 얻은 교훈을 성공적으로 기업경영에 활용하고 있는 사람들을 소개한다. 말든밀스Malden Mills의 소유주인 아론 퓨어스타인Aaron Feurstein은 공장이 화재로 불타버려 생산이 일시적으로 완전히 중단된 후에도 직원들에게 급여를 계속 지불했다. 아론 퓨어스타인과 같은 사람들은 탈무드를 배우고 그 가르침을 사업에 접목해 사업에 불어 닥친 여러 어려움을 헤쳐나갔던 사람들이다. 뉴욕 브루클린에 있는 알로우헬스앤뷰티케어Allou Health&Beauty Care의 사장 빅터 야콥스Victor Jacobs는 〈포춘Fortune〉지와의 기자회견에서 탈무드가 비즈니스에 어떤 도움을 주었는지 묻자 다음과 같이 답했다. "탈무드는 마음을 열고 생각하는 법을 가르쳐줍니다."

탈무드의 가장 큰 선물

이 책은 탈무드가 현대 비즈니스맨들에게 선사하는 가장 중요하고 멋진 선물이 무엇인지 알려줄 것이다. 그 선물은 우리 모두가 추구하지만 이를 얻는 사람은 극히 드문 매우 귀한 어떤 것이다.

탈무드는 비즈니스 활동과 사적인 삶은 물론 영적인 삶 속에서 균형을 잡는 법을 제시한다. 또한 비즈니스의 성공뿐만 아니라 그 밖의 삶에서도 행복을 만끽할 수 있다는 소중한 교훈들을 제시한다. 탈무드는 일, 돈, 사업의 목적에 대해 전혀 새로운 가치관을 갖도록 주문한다. 또한 "왜 일을 해야 하는가?", "왜 비즈니스가 존재하는가?", "돈을 얼마나 많이 벌어야 하는가?"와 같은 아주 원론적인 질문들을 던지는 데 주저하지 않는다. 이런 질문에 답하는 그들의 사고가 조금은 이상하게 보일 수도 있고 충격적일 수도 있다. 랍비들은 우리 스스로 해답을 찾을 수 있도록 안내해줄 것이다.

어떤 종교 또는 심지어 종교가 없는 사람이라도 이 책을 읽는 사람은 누구나 자기 자신, 비즈니스, 가족에 대해 기존에 갖고 있던 생각을 바꾸게 될 것이다. 당연히 그 생각은 예전보다 한결 낫다는 것을 알게 될 것이다.

래리 캐해너 Larry Kahaner

탈무드원전연구가로서 유대인 경제서를 원서로 자주 읽는 편이다. 3년 전쯤 이 책의 원서인 《Values, Prosperity and The Talmud》를 읽고는 너무나 유익한 내용이 많아서 당장 번역하고 싶었다. 탈무드원전을 연구하면서 유대인들은 비즈니스를 신앙만큼이나 중요하게 생각한다는 것을 알았다. 이 책은 그런 갈증을 풀어주기에 충분했다. 유대인 기업들의 경우 윤리·도덕 경영이 일반적이다. 정직하게 사업하는 것을 대단한 자부심으로 여긴다. 알고 보니 탈무드원전이 그것을 강조하고 있었다(그들의 경전인 토라도 마찬가지다).

언젠가 한국에 거주하는 랍비 오셔 리츠만과의 대화 중 다른 민족과 다른 유대인만의 특징으로 도덕적 기준이 상대적으로 대단히 높다고 자랑삼아 이야기하는 것을 들었다. 그 도덕적 기준은 단지 개인적 차원이 아닌, 사회 모든 분야에 해당한다. 특히 비즈니스 분야는 더욱 그렇다. 사람이 죽으면 누구나 대심판정에 서게 되는데 그 첫 번째 질문이 "살아있는 동안 비즈니스 거래를 정직하게 했느냐?"라고 한다. 그다음 질문이 "토라를 정기적으로 공부했느냐?"인데, 사실 두 번째 질문이 더욱 중요할 것 같지만 그렇지 않다.

유대인들은 사람 됨됨이나 신앙의 정도를 파악할 때도 돈거래를 어떻게 하느냐를 지켜본다고 한다. 돈은 모든 사람에게 유혹이다. 돈만 있으면 뭐든 다 할 것 같은 착각에 빠지기 때문에 돈을 신으로 섬기는 사람들도 많다. 오죽하면 신약성경에 "돈과 하나님을 겸하여 섬길 수 없다"라는 말이 있을까.

사람은 하루도 돈에서 벗어나 살 수 없다. 물고기가 물을 벗어나서 살 수 없는 것과 같다. 그렇다고 돈에 지배당해선 안 된다. 그러기 위해서는 돈을 잘 알아야 하고 경제 흐름에 민감해야 한다. 랍비 오셔 리츠만이 "돈의 노예가 되지 말고 돈의 주인이 되되, 가치의 주인이 되라"고 한 이야기가 생생히 기억난다.

그들은 돈의 유혹을 이겨내기 위해 일부러라도 자선을 한다. 탐욕을 제어하는 유일한 방법이 돈을 기부하는 것이라고 여긴다. 옳지 않은 일을 하지 않기 위해선 적극적으로 옳은 일을 하면 된다. 이처럼 돈을 좋은 곳에 가치 있게 쓰는 법을 알고 실천하면 공동체 모두가 함께 누릴만한 가치를 만들어낼 수 있고 자신의 탐욕도 제어할 수 있다. 비즈니스도 개인과 공동체 크게는 국가 전체에 도움이 되는 가장 큰 자선의 행위 중 하나다.

자선을 하기 위해서는 정직하게 번 자기 소유의 돈이어야 한다는 규칙이 있다. 바로 비즈니스를 정직하고 성실하게 행한 뒤 번 돈은 그 자체로 순수하고 깨끗하다. 그런 돈으로 자선할 때만 돈의 가치가 빛나는 법이다. 하지만 양심적으로 비즈니스를 한다는 것이 얼마나 어려운 일인지 모른다. 부정한 방법으로 돈을 버는 것은 간음죄보다 더 중한 범죄다. 피해자가 다수인 데다 더욱 큰 문제는 피해자가 워낙 많아서 일일이 용서를 다 빌 수조차 없다는 데 있다.

이 책은 성공하는 유대인들이 어떻게 비즈니스를 윤리·도덕적으로 운영해 이윤을 창출하는지 잘 알려준다. 그런 기업이라

야 오래간다. 우리나라 일부 기업들이 돈 좀 벌었다고 갑질하다
가 하루아침에 폭삭 망하는 것을 보면서 탈무드의 지혜가 얼마
나 귀한지 알게 된다.

이 책은 10여 년 전에 번역·출간된 적이 있다. 이번에 번역하
면서 기존에 번역하지 않았던 11장 전체를 복원했다. 그리고 원
서에 맞게 책의 내용을 재배열하고 잘못된 히브리어 단어 발음
을 교정했다. 탈무드에 수록된 유대인 비즈니스 성공의 비밀을
깨우치는 데 조금이나마 도움이 되었으면 한다.

옮긴이 김정환

CONTENTS

통계상 유대인은 고작 인류의 1% 정도다.
너무 적어서 별 무더기로 가득한 은하수의 빛 속에서
희미하게 빛나는 별 하나에 불과하다.
당연히 유대인의 목소리는 거의 들을 수 없어야 하지만
오히려 또렷하게 들린다. 그것도 언제 어디서나 들을 수 있다.
유대인은 다른 어떤 민족 못지않게 뛰어나다.
특히 그들의 상업적 성공은 아주 낮은 비율의 인구에 비하면
엄청난 것이다. 모든 것이 언젠가는 죽지만 유대인은 아니다.
모든 나라가 사라진다 해도 유대인은 살아남는다.
유대인의 끈질긴 생명력의 비밀은 무엇일까?

— 마크 트웨인, 유대인에 관한 에세이

돈이 없으면
영성을 추구하기
어렵다

누가 부자인가?
자기가 가진 것에 행복을 누릴 줄 아는 사람이다.

— 랍비 메이르

일부 종교에서는 돈을 일만 악의 뿌리라면서 돈을 사랑하지
말라고 가르친다. 심지어 어떤 종교는 가난이야말로 거룩에 이
르는 길이요, 결핍이야말로 신성함에 접근하는 통로라고 주장
한다. 탈무드 랍비들은 돈과 부에는 긍정적인 힘이 있다는 입장
을 고수한다.

　돈이 긍정적인 힘이 되려면 다음 두 가지 조건이 서로 맞아
야 한다. 첫째, 부를 책임감 있게 사용해야 한다. 둘째, 부가 내
면적인 가치를 드러내는 것은 아니라는 점을 이해해야 한다.
사람은 단지 살아있는 동안 맡겨진 부를 관리하는 청지기에
불과하다.

돈이 없으면 평화도 없다

고대에는 연중 가장 거룩한 날인 대속죄일 욤 키푸르Yom Kippur가 끝날 무렵, 대제사장이 유대인들을 위해 축복을 빌었다. 대제사장은 들판에 비가 충분히 내려서 대풍을 거둘 수 있게 해달라고 기도했다. 여기에는 유대인들이 충분히 먹고도 남을 충분한 곡식을 거두고 그중 일부를 시장에 내다 팔아 금전적으로도 풍요를 누릴 수 있게 해달라는 뜻도 포함돼 있다.

후기 탈무드 랍비들은 대제사장의 이러한 행동을 다소 불편하게 생각했다. 하필 대제사장은 건강, 행복, 지혜와 같은 정신적인 축복들은 제쳐두고 재정적인 번영을 위해 기도한단 말인가?

대제사장은 궁극적으로 사람들이 신과 그들 자신의 영성에 대해 생각하길 바랐을 것이다. 그럼에도 불구하고 굳이 물질적인 축복을 앞세운 것은 돈이 없으면 사람들이 영성을 추구하는 것조차 어려워할 것이라는 점을 깊이 인식했기 때문이다. 사람들이 물질적으로 안정되지 못하면 평안을 누릴 수 없고 영성을 추구하기도 어렵다는 점을 고려한 것이다.

랍비 엘라자르 벤 아자리아는 말했다. "돈 없는 곳에 배움도 없다." 배가 고프면 배울 수도, 영적으로 성장할 수도, 위대한 업적을 남길 수도 없다는 뜻이다. 돈의 최종 목적은 공동체의 번영과 고용증대, 개인의 잠재력 발휘에 있다.

가난은 미덕이 아니다

탈무드 랍비들은 가난은 결코 미덕이 아니라고 강조한다. 돈을 낭비해서 가난을 초래하는 짓은 그럴 만한 충분한 이유가 있더라도 용납하기 어려운 행위라는 것이다. 할라카Halakah(탈무드의 2/3에 해당하는 부분으로, 법률적인 주제를 다루고 있다)는 유대인들이 재산을 탕진해 가난에 처한 유대인들을 강력히 비난한다. 신약성경 마태복음 19장 21절 "네 소유를 팔아 가난한 자들에게 주라"라는 말씀과 좋은 대조를 이룬다. 마태복음이 잘못되었거나 오도하고 있다고 주장하려는 게 아니다. 오히려 유대주의가 돈에 대해 다른 많은 종교들과는 다른 접근법을 가지고 있다는 점을 기억해야 한다는 것이다. 예를 들어 일부 불교도들은 무소유로써 영적인 세계에 한층 더 가까워질 수 있다고 믿는다.

재미있는 것이, 고대 랍비들은 부자들이야말로 재산으로 축복을 받은 자들로 다른 사람들보다 도덕적 수준이 높은 사람들이라고 간주하는 경우가 많았다는 사실이다. 물론 그들의 주장이 항상 옳은 것은 아니었다. 부자의 도덕성은 재산의 양이 아니라, 돈을 사용해 어떤 선행을 하느냐에 달려있기 때문이다. 고대 유대인 사회에서 부자들은 존경의 대상이었는데 이는 재산 때문이 아니라 신으로부터 물질적 축복을 듬뿍 받은 자들로 간주됐기 때문이다.

유대인들은 재산의 1/20이나 1/10 정도를 기부하는 것을 미덕으로 여겼다. 아주 큰 부자가 아닌데도 이보다 더 기부하는 것(전 재산을 죽기 전에 유언으로 기부하는 경우는 예외였다)은 지나치다고 생각했다. 자신과 가족들을 잘 돌보는 것이 최우선이기 때문이다.

구약성경에 등장하는 욥의 이야기는 신을 경외하고 선행을 실천하는 모범적인 부자의 자세를 보여주는 동시에, 가난이 가져다주는 두려움이 얼마나 큰지 잘 보여주고 있다. 애초 욥은 성품이 선해 신의 축복을 받아 부자가 되었다. 이때 사탄이 신에게 말하길, 욥이 만일 가난해지고 치명적인 질병에 시달린다 해도 여전히 신을 섬기겠느냐며 욥의 믿음에 의문을 표시했다. 이에 사탄의 도전을 받아들인 신은 욥을 가난한 처지로 내몰고 노여움과 슬픔에 빠지도록 허락했다. 욥의 아내와 친구들이 다가와서 신음 중인 욥에게 신을 저주하라고 주장했지만 욥은 지독한 고통 중에도 이를 완강히 거부했다.

마침내 모든 시련을 극복한 욥은 예전보다 두 배나 많은 재산을 소유하게 되었다. 지독한 고통 가운데 욥은 돈이 얼마나 소중한지 고백하고 있다. 신이 욥에게 하문했다. "가난과 육신의 고통 가운데 어느 것이 더 고통스러웠느냐?" 이에 욥이 대답했다. "이 세상 어떤 고통보다도 가난이 가장 고통스러웠습니다."

욥의 대답은 여러 가지로 흥미로운 점을 시사한다. 욥은 가혹한 질병에 시달려 사경을 헤맸으면서도 가장 고통스런 경험으로 가난을 꼽았다는 점이다. 욥은 찢어지게 궁핍한 가난에 처할 경우 자신의 생명은 물론 가족의 삶마저 비참해진다는 사실을 너무나 잘 알고 있었던 것이다.

선행의 기회를 마음껏 얻을 수 있는 부자

가난에 얽힌 격언 중에 "가난한 자의 삶은 삶이 아니다"*라는 말이 있다. 어떤 면에서는 대단히 가혹하게 들린다. 빈자의 삶은 열등하고 부자의 삶은 우월하다는 의미를 내포하고 있는 것 같지만 실제로는 악의적인 의도가 있는 말은 전혀 아니다.

오히려 이 격언은 가진 것이 없어 선행의 기회를 얻기 힘든 빈자가, 부로 선행을 마음껏 베풀 수 있는 부자보다 신의 축복을 덜 받았다는 의미가 강하다. 그렇다고 가난한 사람이 선행을 전혀 할 수 없다는 뜻은 아니다. 가난한 자라도 이웃을 돕기 위해 자선에 나서야 한다는 것은 재론의 여지가 없다. 가난한 사람은 대체로 가진 돈이 별로 없어서 자선의 기회를 선뜻 얻기 어려운 게 현실이다.

*Bezah, 32b

탈무드 랍비들은 보통 상대적으로 가난했던 까닭에 가난을 주제로 논의하는 데 큰 관심을 가졌다. 탈무드에 가난에 관한 경구들이 자주 등장하는 이유이기도 하다. "가난은 사람에게서 창조주를 빼앗아간다", "가난한 자는 죽은 자와 매한가지다."

또 다른 격언에는 이런 것도 있다. "세상에서 가난보다 더 악한 것은 없다. 가난은 가장 가혹한 고통이다. 가난으로 고통받는 사람은 이 세상 모든 고통의 무게를 어깨에 짊어지고 있는 것과 같다. 이 세상에서 겪는 모든 시련과 고통을 저울의 한 쪽에 올려놓고, 다른 한 쪽에 가난을 올려놓으면 저울은 가난 쪽으로 기울게 될 것이다."

탈무드 랍비들은 가난이 조물주를 망각하게 하고 영적인 삶에서 멀어지게 할 뿐만 아니라 개인적·경제적 성공에 필요한 자존감과 자신감을 약화시킨다는 사실을 잘 알고 있었다. 랍비 요하난과 랍비 엘레아자르는 생계를 남에게 의지하는 사람의 얼굴은 케룸Kerum처럼 다양한 색깔로 변하게 된다고 말했다. 케룸은 아프리카에 서식하는 조류로, 태양 빛을 받으면 깃털 색이 다양한 색상으로 바뀐다. 가난에 찌든 사람도 결국 자기 인생, 자기 가족, 자기 직업에 대한 통제권을 상실하고 만다.

돈은 너무 없어도, 너무 많아도 문제

"항아리에 곡식이 떨어지면, 불화가 집 앞에 몰려와 문을 두드린다."*
가난해지면 가족 간의 다툼을 비롯해 다양한 문제가 발생하기 마련이다. 여러 조사에 따르면 부부 싸움의 주요 원인으로 단연 경제적 어려움이 제일 먼저 꼽힌다.

물론 돈이 너무 많아도 문제다. 돈은 책임 있고 현명하게 다뤄져야 하지만 그런 능력은 아무나 가지는 게 아니다. 돈을 지혜롭게 사용하면서도 구두쇠로 욕먹지 않는 법을 배우는 것은 재물을 갖고 있는 사람이 반드시 갖춰야 할 자질 중 하나다. 어떤 랍비는 말한다. "돈이 있는 곳에 인색함이 자리 잡게 해서는 안 된다."**

*Bava Metzia, 59a

**Sabbath, 102b

부자가 되는 것이 과연 좋은가?

가난이 반드시 피해야 할 것이라면 부는 반드시 추구해야 할 것인가? 이 문제는 랍비들에게도 까다로운 주제였다. 부자가 되는 것이 가난에 처하는 것보다 훨씬 나은 건 맞지만 부자에게는 수많은 의무와 높은 수준의 책임이 요구되기 때문이다. 랍비 힐렐은 이렇게 일갈한다. "많이 소유할수록 근심도 많아진다."

먼저 유대주의에서는 소유에 대해 어떤 생각을 갖고 있을까? 유대주의는 재산의 소유권을 인정하지만 절대적이고 무제한적인 소유권이라는 개념은 받아들이지 않는다. 돈과 재물로 이뤄진 부의 소유권은 개인이 아닌 신에게 속하는 것으로 보기 때문이다. 인간은 이러한 신의 재산을 맡아 관리하는 청지기, 혹은 수탁인受託人에 불과할 따름이다.

네 모든 소유를 다 바쳐 신을 사랑하라?

"사람은 반드시 마음을 다하고, 생명을 다하고, 가진 모든 돈을 다 바쳐 신을 사랑해야 한다."*

탈무드의 이 본문에서 랍비들은 우리가 마음과 생명을 다하고, 우리 소유의 모든 돈을 다 바쳐 신을 사랑해야 한다고 말하고 있다. 이미 혼신을 다해 사랑하기로 작정한 이들에게 왜 굳이 이 구절을 덧붙였을까? 이 경구의 목적은 돈을 생명보다 더 귀하게 여기는 사람들에게 교훈의 메시지를 전달하는 데 있다. 세상에는 일과 돈을 자신이나 가족들의 생명보다도 더 귀중하게 여기는 사람들이 있음을 우리는(랍비들도) 잘 알고 있다. 우리 주변의 친구나 친척들 중에는 과로, 걱정, 스트레스로 심근경색과 같은 질병을 앓고 있는 사람들이 많다. 그럼에도 불구하고 각종 질병의 원인이 되는 과도한 노동을 멈출 줄 모른다. 그들에겐 여전히 돈이 무엇보다 귀하기 때문이다. 그들은 랍비의 조언을 반드시 따르고, 돈에 대한 사랑을 신에 대한 사랑과 동등한 지위로 끌어올려야 한다. 이는 곧 삶의 속도를 늦추고 좀 더 균형 잡힌 삶을 살라는 신의 명령을 따라야 할 정도로 신을 사랑해야 함을 의미한다.

*Berachot, 54a

재산을 '신에게 빌린 장기 채무'로 간주한 랍비 아키바는 그 빚은 반드시 올바르게 사는 것으로 갚아야 한다고 강조했다. 그가 말하길, "모든 것은 (빚을 갚겠다는) 서약만으로 주어지고 그물은 모든 살아있는 것들을 위해 펼쳐진다. 가게는 열려있고 가게 주인은 신용으로 물건을 내준다. 가게 주인은 입출장부에 누가 얼마나 빌려갔는지 모두 꼼꼼히 기록한다. 누구든지 빌리고 싶은 사람은 가게에 들러서 빌려갈 수 있다. 물건 값은 따로 걷는 이가 있어서 매일 사람들을 방문해 은연중에 그들로부터 물건 값을 거둬간다. 심판대에서 모든 진실이 밝혀지며 화려한 만찬이 준비된다"고 했다. 이 본문에서 신은 우리에게 돈과 사업과 생명 등 모든 것을 빌려주는 가게 주인이다. 채무자인 사람은 전능자에게 올바른 삶을 빚지고 있다. 이 세상에서 허락된 시간은 유한하며 죽기 전에 결산을 봐야 한다. 빚은 마지막 순간에 한꺼번에 갚는 게 아니다. 오히려 일생에 걸쳐 계속해서 꾸준한 선행을 통해 갚아나가야 한다.

부유한 사람은 신의 재산을 맡고 있는 청지기며, 그 재산은 이 세상의 고통을 줄이는 데 사용해야 한다. 그렇다고 모든 사람에게 재산이 똑같이 분배하라는 말은 아니다. 이 세상에는 항상 부자와 빈자가 공존한다는 사실을 받아들여야 한다. 인생에서 피할 수 없는 이러한 사실 때문에 랍비는 자선이 꼭 필요하다고 여겼다.

은퇴를 결심한 부유한 사업가에 대한 하시드 파 이야기가 있다. (하시드Chasid 파는 1750년경 폴란드에서 성립된 유대교 신비주의자들의 한 분파로써 이들은 종교적인 열정, 기도하는 자의 정신, 즐거움, 자선을 강조한다) 그는 이익을 내며 운영하던 공장을 폐쇄하고 남은 인생을 탈무드를 연구하며 보내고자 했다. 랍비에게도 이러한 은퇴 계획을 설명하면서 내심 칭찬받기를 기대했다. 기대와 달리 랍비는 칭찬은커녕 되레 그를 꾸짖었다.

"당신이 공장 문을 닫는다면 일하던 직원들은 다 어떻게 되는 겁니까? 그들이 어떻게 가족의 생계를 유지할지 생각이나 해보셨습니까?"

랍비는 신이 그에게 부를 허락한 것은 신의 재산을 관리하는 청지기로서 그를 선택했기 때문이라며 지역 주민들을 위해 재산을 적절하게 사용할 도덕적 의무를 다해야 한다고 설명했다. 그의 사명은 고용을 늘리는 일이었던 것이다.

유대주의는 비록 부가 좋은 것이고 긍정적인 것이지만, 부 그 자체는 행복을 가져오지 않는다고 주장한다. 만족할 줄 모르고 부를 끝없이 추구하는 것은 부에 집착하는 이들을 스스로 파멸에 이르게 하고 파괴적인 결과를 낳게 한다.

《부의 도전》라는 책에서 현대의 랍비 메이르 타마리는 '이만하면 충분하다'는 개념을 이해해야 한다고 역설한다. '이만하면 충분하다'라는 개념은 탈무드 사고 전반에 걸쳐 일관된 개념으로, 과로에 시달리는 이들에게 중요한 교훈을 시사한다. 사람들은 필요 이상으로 부를 쌓으려는 타고난 성향에 대해 저항해야 한다. 그렇지 않으면 사람들은 부정한 방법으로라도 돈을 모으려는 유혹에 휩싸인다. 랍비 타마리는 "탐욕은 경제적인 불확실성에 대한 끊임없는 두려움을 먹고 자란다. 우리는 부도덕한 수단과 합당한 수단을 가리지 않고 경제적 위험으로부터 자신을 보호하기 위해 끊임없이 발버둥 친다"라고 설명한다. 신이 생계수단을 제공하리라는 믿음을 갖는다면 사람들은 필요 이상으로 돈과 재산을 축적하려는 욕망에 놓이게 될 것이라고 덧붙인다. 이런 신념이야말로 기업가로서 발전하는 데 수반되는 위험을 무릅쓰게 하고 그 결과 도덕적 잣대에 비춰 정당한 방법으로 부를 추구하도록 이끈다.

신은 스스로 돕는 자를 돕는다

탈무드 랍비들은 열심히 일하는 자에게 신의 풍요로움이 주어진다는 확고한 신념을 가지고 있었다. 이런 신념은 미래에 일어날 일에 대한 근심과 걱정을 덜어준다. 랍비 엘리에제르Rabbi Eliezer the Elder는 바구니에 한 덩이의 빵을 갖고 있는 자가 "내일 무엇을 먹을까?"라고 말한다면 믿음이 부족하다는 증거라고 지적한다.*

랍비 시메온 벤 엘레아제르는 내일을 걱정하는 것은 쓸모없는 짓임을 지적했다. "오늘 네 손에 들어온 것, 네가 가진 도구, 네게 남은 능력에 주목하라. 오늘의 요구와 의무를 내일로 미룬다면 내일은 처리해야 할 일들이 더욱 많아질 것이다. 어떻게 어제의 일들을 처리하는 것이 가능하겠는가?"**

벤 시라의 미래에 대한 견해는 더욱 깜짝 놀랄만하고 매우 실질적이다. "내일이 어찌될지 모르면서 내일 일 때문에 고민하지 마라. 내일이 다가오면 죽었을지도 모르는 네가 네 것도 아닌 세상에 대해 걱정하는 것이 타당한가?"***

* Sotah, 48b

** Sabbath, 151b

*** Yevamot, 63b

타마리의 주장은 돈과 영성 간에 직접적인 연관성을 구축한다는 점에서 중요하다. 신이 지속적인 풍요로움을 선사하리라는 것을 굳게 믿음으로써, 사람은 더욱 많은 부를 축적해야 한다거나 부도덕한 방식으로라도 부를 쌓아야 한다는 허황된 믿음으로부터 벗어나게 된다. 신이 우리를 풍요롭게 하리라고 진실로 믿는다면 우리가 원하는 것을 얻기 위해 굳이 남을 속이거나 도둑질할 필요도 없다. 큰 파이가 줄어들 것이라고 믿는다면, 어떤 수단을 동원해서라도 재빨리 자기 몫을 챙겨야 한다는 조급증에 시달리게 된다. 분명히 말해두지만 후자의 길은 불법적인 행위를 조장하고 궁극적으로 파멸을 초래할 수 있다.

우리는 이웃이 우리의 부 때문에 직간접적으로 피해를 입지 않도록 확실히 주의해야 한다. 랍비 닐턴 본더Nilton Bonder는 저서《돈의 카발라The Kabbalah of Money》에서 독특하게 부를 정의한다. "부란 살아있는 모든 것과 생명에 필요한 모든 것이 부족함 없이 존재하는 환경에서, 가능한 한 가장 높은 형태의 조직Organization이라고 정의하자. 말하자면, 다른 결핍을 야기하지 않으면서도 인간의 필요를 채워줄 더 많은 풍요를 창조한다."

이러한 정의는 영성과 돈의 관련성을 드러낸다. 대부분 사람들이 이제껏 전혀 생각하지 못했던 개념이기도 하다. 흔히 돈은 영성과는 전혀 반대라고 여기기 때문이다.

우리는 영성을 저 높은 곳에 존재하는 하늘의 것으로 보는 반면, 돈은 깊이 뿌리박힌 땅의 것으로 보는 경향이 있다. 돈을 긍정적이고 영적인 것으로 보는 견해는 돈이 땅 위에서 선행을 위해 사용되고, 거대한 부를 추구하는 과정에서 아무에게도 피해를 입히지 않는 경우에만 정당화된다. 결국 부를 추구하는 것은 고귀하고 신성한 일이 된다.

투자에 대한 탈무드의 견해

돈에 대해 논의하면서 투자에 대한 논의를 빠뜨릴 순 없다. 비록 고대 랍비들이 활동하던 시대에는 오늘날과 같은 주식시장이 존재하지는 않앉지만, 나름대로 정교한 농산물 선물先物시장이 있었으며 동업으로 투자하고, 땅을 매입하는 등의 투자 활동이 이뤄지기도 했다.

고대 랍비들이 조언하던 가장 명확한 두 가지 개념의 투자는 '가치 투자'와 '분산 투자'였다. 오늘날 주식시장에서 투자자들은 크게 두 종류로 나뉠 수 있다. 가치 투자를 하는 사람은 저평가된 주식을 산 뒤 다른 투자자들이 그 주식의 가치를 재평가할 때까지 기다린다. 반면 성장주 투자를 하는 사람들은 주식이 활황국면에 접어들 때 주식을 보유하고 있다가 정점을 지나 하락할 때 이를 내다 판다. 1990년대 후반 닷컴 주식을 좋아하는 사람들에게 이러한 성장 투자가 크게 인기를 끌었다. 2000년대 초반에는 가치 투자가 유행했다.

세계적으로 가장 유명한 가치 투자자의 한 사람인 워런 버핏Warren Buffett의 예에서 보듯, 오랫동안 가치 투자가 성장주 투자를 압도해왔다. 고대 랍비들도 가치 투자를 강조했다. 바 카파라는 다음과 같이 조언했다. "물건이 저평가되어 가격이 낮아졌을 때 사둬라. 결국에는 가격이 오를 것이다."*

랍비들은 분산 투자에 대해 확고한 신념을 가지고 있었다. 랍비 이삭은 이렇게 조언한다. "가진 돈은 3개로 나눠야 한다. 1/3은 땅으로, 다른 1/3은 현물로, 나머지 1/3은 현금으로 손에 쥐고 있어야 한다."** 이와 똑같이 농부들에게도 땅을 3등분하라고 조언한다. 3등분한 땅에 각각 서로 다른 농작물을 심어서 해충이나 궂은 날씨로 모든 농사를 망치고 파산하는 일이 없도록 해야 한다는 것이다.

분산 투자와 가치 투자에 유의하면서 포트폴리오를 구성했던 투자자들은 2000년 기술주 붕괴와 그 뒤 이어진 주식시장의 침체에도 잘 버텨낼 수 있었다. 안타까운 것은, 성장주를 선호했던 투자자들 중에는 분산 투자를 마다하고 기술주에 올인했다가 파산한 사람들이 제법 많았다는 것이다.

*Tanhuma, Mispatim, 5

**Bava Metzia, 42a

삶의 균형 잡기

고대 랍비들은 유대인이라면 누구나 《토라》와 《탈무드》를 공부해야 한다고 조언한다. 이를 공부하려면 많은 시간이 필요하므로 적어도 공부하는 시간만큼은 돈을 버는 데 시간을 쓰지 않을 것이라 생각했기 때문이다. 다시 말해, 《토라》와 《탈무드》 공부가 돈 버는 일과 삶의 다른 영역 사이에 균형을 맞추는 데 도움을 준다고 여겼던 것이다. 일과 휴식의 관계도 마찬가지다. 늦게까지 일하기보다는 오후 5시에 퇴근해서 가족들과 더불어 시간을 보내기만 해도 균형 잡힌 삶을 살 수 있게 된다.

돈은 돌고 돌아야 한다

"동전은 왜 주짐Zuzim으로 불릴까? 손에서 손으로 옮겨 다니기 때문이다."*

히브리어 단어 '주짐Zuzim'은 고대 동전을 뜻하는 '주즈Zuz'의 복수형으로, '자짐Zazim'이라는 단어와 유사하다(또 다른 해석에 의하면, 제우스Zeus 신의 이름에서 유래해 발음이 비슷하다고 한다). 랍비들에게 돈이란 손과 손을 거치면서 인간과 비즈니스를 위한 선한 일에 사용되거나 공동체 번영에 쓰일 때 가장 가치 있는 것이 된다. 돈이 금고에 묶인 채 묵혀두기만 하면 아무 소용이 없다고 랍비들은 말했다.

현대의 통화정책도 돈이 원활히 공급돼서 경제를 꽃피우는 데 일조하고 기업 성장에 도움이 되는 방향으로 운영되고 있다. 미국의 연방준비은행FRB과 같은 중앙은행들이 효율적인 통화정책을 통해 비즈니스 성장을 돕고 있다.

*Bemidar Rabbah, 22, 8

삶의 영역들 간에 균형을 잡는 일이 말처럼 결코 쉽지 않은 일이라고 말하는 타마리는, 돈을 인생에서 가장 큰 시험이자 유혹이라고 주장하는 18세기 유럽의 탈무디스트 랍비 조나단 아이비시츠의 의견에 동의했다. 랍비 아이비시츠는 돈의 시험과 유혹이 특히 유대인에게 심했는데, 다른 종교와 달리 유대주의는 돈이 악하다고 가르치거나 세속적인 즐거움을 완전히 멀리해야 한다고 가르치지 않는다는 점을 그 이유로 꼽았다. 실제로 어떤 탈무드 구절에는 본능적인 쾌락을 포함해 돈이 가져다줄 수 있는 즐거움에 참여할 권리가 유대인에게 있다고까지 주장하고 있다.

삶의 균형과 관련해 랍비 아이비시츠는 다음과 같이 주장한다. "사람의 자연스런 욕망은 터부시돼선 안 되고 쾌락도 거부의 대상이 돼선 안 된다. 사람은 살아가기 위해서 물질이 필요하고, 유대주의는 인간에게 고통이 아니라 기쁨과 행복을 가져다주려 할 뿐 가학적인 수행이나 자기희생, 금식, 자기학대 따위를 요구하지 않는다. 또한 은둔수행이나 자기부정의 삶도 요구하지 않는다." 다시 말해 유대주의는 "육체적인 평안을 거부하지 말고 오히려 지혜롭게 이용하라"는 주장을 편다.

분수를 아는 기쁨
유대주의는 이 세상에서 진정으로 부를 향유할 줄 아는 사람들(또는 회사들)은 자신이 가진 것에 감사하는 사람이라고 가르친다. 다시 말하면 부유한 자는 가진 돈으로 평화로운 마음의 상태를 유지할 줄 아는 사람을 말한다. 여기서 부유하다는 것은 많은 돈을 가졌다는 것을 말하는 게 아니다. 억만장자라도 가진 것에 만족하지 않으면 부유한 사람이라고 볼 수 없고, 반대로 가난한 사람이라도 자신의 분수에 행복을 느낀다면 부유한 사람이라고 할 수 있다.

탐욕의 눈

랍비들과의 만남에서 알렉산더 대왕이 그들에게 경의를 표하라고 요구했다. 히브리인들의 신을 들먹이던 대왕은 "나 역시 왕이니 헌상물을 받을 권리가 있다. 나에게 뭐라도 바쳐야 하지 않겠느냐"고 말했다.*
랍비들은 눈알 하나를 접시 저울과 함께 알렉산더 대왕에게 진상했다. 알렉산더 대왕은 그 눈알을 한쪽 접시에 올려놓은 뒤 반대편 접시에 금과 은을 쌓기 시작했다. 아무리 많은 금과 은을 쌓아도 접시저울은 전혀 기울지 않았다. 깜짝 놀란 그는 랍비들에게 어떻게 이런 일이 벌어질 수 있는지 설명해보라고 요구했다. 랍비들은 말했다. "이 눈알은 결코 만족하는 법이 없는 인간의 눈알입니다."
여전히 믿을 수 없었던 알렉산더 대왕은 랍비들이 자신을 희롱하는지 의심스러워 그들의 말이 진실인지 증명해보라고 명령했다. 이에 랍비들은 눈알을 보자기로 감싸서 앞을 볼 수 없게 만든 후에 다시 접시저울에 올려놓았다. 저울은 이내 금과 은 쪽으로 기울었다.
이 이야기는 인간은 본디 탐욕을 갖고 있으며 각별히 절제하지 않으면 아무리 많이 소유해도 결코 만족하는 법이 없다는 교훈을 전하고 있다.
*Tamid, 32b

잠언 30장 9절은 다음과 같이 말하고 있다. "혹 내가 배불러서 '하나님을 모른다', '여호와가 누구냐' 할까 하오며, 혹 내가 가난해 도둑질하고 내 하나님의 이름을 욕되게 할까 두려워함이니이다." 다시 말하면, 우리가 물질적으로 원하는 대로 모든 것을 얻게 되면 소유한 부와 신과는 아무런 상관이 없고 오로지 스스로 애써서 얻은 결과라고 믿기 쉽다. 그 결과 신의 존재마저 부정하게 된다. 반면, 너무 가난한 나머지 생존이 위협받을 때 도둑질을 저지른다면 이 또한 신의 명령을 어기는 것이다. 이 구절은 우리에게 재정적 삶에서 균형을 잡을 것을 요구하고 있다.

일확천금을 꿈꾸지 마라

"복권에 당첨된다면 얼마나 좋을까?"

모든 사람이 꿈꾸는 인생역전의 대박이 탈무드의 랍비들에겐 그리 반가운 뉴스가 아니다. 그들은 번호를 잘 골라서 일확천금을 얻는 것은, 불편함을 감수하고 성실하게 일하며 부를 쌓는 것에 비하면 정신적으로 대단히 해롭다고 지적한다.

아이를 낳다가 소중한 아내를 잃은 남자가 있었다. 홀로 남겨진 갓난아기에게 젖을 먹이려고 젖동냥을 했지만 젖을 나눠줄 여인을 찾지 못했다. 그의 간절한 바람이 하늘을 감동시켰을까, 갑자기 남자의 젖가슴이 부풀어 오르더니 기적같이 젖이 나오기 시작했다.

이 소식을 전해 들은 랍비 요세프는 "이 남자를 안타깝게 여긴 하늘이 기적을 베푼 것이다!"라며 놀라워했다. 같은 소식을 들은 랍비 아바예는 정반대 반응을 보였다. "매우 슬픈 이야기다. 우주의 질서가 이 남자 때문에 뒤바뀌고 말았다."* 한꺼번에 일확천금을 얻을 수 있는 복권처럼 갑자기 우유를 먹일 능력이 남자에게 생겨났다는 것이다.

이 이야기는 세상의 순리(예를 들어 질서 정연한 금융시장)에 따라 살아가는 것이 진정한 축복임을 잘 보여주고 있다. 정직하고 성실하게 일해 부자가 된 사람은 자신이 얻은 것에 대해 더욱 감사하게 된다. 무엇보다도 이렇게 번 돈은 사업번창과 고용 확대 같은 일에 귀하게 사용하는 반면, 복권 당첨금은 아무런 계획 없이 낭비된다는 점이다. 실제로 복권 당첨자들을 추적 조사한 결과, 놀랍게도 대부분의 당첨자들이 '기적'을 겪고 난 후 1년쯤 지나면 오히려 당첨 전보다 못한 삶을 살고 있었다. 구약성경 잠언 20장 21절도 급작스레 얻은 부에 대해 다음과 같이 질책하고 있다.

"처음에 속히 잡은 산업은 마침내 복이 되지 아니하느니라." 이 말은 갑자기 불어난 재물은 오래가지 못하지만 성실하게 조금씩 모은 돈은 오래도록 남아있을 것이란 뜻이다.

*Sabbath 53b

"누가 부자인가?"라는 질문을 가지고 탈무드 랍비들이 서로 토론을 벌였다. 먼저 한 랍비가 자기 식당 부근에 욕실을 가지고 있는 사람이 가장 부자라고 대답했다(고대에는 집 가까이에 개인 화장실을 소유한 사람을 부자로 봤다). 다른 랍비는 부자라면 모름지기 100개의 밭과 100개의 포도밭에 각각 100명의 하인들을 거느린 사람이라고 말했다(탈무드에서 언급하는 노예란 흔히 생각하는 노예와는 차이가 있다. 노예제도는 유대법으로 금지되어있다. 여기서 말하는 노예는 빚을 갚거나 다른 법적 의무를 이행하기 위해 계약을 맺고 일하는 하인을 말하며 노동에 대한 품삯도 보장받았다).

격렬한 토론 끝에 랍비 메이르는 마지막으로 다음과 같이 말했다. "누가 부유한가? 소유 재산으로부터 마음의 평안을 이끌어낼 수 있는 사람이다."

가진 돈으로 영적인 평안을 얻지 못한다면 돈이 아무리 많아도 쓸모가 없는 것이다.

돈과 사후세계

돈이 원하는 것을 얻기 위한 수단이라면 돈은 선한 목적을 위해 쓰여야 한다. 특히 죽기 전에 반드시 선한 일에 사용해야 한다. 유대주의에도 내세라는 개념이 있기는 하다. 사람이 죽은 후 내세로 가져갈 수 있는 것은 이 세상에서 행한 선행과 명성이 전부다.

나훔 암셀은 자신의 저서 《도덕과 윤리문제에 대한 유대인의 백과사전The Jewish Encyclopedia of Moral and Ethical Issues》에서 중세 아쉬케나지(독일, 폴란드 지방에 거주하던 유대인)들이 나무로 만든 식탁으로 자신의 관을 짜던 관습에 대해 자세히 설명하고 있다. 당시 아쉬케나지 유대인들은 자신들이 식탁에서 하는 행동, 곧 이웃을 초대해서 음식을 나누고 마음과 정성을 다해 베풀었던 친절과 호의가 사후세계로 전해진다고 굳게 믿었다. 초대한 사람들과 함께 빙 둘러앉았던 바로 그 식탁의 나무가 선한 일에 힘썼던 마음과 친구, 가족, 이웃에게 베풀었던 사랑의 증거라고 여겼던 것이다.

세상의 많고 많은 신앙과 종교가 "흙에서 흙으로"라는 개념을 받아들이고 있다. 사람은 이 세상에 빈손으로 왔다가 빈손으로 되돌아간다는 개념이다. 전도서 랍바Rabbah 5장 14절에는 고대 랍비들의 이야기 중 여우와 포도밭 이야기가 등장한다. 여우는 포도를 따먹기 위해 울타리에 난 작은 구멍으로 포도밭에 들어가려다가 구멍을 통과하기에는 너무 살이 쪘다는 사실을 알게 되었다. 3일 동안 굶어 마침내 살을 빼는 데 성공한 여우는 구멍을 무사히 통과해 포도밭으로 들어갈 수 있었다. 주인 없는 포도밭에서 며칠 간 포도를 실컷 따먹은 여우는 구멍을 통해 밖으로 빠져나가려 했다. 불어난 몸집 때문에 도저히 빠져나올 수 없었던 여우는 할 수 없이 다시 3일간 굶지 않을 수 없었다.

포도밭을 겨우 빠져나온 여우는 뒤를 돌아보며 중얼거렸다. "포도밭이라고 다 좋은 건 아니었군. 열매가 아무리 달아도 실컷 먹고 난 뒤에는 다시 쫄쫄 굶어야 하니까 말이야."

이 이야기는 공수래공수거空手來空手去할 수밖에 없는 인생을 제대로 묘사하고 있다. 아무리 재물을 많이 모아도 그 재물 중 단 한 푼도 내세로 가져갈 수 없다는 것이다. 이 세상에 빈손으로 왔다가 빈손으로 떠나야 하는 우리가 유일하게 가져갈 수 있는 것은 오로지 이 세상에서 쌓은 선행과 명성뿐이다.

성공한 기업은 재정 철학이 다르다

돈을 어떻게 대하느냐에 따라 한 기업의 성패가 좌우된다. 기업의 궁극적인 목적은 이윤 창출이지만 성공한 기업은 탈무드의 교훈을 따라 이윤을 내는 데만 집착하지 않는다. 성공한 기업들은 돈을 연구개발, 고용증대, 공동체의 경제적 번영 등 선한 목적을 추구하는 데 필요한 수단으로 생각한다. 그런 기업 중에 하나인 스타벅스Starbucks는 환경보호라는 가치를 내세우며 힘쓴 덕분에 이윤도 높일 수 있었다. 거버Gerber는 아기들을 최우선으로 생각하는 기업정책으로 놀라운 수익증대를 꾀할 수 있었다.

2017년 현재 창립 89주년을 맞는 거버는 많은 소비자들로부터 존경을 받으면서 동시에 막대한 이윤을 창출하는 세계적인 기업이다. 이 회사의 제품은 전 세계 80개국에서 절찬리에 판매 중이며 10억 달러에 달하는 미국 이유식 시장 점유율을 70%나 차지하고 있다. 이러한 거버의 성공 뒤에는 항상 이윤보다 아기들을 먼저 생각하는 경영철학이 깔려있다. "우리 회사의 핵심은 항상 아기들의 건강을 최우선으로 생각한다는 것입니다. 회사의 모든 제품과 서비스는 철저하게 이 원칙 하에서 개발되고 판매됩니다." 필자가 《말한 대로 살아라Say It and Live it》(1998)라는 책을 쓰기 위해 직접 이 회사의 CEO 알 피에르갈리니Al Piergallini를 만났을 때 그가 들려준 말이다.

좋은 예로, 거버부모센터는 1년 365일 24시간 이용이 가능하다. 이 센터의 유아 전문가들은 비록 자사 제품과 관련이 없더라도 아기들을 건강하게 돌보고 먹이는 문제에 대해서만큼은 어떤 부모들의 질문에도 성심성의껏 대답해준다. 거버는 이에 머물지 않고, 아기들의 영양섭취만을 전문적으로 연구하는 세계에서 가장 큰 사설 연구기관을 운영하고 있다.

스타벅스의 핵심 가치

스타벅스는 환경 보호를 비즈니스의 핵심가치로 내세우는 대표적인 기업이다. 이런 독특한 가치에 집중한 결과, 회사는 놀랄 만큼 높은 이윤을 얻을 수 있었다. 1998년 경 스타벅스의 경영진은 회사의 커피재배가 열대우림 지역에 부정적인 영향을 미친다는 사실을 깨닫고, 20만 달러를 들여 멕시코 농부들이 임관樹冠(수림樹林 위층의 전체적인 생김새. 나무의 나이에 따라 층이 생기며 수관樹冠에 따라 모양이 달라진다.ㅡ역자 주) 아래에서 커피를 재배하는 시험 프로그램을 시작했다. 커피가 건강하게 생장하기 위해서는 그늘이 꼭 필요했다. 이런 프로그램은 한 번도 시도해본 적이 없었기 때문에 커피 열매가 제대로 자랄지 염려하는 목소리도 높았다. 커피콩이 제대로 열리지 않는다면 커피의 맛도 좋을 리 없었다. 다행히 예상을 깨고 멕시코 농부들이 수확한 커피콩은 매우 우수했다. 이 커피는 미국에서 높은 판매지수를 기록했고 지금은 해외시장으로도 팔려나가고 있다. 스타벅스는 프로젝트 성공에 힘입어 동일한 커피 재배 방법을 다른 나라에도 확대 적용하려고 시도 중이다.

1992년에 설립된 이 회사는 환경 보호를 기업 사명으로 그 바탕 위에 새로운 커피 재배 방법을 찾아냈던 것이다. 이러한 방법은 곧장 회사의 수익으로 연결되었다. 스타벅스 CEO 오린 스미스Orin Smith는 〈뉴욕타임즈〉와의 인터뷰에서 다음과 같이 말했다. "우리는 처음에 환경 보호를 위해 새로운 재배 방법을 시도했지만, 이제는 이 방법 덕분에 수익창출 잠재성이 높은 제품을 생산할 수 있게 되었습니다."

비즈니스 성공의 비밀

1. 돈의 궁극적인 목적은 공동체의 살림을 불리고, 고용을 늘리며, 사람들이 자신의 잠재력을 충분히 발휘하고 성장하는 데 있다.
2. 진정한 부자는 자신이 가진 돈을 통해 기쁨을 누리는 사람이다.
3. 이윤을 많이 내는 기업들은 벌어들인 돈으로 선한 일을 행하며, 고용 증대를 통해 공동체의 번영을 추구한다.
4. 성공한 기업은 고객을 만족시키고, 종업원들을 존중하며, 뛰어난 제품과 서비스를 생산하고 있다. 이익만을 좇는 기업은 실패하기 마련이다.

LESSON
02

노동은
거룩하다

노동은 위대하다.
노동자에게 자랑스러운 명예를 선사하기 때문이다.

– 랍비 유다

탈무드는 직업의 귀천이나 보수의 다소를 막론하고 노동을 만족스럽고 즐거운 일로 여기는 방법을 제안한다. 탈무드의 이러한 직업관은 조금 낯설기도 하지만 오랜 세월 많은 사람들에게 위안과 만족을 선사해온 것도 사실이다.

노동은 신성하다

유대주의는 노동을 신성한 행위로 간주한다. 노동은 하늘과 땅을 창조한 신을 닮는 대표적인 행위이기 때문이다. 탈무드 랍비들은 신을 경외하는 사람은 축복받을 것이며, 노동으로 정당하게 먹고 사는 사람은 2배로 축복받을 것이라고 말한다. 신의 주권의 절대성을 강조하는 동시에 노동의 중요성을 역설하는 말이기도 하다.

흔히 많은 종교들은 축복을 기도나 선행의 결과로 본다. 유대주의도 예외는 아니지만 단순히 일을 하는 것만으로도 축복받을 수 있다고 주장한다.

노동에 대한 이 같은 탈무드의 견해는 영적인 동시에 실제적이다. 사람은 일을 함으로써 자신과 가족을 부양할 돈을 벌어들인다. 무엇보다도 넉넉하게 돈을 벌어야 가족들과 시간을 보낼 수 있고 다른 즐거움도 추구할 수 있다.

돈 이상의 무언가를 얻고자 하는 욕망, 예컨대 사람은 으레 상관이나 부하 또는 동료로부터 인정받기를 바란다. 유대주의는 이러한 욕구를 장려하진 않지만 그렇다고 부정하지도 않는다. 탈무드는 노동 자체를 대단히 높이 평가한다. 노동은 올바른 행동이기 때문에 사람은 반드시 일을 해야 한다. 직업에 종사함으로써 생계를 꾸려갈 수 있을 뿐만 아니라 신에게도 가까이 갈 수 있다. 매일 회사에 출근하는 단순한 행위만으로도 이 모든 것이 가능하다. 직업은 그것이 아무리 하찮게 보일지라도 필연적으로 공동체의 번영, 이웃의 안녕과 복지에 기여하게 되어있다. 랍비 유다는 말했다. "노동은 위대하다. 노동자에게 자랑스러운 명예를 선사하기 때문이다."

직업에 귀천은 없다

탈무드 랍비들은 아무리 천하고 보잘 것 없는 직업이라도 모든 일은 각기 존엄성을 갖는다고 말한다.

자식에게 기술이나 장사를 가르쳐라①

고대 랍비들은 생계유지를 위한 기술이나 장사 방법을 익히는 것을 소중하게 생각했다. 이 문제에 관한 랍비들의 관심이 대단히 커서 종종 논쟁이 과열되곤 했다. 랍비 유다는 말했다. "자식에게 기술을 가르치지 않으면 도둑질을 가르치는 것과 같다."*

히브리어로 기술이나 장사를 의미하는 단어는 '우마누스umanuth'인데, 이는 '직업' 혹은 '천직'이라는 의미로도 해석할 수 있다. 탈무드 랍비들은 기술을 배우거나 장사를 할 능력만 있다면 어떤 경우에도 생계를 꾸려나갈 수 있다고 생각했다. 이동이 잦았던 유대 사회에서는 언제 어디에서나 통용될 수 있는 기술 습득을 특히 강조했는데, 기술만 있으면 생존을 걱정하지 않아도 됐기 때문이다.

탈무드 중에서 사람들로 하여금 법정에서 진실만을 진술하게 하는 방법에 대해 랍비들이 활발히 논의하는 대목에서, 탈무드는 '기술을 보유한 사람은 생계유지에 지장이 없다'라는 랍비들의 생각이 잘 드러난다. 흔히 랍비들은 사람들이 법정에서 거짓 증언하지 못하도록 위협하기 위해 신이 거짓말하는 사람의 땅에 가뭄을 들게 해 처벌할 것이라고 경고하곤 했다. 이때 한 랍비가 반박했다. "그렇게 위협하는 방법은 어떤 사람에게는 효과적일지 모르지만 어떤 상황이 닥쳐도 생계에 지장이 없는 사람, 즉 기술을 가진 사람에게는 아무런 효과가 없을 것이다." 랍비 유다는 이에 동의하며 말했다. "가뭄이 7년간 계속된다 해도 기술자의 집은 그리 큰 영향을 받지 않을 것이다."**

*Kiddushib, 82b

**Sanhedrin, 29

자식에게 기술이나 장사를 가르쳐라②

라반 가말리엘과 랍비 엘레아자르 바르 자독은 자신만의 고유한 기술을 보유하는 것이 얼마나 중요한지에 대해 깊게 논의했다. 라반 가말리엘이 먼저 말했다. "자신만의 기술을 가지고 있는 사람을 무엇에 비유할 수 있을까? 울타리로 둘러싸인 포도밭이나 담으로 둘러싸인 도랑에 비유할 수 있다. 그렇다면 아무런 기술을 갖고 있지 않은 사람은 울타리나 담으로 보호받지 못하는 포도밭이나 도랑에 비유할 수 있다."

랍비 엘레아자르 바르 자독은 한 걸음 더 나아가 자신만의 기술을 보유하게 된다면 평생 생계를 보장받는 셈이라고 말했다. "자신만의 기술을 갖고 있는 사람은 마치 울타리로 둘러싸인 포도밭과 같아서 가축이 함부로 침입하지 못할 뿐 아니라 지나가던 들짐승도 포도밭의 포도를 보거나 따먹지 못한다. 기술이 없는 사람은 부서진 울타리 속 포도밭과 같아서 짐승들이 쉽게 쳐들어와서 포도를 따먹게 된다."*

*Tosefta Kiddushin 1:11

유대 경전에 시크닌이라는 마을에 사는 우물 파는 남자 시메온의 이야기가 기록돼 있다. 어느 날 그는 랍비 요하난 벤 자카이에게 와서 말했다. "저는 비록 우물 파는 사람에 불과하지만 랍비님만큼이나 훌륭한 사람입니다." 그렇게 생각하는 이유가 무엇이냐고 랍비가 묻자 그는 대답했다. "제가 하는 일은 당신이 하는 일만큼이나 우리 마을에 꼭 필요한 일이기 때문입니다. 당신은 사람들에게 물로 정결의식을 행하라고 말하는데, 바로 그때 쓰일 물을 땅을 파서 찾아내는 사람이 바로 저입니다."

되도록 피해야 할 직업

탈무드 랍비들은 모든 직업이 다 신성하다고 말한다. 일부 랍비들은 다만 나귀몰이꾼, 낙타몰이꾼, 뱃사람, 양치기 등과 같은 특정 직업은 가급적 멀리하라고 조언한다. 이런 직업들은 뇌물이나 도둑질의 유혹을 받기 쉬운 까닭에 되도록 종사하지 않는 것이 상책이라는 것이다. 이에 반대하는 랍비들도 있다. 이런 직업들이 유혹에 자주 노출될 위험이 있지만 그렇다고 멀리할 필요까지는 없다는 것이다. 양치기였지만 여전히 정직했던 모세 같은 사람도 있음을 기억해야 한다는 것이다. 꼭 필요한 직업이지만 가죽 무두질같이 그 작업 환경 때문에 불쾌하게 생각하는 직업도 있었다. "이 세상에는 향수를 만드는 사람도, 가죽 무두질을 하는 사람도 필요하지만 향수 만드는 사람은 행복하고 가죽 무두질에 종사하는 사람은 그렇지 못하다"* 향수는 좋은 냄새가 나지만 짐승의 가죽을 무두질하는 일은 역겨운 냄새를 피하기 어렵기 때문이다.

*Kiddushin, 83b

　얼핏 보면 이 남자의 직업은 고상한 랍비의 그것과는 감히 비교할 수조차 없을 만큼 천한 것으로 보이지만 결코 그렇지 않다. 그가 우물을 파서 정결의식에 필요한 물을 퍼올리지 못한다면, 랍비는 그 정결의식을 완수할 수 없게 된다. 여기서 우리가 얻을 수 있는 교훈은 아무리 하찮은 직업이라도 나름대로 사회에 기여하는 바가 있다는 것이다.

　랍비들은 사람들에게 설교하는 일을 하는 동시에 다른 직업에도 종사했다. 직업들 중에는 매우 하찮은 일도 있었다. 랍비 아키바는 양치기, 랍비 히야 바르 아빈은 목수, 랍비 압바 바르 즈

미나는 재단사, 랍비 이츠하크 나프하는 대장장이였다. 이처럼 랍비들 자신이 다양한 직업에 종사한 덕분에 육체노동을 신성한 것으로 여기고 이를 존중했다. 탈무드에 경제 계급별로 다양한 의견이 반영될 수 있었던 것도 이 때문이다.

돈이 전부는 아니다

탈무드는 높은 보수와 평판과 같은 화려한 겉모습만 보고 직업을 선택하지 말라고 경고한다. 그런 직업에 종사한다고 해서 모두 행복하거나 부자가 되는 것도 아니기 때문이다. 랍비 메이르는 말한다.

"어떤 직업 분야에나 부자와 빈자가 있기 마련이다. '이건 안 좋은 직업이야. 이걸로는 생계를 잇기 어렵겠어'라고 불평한다면 대단히 어리석은 사람이다. 어떤 직업이든 그 직업에서 성공한 사람이 있기 때문이다. 같은 이유로 자신의 성공을 뽐내며, '이 직업은 정말 근사해. 덕분에 부자가 되었지'라고 말해선 안 된다. 같은 직업을 가지고도 가난한 사람이 있기 때문이다."

직업의 좋고 나쁨을 결정하는 것은 그 노동 자체라기보다 그 노동에 종사하는 사람의 마음 자세라고 랍비 메이르는 말한다.

의사란 직업이 좋은 사례가 된다. 의사 직업은 예나 지금이나 사회적 부와 명예를 동시에 가져다준다. 현대 서구 사회의 점점 더 많은 의사들이 자신의 직업에 만족하지 못하고 있다. 아마도 의료행위와 행정적인 업무 외에 부수적인 업무가 증가한 탓도 있을 것이다. 의사들에게 주어지는 금전적 보상과 사회적 지위도 이전 세대의 의사들이 누렸던 수준과 비교했을 때 젊은 의사들이 기대하는 수준에 훨씬 미치지 못하고 있는 것도 사실이다.

2000년 3월에 의학 전문잡지 〈아카이브 오브 패밀리 메디신 Archives of Family Medicine〉에서 실시한 조사를 살펴보면, 부와 명예를 바라는 의사보다는 박애정신을 발휘하는 의사들에게서 직업 만족도가 상대적으로 높다는 것을 알 수 있다. 이들은 후진양성에서 진료비가 없는 가난한 환자를 돌보는 무료 의료봉사까지 박애정신에 입각한 자선의료 활동에 적극 참여한다.

직업은 인생의 7대 미스터리 중 하나다

직업은 사람의 인생을 좌우할 만큼 중차대하므로 존재와 관련된 다른 거대한 미스터리만큼이나 중요하게 다뤄진다. 탈무드 랍비들은 인생에서 사람들이 알 수 없는 일곱 가지 미스터리를 다음과 같이 꼽았다. 죽는 날짜, 신의 심판, 이웃의 마음, 메시아가 오는 시기, 우리가 구원받는 날, 악의 제국(아마도 그 당시에 로마제국을 일컫는 것으로 보인다)이 망하는 날, 마지막으로 사람이 생계를 잇는 방법 등이다.

요컨대, 직업에 따르는 금전적 보상이나 명예만을 기준으로 직업을 선택하면 안 된다는 결론에 이르게 된다. 너무나 많은 사람들이 단지 부와 명예를 좇아서 자신이 좋아하지도 않는 직업을 선택하고 있다. 이런 사람들은 탈무드 시대나 지금이나 여전히 행복을 얻지 못하고 있다.

부자는 놀아도 된다?

탈무드는 부유한 남편 덕에 100명의 종을 거느린 부인이라도 직접 나서서 집안일을 해야 한다고 가르친다. 랍비들은 게으름은 음탕함과 정신적 불안정을 초래한다고 경고한다. 오늘날의 표현을 빌리자면, 사람들로 하여금 생활의 중심을 잡고 정신적 안정을 찾도록 해주는 것은 바로 직업이다.

시카고 대학의 사회학 교수이자 《소외된 사람들 : 도심 거주 빈민계층과 공공정책The Truly Disadvantaged : The Inner City, The Underclass and Public Policy》(1990)의 저자인 윌리엄 줄리어스 윌슨William Julius Wilson은 1994년 2월 보스턴 대학에서 행한 연설에서 직업에 대한 탈무드의 견해를 다음과 같이 인용했다. "정규 직업은 삶의 중심을 잡아주는 닻 역할을 한다. 정규 직업이 없다면 가족의 삶은 물론 개인의 삶도 일관성을 상실하기 쉽다. 게다가 높은 실업률은 공동체에 높은 긴장감을 조장하고 사회 전체에 많은 문제들을 야기한다."

윌슨뿐만 아니라 비슷한 다른 연구를 살펴봐도, 어떤 직업이든 일을 하는 사람은 자신의 삶에 대한 통제력은 물론 삶에 대해 보다 떳떳한 입장을 견지하는 것을 보게 된다. 직업을 통해 돈만 번다고 생각하면 오산이다. 직업은 사람에게 성취감과 목적의식을 갖게 하고, 자신을 이웃과 공동체에 연결시킴으로써 더욱 큰 가족의 일원으로 만든다.

　서구 사회에서 직업이 신성하고 고귀하다는 인식에 이르는데 많은 시간이 걸렸던 이유로 가장 크게 꼽히는 것이 바로 고대 그리스와 로마문명의 영향이다. 부유해진 고대 그리스와 로마인들은 더 이상 일을 하려 들지 않았다. 쌓아놓은 부를 가지고 게으름을 피우며 여가 활동을 즐기는 것을 귀족사회의 일원임을 드러내는 수단으로 여겼던 것이다. 그들에게 부는 품위 있고 고상한 생활양식의 표현이며 일과 의무로부터의 자유를 누리기 위한 도구였다.

노동은 유산보다 낫다

"노동은 조상의 공덕으로는 설 수 없는 곳에 서게 한다."*

이 격언은 노동을 통해 얻는 것은 부모로부터 물려받고 사후에 다시 자손에게 남겨주는 유산보다 더 훌륭하다는 점을 가르쳐준다. 또한 비록 금수저를 물고 태어난 사람이라도 물려받은 것에 지나치게 의존하지 말고 자기 방식대로 이 세상을 개척하며 살아가야 한다는 주문이기도 하다.

*Tanhuma Va-yetze 13(an early medieval Midrash)

직업 스트레스를 푸는 탈무드식 처방

과로는 현대사회에 만연한 유행병이다. 뉴욕 소재 비영리 기관인 가족노동연구소Families and Work Institute에서 2001년 실시한 조사에 따르면, 이 같은 사실을 분명히 확인할 수 있다. 조사 응답자의 46%가 어떤 식으로든 자신이 과로하고 있으며, 28%가 자신의 업무량이 과중하고, 29%는 자신의 직업에 대해 한 발 물러서서 관조할 시간조차 없다고 대답했다. 미국 노동자의 1/4에 해당하는 사람들이 주당 50시간 이상 직장에서 보내고, 22%는 주당 6~7일을 쉬지 않고 일하며, 25%의 사람들은 휴가라고 부를 만한 시간을 가져본 적이 없노라고 답했다. 오늘날 평균 미국 노동자들은 부모 세대가 누렸던 전통적인 2주간의 휴가를 거의 가지지 못하고 있는 것으로 조사됐다. 대신 휴가를 잘게 나눠 주말에 앞뒤로 하루나 이틀을 붙여서 1년에 걸쳐 사용하고, 심지어 휴가 중에도 노트북이나 휴대폰으로 직장과 수시로 연락을 주고받고 있다.

사람들이 과로를 피하지 못하는 이유는 다양하다. 어떤 사람은 모든 일을 잘하려는 완벽주의에 사로잡혀 일을 지나치게 많이 하고, 또 어떤 사람은 자신의 일을 너무 즐긴 나머지 늦은 시간까지 일을 멈추지 못하기도 한다. 안타깝게도 직장에 있으면 마치 성공한 느낌이 들어 집보다 차라리 직장에 있는 것을 더 선호하는 사람도 있다.

무엇보다도 최악은 과거 수년간에 걸쳐 진행된 기업들의 대량 해고로 어쩔 수 없이 과로할 수밖에 없는 상황으로 내몰리는 경우다. 대량 해고에서 살아남은 소위 '유령 노동자'라 불리는 이들은 좋든 싫든 해고된 동료들의 일까지 떠맡아야 한다. 남아있는 직원의 숫자가 턱없이 부족하기 때문에 과로를 불사할 수밖에 없는 데다, 언제 다시 불어닥칠지 모르는 정리해고의 태풍에서 살아남기 위해 사장에게 성실히 일하는 직원이라는 인상을 심어주려면 한 시간이라도 더 오래 사무실에 남아 일해야 하는 부담감도 작용한다.

인간적, 정신적 측면의 문제를 차치하고라도 과로는 대단히 위험하다. 기업들의 사업 영역이 날로 확장되어 하루 24시간 체제로 변환되면서 직장인들은 과중한 업무 때문에 수면시간마저 보장받지 못하고 있다. 미국 직장인 대부분은 필요한 시간보다 평균 한 시간 정도 수면이 부족한 상태이며, 누적된 피로는 작업장에서의 실수와 사고로 이어지고 있다.

하버드 공중건강대학원과 국립건강자선단체인 헨리 J. 카이저가족재단Henry J. Kaiser Family Foundation이 2002년 12월에 발표한 보고서에 따르면, 조사에 응한 환자 5명 중 2명 이상과 1/3에 해당하는 의사가 자신 혹은 자신의 가족이 의료사고를 경험했으며, 그중 일부는 심각한 부상이나 죽음에 이르렀다고 한다. 의사들 중 72%는 의료과실의 원인으로 환자와 충분히 시간을 보내지 못한 것을 첫 번째로 꼽았으며, 70%는 과로, 스트레스, 피로를 두 번째 원인으로 지목했다.

1997년에 미국에서 가장 큰 철도회사인 유니언 퍼시픽Union Pacific과 관련된 일련의 사고들(그중 한 사고에서는 7명이 사망함)을 조사한 결과 피로로 인한 운전조작 실수, 배차 실수, 운행 정보 누락 등이 주요 원인인 것으로 잠정 결론 났다고 연방철도 관리국장 졸린 M. 몰리토리스Jolene M. Molitoris가 밝혔다.

"직원들은 주당 7일, 하루 12시간씩 휴식 없이 일을 합니다. 누구라도 이렇게 일하면서 최고의 업무 성과를 올리는 동시에 안전을 확보하기란 불가능합니다. 이러한 무리한 업무 일정은 1주일만 그런 것이 아니라 끊임없이 지속됩니다."

피로와 체력소진은 운수업과 같은 상시적 위험이 큰 산업에서는 더욱 치명적인 사고로 이어지며, 다른 산업에서는 또 다른 문제를 야기한다. 예컨대, 사무실 노동자의 실수는 곧바로 인명 피해로 이어지진 않지만 기업의 생산성을 떨어뜨려 돈과 시간을 낭비하는 결과를 초래한다.

스위스 제네바에 있는 국제노동기구International Labour Organization의 2001년도 조사에 의하면, 미국 노동자들의 노동 시간은 대폭 늘어났지만 1980년과 1996년 사이에 노동 생산성은 약 22% 포인트 증가에 그쳤다. 이에 비해 유럽과 일본 노동자들은 미국 노동자들보다 적게 일하면서도 각각 30%와 43%의 생산성 향상을 보였다.

안식일

과로가 오늘날의 문제만은 아니라는 사실을 알면 다소 위로가 될지도 모르겠다. 탈무드 랍비들은 과로가 야기하는 위험성에 대해 누구보다도 잘 알고 있었다. 일에 너무 많은 시간을 할애하다 보면 가족이나 공동체에 사용할 시간이 줄어들 뿐만 아니라, 공부에 들이는 시간도 감소하게 마련이다. 유대인은 항상 일과 다른 활동 간에 균형 잡힌 생활을 강조한다. 둘 중 하나에 너무 치중하다 보면 생활의 균형이 깨져서 득보다는 실이 크기 때문이다.

현대의 과도한 스트레스, 피로, 과로 등의 문제는 '안식일'이라는 단순한 아이디어에서 해결책을 찾을 수 있다. 십계명 중 하나인 안식일은 유대율법으로 처음 성문화成文化되었을 때만 해도 매우 급진적인 개념이었다. 안식일 제도가 있기 전에는 사람들이 1주일에 7일간 쉼 없이 일했다. 휴식이나 여가활동 시간도 전혀 없었다. 어떤 종교적인 믿음을 갖고 있든 간에, 인간에게는 누구나 정신적, 육체적, 영적 재충전을 위해 안식일과 같은 휴일이 꼭 필요하다. 휴식시간에는 반드시 일상의 업무에서 빠져나와야 한다. 원기회복을 위한 휴식은 개인, 가족, 직장 모두에게 필요하다.

내 친구이자 전국언론재단 회장인 밥 마이어스Bob Meyears는 유대인 부모 밑에서 자랐지만 신앙생활을 잘하는 보수 유대인은 아니었다. 그러다 몇 년 전부터 유대주의에 본격적으로 관심을 갖기 시작한 그는 안식일에 촛불을 켜고 빵과 포도주를 앞에 두고 기도를 올렸다.

공부와 노동의 균형을 맞추다

"공부하면서도 속세의 직업에 종사하는 것이 바람직하다. 공부와 일을 병행해야 죄를 짓지 않기 때문이다. 공부만 하고 일을 하지 않으면 결국 사악해지고 죄를 짓게 마련이다."*

고대 랍비들은 삶의 모든 영역에서 중용을 끊임없이 강조했다. 지식으로 존경받고 싶은 마음에 많이 공부하고 싶은 충동이 들지만 지나치게 공부만 하게 되면 생활의 균형을 깨뜨리게 된다. 올바른 삶을 영위하기 위해서는 반드시 공부와 노동이 병행돼야 한다. 일에서 얻는 혜택에는 불필요한 충동으로 소모적인 일에 빠지지 않는 것도 포함된다.

*Mishnah Kiddushin, 1, 10

유대교의 경전을 읽고 공부하면서 그는 안식이란 개념을 철저히 받아들이기 시작했다. "전화를 받는 단순한 일부터 그만두었다. 그러자 즉각 외부 세계로부터 단절됐다. 덕분에 더욱 평화로워진 나 자신을 발견했다. 만물에 대해서도 다시 생각하게 되었다. 안식일은 나에게 시간 속의 섬처럼 느껴진다." 마이어스는 안식일을 지킴으로써 종교와 직업 모두에서 새로운 활력을 얻을 수 있었다고 고백했다.

안식일 혹은 휴식의 날이란 개념은 일의 순환 고리를 끊고 잠시 휴식을 취하는 것이다. 심지어 일하는 가축들에게도 휴식하는 날이 주어져야 한다. 고대 히브리인들은 이보다 더 큰 아이디어를 가지고 있었으니 바로 안식년 제도다.

안식년

안식년은 고대 히브리 사회에서 7년을 주기로 맞이하는 안식의 해다. 7일마다 한 번씩 돌아오는 안식일과 같은 맥락이다. '희년禧年'도 있었는데, 7번째 안식년, 다시 말해 49년을 주기로 반복된다. 희년에는 모든 토지가 원주인에게로 되돌아가야 했다. 토지는 부의 주요 원천이었던 까닭에 누구도 오랫동안 부를 누릴 수 없음을 상기시켜줬다. 모든 토지는 신의 소유이기 때문에 누구도 토지의 소유권을 영원히 가질 수 없다는 사실을 일깨운 것이다. 희년이 영적으로 새롭게 시작함을 의미했다면, 이보다 자주 찾아오는 안식년은 자신의 인생 행로에 대해서 새롭게 되돌아보는 계기를 마련해줬다.

컨퍼런스 보드(사회에 악영향을 미치는 끼치는 기업 문제를 해결하기 위해 1916년 기업 경영자들을 주축으로 구성된 비영리 단체)에 따르면, 한때 대학 교수들을 대상으로 실시되었던 안식년 제도를 미국의 대기업 중 10% 정도만 도입하고 있다. 비슷한 형태의 제도를 운영하는 기업이 2010년 무렵에는 전체의 1/3에 달할 것으로 전망된다.

안식년 제도의 적용사례

맥도널드는 1978년부터 안식년 제도를 실시해오고 있는데, 이 제도가 회사와 직원 모두에게 이익을 가져다준다는 사실을 확인했다. 이 회사의 고참 직원 중 한 사람인 배리 메르만은 안식 휴가 자격을 얻고도 가족들이 시카고로 새로 이주하는 바람에 4년간 미뤄오다가 최근에야 안식 휴가를 챙겼다. 휴가를 마치고 일터로 돌아온 그는 자신도 놀랄 정도로 생산성이 향상되어 회사로부터 전 세계 맥도널드 직원의 1%에게만 수여되는 표창을 받기도 했다. "휴가를 마칠 즈음에는 활력을 되찾았을 뿐만 아니라 내 자신에 대한 믿음도 생겼습니다. 휴가 기간에 직장생활의 비전을 생각할 충분한 기회를 가진 까닭에 생산성이 향상될 수 있었던 거죠." 요식업계 안식년 제도에 대한 연구 결과가 실린 〈레스토랑 비즈니스 매거진〉에서 발췌한 내용이다.

실리콘그래픽스는 직원들이 어떤 목적으로든 6주간을 업무에서 벗어나 시간을 보내도록 하고 있다. 회사 관계자는 휴가를 보내고 복귀한 직원들에게서 충만한 원기가 느껴지고 신선한 아이디어도 많아진 걸 확인할 수 있다고 증언한다. 어떤 여성 직원은 휴가 기간에 스키에 대한 두려움을 극복했는데 이를 통해 자신감과 관리능력에 대한 확신을 얻을 수 있었다고 말한다.

사회 명사들도 안식의 시간을 갖는다. 경영의 스승으로 불리는 톰 피터스Tom Peters는 안식년을 마치고 최근 일터로 복귀했다. 컨트리 슈퍼스타 싱어송라이터 가스 브룩스Garth Brooks도 2년의 공백 기간을 가지며, 갑작스레 슈퍼스타가 된 자신을 되돌아보며 가족들과 시간을 보냈다. 피터스는 전보다 많은 아이디어를 갖게 되었다고, 브룩스는 복귀 후에는 박자를 놓치는 법이 없어졌다고 말했다.

맥도널드, 듀퐁Du Pont, 아메리칸익스프레스, 탠덤Tandem, 제록스, IBM, 실리콘그래픽스Silicon Graphics 등이 안식년 프로그램을 운영하고 있는 대표적인 기업들이다.

컨퍼런스보드는 안식년 프로그램이 대부분 하이테크 기업, 컨설팅회사, 법률자문회사 등 정신 노동 기업들에서 주로 시행되고 있다는 사실을 발견했다. 실리콘밸리의 많은 회사의 경우 능력 있는 직원들을 끌어들여 급변하는 시장에 빠르게 대응하기 위한 유인책으로 안식년 제도를 활용하고 있다. 예를 들면, 인텔은 7년간의 정식 근무를 끝마칠 때마다 8주간의 유급 안식휴가를 제공하고 있다.

안식년이 정말 효과가 있을까?

고대 이스라엘에서는 안식년 동안 휴경지로 방치해둔 땅에서 이듬해에 훨씬 많은 곡식을 수확할 수 있었다. 같은 이치로 사람들에게도 안식년을 보장해주면 에너지가 재충전되어 노동생산성이 크게 향상된다.

안식년 제도의 효과를 숫자로 계량화하기는 어렵지만 그 효과를 보여주는 사례는 많다. 뮤츄얼펀드의 등급을 산정하는 모닝스타Morningstar, Inc.는 직원들이 4년간 일할 때마다 6주간의 안식 휴가를 주고 있다. 이 회사의 CEO 돈 필립스Don Phillips는 〈월스트리트 저널Wall Street Journal〉과의 인터뷰에서 다음과 같이 말했다. "사람들은 누구나 매일 반복되는 직장생활에 치이다 보면 큰 그림을 보지 못하는 우를 범하곤 합니다. 안식년 제도는 이들에게 크고 넓게 볼 수 있도록 시야를 트여줍니다."

노력은 절대 배반하지 않는다

"어떤 사람이 당신에게 '난 열심히 일했지만 아무것도 이루지 못했다' 라고 말한다면, 그 사람은 믿지 마라. 어떤 사람이 '나는 열심히 일하지 않았지만 여전히 성과를 거두고 있다'라고 말한다면, 그 사람도 믿지 마라. 단, 어떤 사람이 '나는 열심히 일해서 성과를 거두었다'라고 말한 다면 그 사람은 믿어도 좋다."*

*Megilah, 6a

안식년의 개념이 고대 히브리인들에게 효과적이었던 데는 두 가지 이유가 있었다. 하나는 그들은 저마다 안식년을 공부하는 데 사용했다. 모두 생업을 잊고 공부에만 매진할 수 있는 시간을 바라고 기다렸다. 다른 하나는 신과 자신에 대한 강한 믿음을 다진 까닭에 일터로 복귀할 즈음에는 더욱 지혜롭고 영적으로나 지적으로 성숙해졌던 것이다.

현대인들은 양상이 조금 다르다. 사람들은 안식 기간을 간절히 원하면서도 정작 자신들이 업무에 복귀했을 때 자리에서 밀려날까 봐 두려워한다. 해결책은 자신감과 함께 자신의 능력을 굳게 믿는 것이다. 고대 유대인들은 열심히 노력하는 자에게는 신이 생계를 보장해준다는 탈무드의 가르침을 믿었다. 누구든 열심히 일하기만 하면 언제든 성공할 수 있다.

자기 비즈니스를 시작하라

고대에는 노동자 대부분이 일용직 노동자들로, 인력시장과 같은 곳에 모여있다가 건설현장에서 필요로 하는 일이나 기타 노동 집약적인 일감을 얻었다. 땅주인들은 가장 힘세고 기술이 좋은 노동자들을 골라 하루치(작업자가 운이 좋다면 보다 긴 기간 동안의) 품삯을 주고 일을 시켰다. 이런 방식으로는 항상 일감을 얻을 수 있다는 보장이 없기 때문에 생계를 유지하기가 매우 곤란했다.

일용직 노동자가 종종 변덕스러운 악덕 고용주를 만나 얼마나 심한 고생을 하는지를 잘 아는 탈무드 랍비들은 사람들에게 자기 비즈니스를 시작하라고 권장했다. 자기 사업을 추구하는 경향으로 유대인들은 건강한 기업가 정신을 함양할 수 있었다. 이러한 경향은 반유대주의 때문에 대다수의 유대인이 일하던 직장에서 쫓겨났던 데서도 찾을 수 있다. 유대인들은 남에게 의지하지 않고 스스로 생계를 책임지는 능력을 가치 있게 바라봤다.

랍비 아하이 벤 요시아는 말했다. "자기 힘으로 생계를 유지하는 사람은 엄마에게 안겨 젖을 빠는 어린아이처럼 마음의 평안을 누릴 수 있다. 성인이 돼서도 자신의 생계를 부모나 자식에게 의지하는 사람은 마음이 편치 못하다. 타인에게 생계를 의지하는 사람은 오죽하겠는가!"

경제적 독립을 매우 중시했던 랍비들은 일을 전혀 하지 않는 것보다는 적극적으로 어떤 일이든 해야 한다고 조언한다. "다른 사람으로부터 얻은 동냥에 의존하느니 차라리 전혀 생소한 분야라도 뛰어들어 일하는 것이 낫다." 랍비들은 자기에게 맞지 않는 일을 억지로 하는 것을 지지하지는 않았지만, 경제적으로 독립하려면 기술이 덜 필요한 일이라도 일단 찾아서 하는 것이 좋다고 생각했다.

비즈니스 성공의 비밀

1. 노동은 신성한 행위이며, 어떤 노동이든 본질적으로 존엄성을 지닌다.
2. 노동의 가장 실질적인 목적은 돈을 버는 것이다. 직업에 종사함으로써 자신과 가족, 공동체를 부양하고 자부심을 느낀다. 또한 일을 통해 이웃에게 공헌한다.
3. 1주일에 하루의 휴식은 인간의 전반적인 복지를 위해 필요하다. 휴식은 또한 생산성을 제고한다.
4. 일과 여가활동 간에 균형을 유지하라. 한쪽에만 지나치게 치중하는 것은 해롭다.

직원을 잘 대우해야 더 큰 이득을 얻는다

돈을 잃고 싶은 사람은
직원을 고용하고 이들을 그냥 방치하면 된다.

– 랍비 요하난

탈무드 랍비들은 고용주와 고용인의 관계를 인격적이고 독립적인 두 존재가 계약을 맺고 각자 상대방에게 권리와 의무를 지는 사이로 보았다.

　중요한 개념은 다음과 같다. 고용인은 고용주에게 노동을 제공하고, 고용주는 고용인에게 노동의 대가를 지불하기로 서로 합의한다는 것이다. 노동 계약이 처음 확립됐을 때는 간단한 개념이었을지 모르지만, 오늘날과 같이 복잡다단한 비즈니스 환경에서는 그렇지 않다. 고용주는 리더십을 발휘해 업무를 지도하고, 시간에 맞춰 임금을 지불하며, 거주 지역의 관습을 존중하고, 안전한 작업환경을 제공하며, 작업장을 보호하고, 모든 직원들을 공평하게 대우하며, 세금을 성실하게 납부해야 한다. 노동자는 작업장의 규칙을 제대로 이해하고, 휴식 시간을 철저히 지키며, 회사 방침에 잘 따르고, 사소한 사무용품이라도 개인적인 용도로 사용해서는 안 된다.

탈무드 랍비들은 고용주가 경제적으로 우월한 위치에 있으므로 고용인보다는 고용주의 책임과 의무를 논의하는 데 더 많은 시간을 할애했다. 물론 종업원들의 회사에 대한 책임에 대해서도 확실히 이해하고 있었다.

기업의 리더가 갖춰야 할 자질

"무엇이 훌륭한 리더를 만드는가?"

탈무드의 랍비들은 왜 히브리 민족의 지도자 중에는 양치기나 염소치기 출신이 많은지 몹시 궁금해했다. 모세와 다윗 왕이 그 대표적 사례다. 시편 11편 5절에 젊은 다윗이 먼저 어린 양들을 몰아 목초지의 부드러운 풀을 먹였고, 다음으로 조금 더 나이든 양들을 이끌어내 뻣뻣한 풀을 먹였으며, 마지막으로 다 큰 양들을 풀어서 거친 풀을 먹였다. 유대 전승에 따르면, 어린 다윗이 양들을 돌보고 보살피는 모습을 신이 지켜보고 있다가 어른이 되었을 때 신의 백성들을 이끌게 했다고 한다. 모세의 일화도 있다. 모세가 장인의 염소들을 돌보고 있을 때 새끼 염소 한 마리가 멀리 달아났다. 모세가 그 염소를 잡으러 쫓아갔더니 마침 샘물을 허겁지겁 마시고 있었다. 이를 지켜본 모세가 말했다. "네가 목이 말라 물을 찾는 걸 몰랐구나. 피곤할 테니 내가 안아서 돌아가마."

랍비들은 오랜 논의 끝에 최고의 목자는 자신이 돌보는 양들, 특히 가장 약한 녀석에게 동정과 연민의 정을 드러낼 줄 아는 사람이라고 결론 내렸다. 가장 훌륭한 목자는 자신이 돌보는 동물 하나하나의 일상과 버릇을 알고 있으며, 각각의 동물들을 세심하게 다루는 사람이라며 이러한 자질들이 강하고 공정한 리더의 특징이라고 말했다.

리더는 세심한 배려와 함께, 어려운 결정을 내리고 올바른 선택을 하기 위해서 확고한 의지와 논리를 갖춰야 한다. 벤 조마는 묻는다. "누가 리더인가? 리더는 자신의 격정과 감정을 잘 다스릴 줄 아는 사람이다." 리더는 자신의 감정을 조절할 줄 알아야 한다. "양치기가 양떼에 격분하면, 길잡이 숫양의 눈을 멀게 한다." 길잡이 숫양은 목에 방울을 달고 양치기의 지시에 따라 양떼를 이끄는 양이다. 양치기가 이성을 잃고 흥분하면 길잡이 숫양은 어디로 가야할지 몰라 혼란에 빠진다. 마찬가지로 기업의 리더가 이성을 잃고 격정에 휩싸이거나 불합리한 행동을 하게 되면, 사원들도 갈피를 잡지 못하고 헤매게 된다.

탈무드는 리더의 행동이 최우선임을 강조한다. "리더의 행위가 곧 국가의 행위다. 리더가 공정하면 나라가 공정하지만 리더가 불공정하면 나라 또한 불공정하며 결국 리더의 죄악으로 인해 처벌을 감수하게 될 것이다." 여기서 '국가'란 단어는 기업을 포함해 인간들의 어떠한 집단에도 적용된다.

불행히도 최근 어떤 리더들의 행위가 직원들이 어렵게 쌓아올린 명성을 빛바래게 만드는 사례가 늘고 있다. 다국적 컨설팅 전문회사인 아서앤더슨Arthur Anderson의 직원들은 회사의 리더가 지은 죄 때문에 처벌을 감수해야 했다.

아서앤더슨의 고객사인 엔론Anron의 문서를 폐기하도록 지시한 경영진의 불법적인 행동으로, 수많은 직원들이 직장을 잃는 낭패를 보았다. 아서앤더슨은 이보다 한해 전인 2001년에도 고객사인 선빔Sumbeam과 웨이스트매니지먼트Waste Management에 대한 회계부정 혐의로 증권거래위원회의 조사대상이 되기도 했다. 예전에 이 회사에서 윤리 컨설턴트로 근무했으며 현재는 콜롬비아 경영대학원 경영학과 부교수로 재직 중인 바바라 레이 토플러Barbara Ley Toffler는 자신의 저서《마지막 회계 : 야망, 탐욕, 아서앤더슨의 몰락Final accounting : Ambition, Greed and Fall of Arthur Anderson》(2003)에서 이렇게 말했다. "모든 사람들이 리더의 규칙을 따르는 것이 하나의 문화다. 리더와 규칙이 품위 있고 온전하다면 일사불란한 문화는 경쟁력과 존경스러움의 열쇠가 된다. 다만 게임의 룰이 어긋나고 리더가 엉뚱한 방향으로 이끌게 되면 일사불란하게 리더를 따르는 문화는 오히려 재앙이 되고 만다."

엔론의 직원들도 경영진의 불법적이고 부도덕한 행위들로 고통을 당했다. 그들은 직장과 노후 대비용 저축으로 삼았던 회사의 주식을 전부 잃음으로써 재정적으로 처벌을 받았고, 경영진에 대한 신뢰가 산산이 부서짐으로써 감정적으로도 처벌을 감수해야 했다. 이 경우에 '국가'의 개념을 넓혀서 외부 주주들에게까지 그 범위를 확대한다면, 더욱 많은 사람들이 이 기업의 리더들이 저지른 수치스러운 범죄 때문에 막대한 경제적인 손해를 입었다고 볼 수 있다.

성공적인 리더들의 또 다른 특징은 이들과 견해를 달리하는 사람들을 포용하고 합의를 도출해내는 능력이 출중하다는 점이다. "누가 리더 중의 리더인가? 적을 친구로 만들 줄 아는 사람이다."

기업이 내부적 요인으로 위기와 혼란을 경험하면 소 잃은 외양간을 고쳐줄 만한 출중한 인물을 영입하기 마련이다. 예를 들면 AOL타임워너(2003년 9월 회사명을 타임워너로 변경했다.–역자주)는 정계에서 오랫동안 몸담으며 경력과 능력을 인정받아오던 리처드 파슨스Richard Parsons를, AOL(아메리칸온라인)과 타임워너가 막 합병하던 시기인 2002년경에 최고경영자로 전격 영입했다. 당시 오랜 역사와 탄탄한 기반의 미디어계 거인 타임워너와 이윤이 적었던 인터넷 기반의 AOL이 서로 합치면서 갈등이 고조되고 있었다. AOL의 공동창업자이며 합병을 주도한 스티브 케이스Steve Case는 공개석상에서 이렇게 말했다. "딕 (파슨스)은 올바른 리더십을 가진 인물이다. 사람들을 이해할 줄 알고 협력관계를 구축할 능력을 갖추고 있으며, 회사에 절대적으로 필요한 공공의 이익을 위해 헌신할 사람이다."

탈무드 랍비들은 리더들에게 거만해지지 말 것을 충고한다.

자만심은 실수와 영적 토대의 상실로 이어지기 때문이다. "높은 자리를 탐하는 자에게 화가 미치리니, 이는 사람들로부터 하늘을 두려워하는 마음을 빼앗기 때문이다."

거만한 리더는 함께 일하는 사람들에게는 골칫거리 이상이다. 회사에도 막대한 손실을 입힐 수 있다. 조셉 크레링거Joseph Krallinger는 그의 책《M&A에 따른 매매관리Mergers & Acquisitions : Managing the Transaction》(1997)에서 이렇게 말한다. "과도한 초과 지출이야말로 인수회사가 가장 흔히 저지르는 최악의 실수다." 그는 이러한 실수가 주로 인수자의 오만에서 비롯된다고 주장한다. 어떤 CEO와 경영진들은 자신들의 화려한 경영기술을 지나치게 신뢰한 나머지, 매수 자산에 대해 높은 가격을 충분히 지불할 수 있다고 믿는다. 마음속으로 어떠한 장애물도 극복할 수 있을 것이라 확신한다. 프랭크 C. 에반스Frank C. Evans와 데이비드 M. 비숍Davia M. Bishop은《인수합병에 따른 가치평가 : 민간기업의 가치구축Valuation for M&A : Building Value in Private Companies》에서 이렇게 말한다. "공기업들 매수에 지불된 평균 인수 프리미엄은 지난 10년간 공정 시장가격보다 약 40%나 더 높았다." 두 사람은 이렇게 결론짓고 있다. "인수기업의 경영자들은 자신의 자존심(지나친 자부심 혹은 자신감)으로 정상적인 논리에서 벗어나는 경우가 흔하다. 이들은 인수기업의 경영을 과대평가해, 치르지 않아도 되는 막대한 비용을 지불하는 경우가 많다."

탈무드 랍비들은 이익을 추구하는 마음인, 즉 이기심을 일반적으로 비즈니스에서의 성공, 특히 리더십에서의 주요 요소로 간주했기 때문에 이기심의 중요성에 대해서도 토론했다.《국부론Wealth of Nations》(1776)에서 경제학자 아담 스미스는 '계몽된 이기심'이라는 용어를 빌려서, 경영진들은 기업의 이윤뿐만 아니라 사회의 이익을 위해서도 노력하되, 그 과정에서 다른 사람에게 피해를 주는 일이 없어야 한다고 주장했다. 이러한 이기심의 '계몽된' 측면을 랍비들도 염두에 두고 있었다.

랍비들은 자기가 잃어버린 물건과 아버지가 잃어버린 물건을 찾는 한 남자의 이야기를 들려준다. 이 남자는 누구의 물건을 먼저 찾아야 할까?

랍비들은 이구동성으로 이 남자가 먼저 찾아야 할 것은 자신의 물건임을 분명히 했다. 이것이 과연 이기적인 행동인가? 랍비들은 "그렇지 않다"고 주장했다. 타인의 필요를 채워주기에 앞서 자신의 필요를 먼저 충족해야 한다는 것이다. 랍비 유다는 "먼저 당신이 빈곤해서는 안 된다"고 말했다. 이 말에는 자신을 먼저 돌봐야 한다는 뜻이 함축돼 있다. 그는 이어 "다른 사람을 먼저 돌보는 사람은 결국 가난에 시달릴 것이다"라고까지 말했다. 다른 랍비들도 이에 동의했다. "남들을 씻겨주기 전에 당신이 먼저 씻으라."

비행기 여행 시 갑자기 재난을 당하면 승무원들은 다른 사람이 산소마스크 쓰는 것을 도와주기 전에 먼저 자신부터 산소마스크를 쓰라고 조언한다. 특히 부모들은 본능적으로 자신의 아이에게 먼저 산소마스크를 씌워주려고 하지만 자신보다 먼저 아이 얼굴에 산소마스크를 씌우는 행위는 오히려 역효과를 내기 십상이다.

힐렐은 토론을 마칠 즈음에 다음과 같이 말했다. "내가 내 자신을 위하지 않는다면 누가 나를 위할 것인가? 만약 내 자신만을 위한다면 나는 누구인가? 지금 아니면 언제?" 힐렐은 여기에서 언급된 이기심의 문제 외에도, 이기적이 되려는 유혹을 이겨내라고 조언했다. 그런 기회가 오면 반드시 잡되, 그렇지 않으면 영원히 그 기회는 사라지게 된다고 말하면서 이렇게 덧붙였다. "불이 타는 동안에 호박을 썰어서 구워라."

리더에게 중요한 자질은 위대함을 성취할 수 있다는 낙관주의와 자기확신이다. 리더는 미래가 자신의 손에 달려있고 운명을 개척할 힘이 있다는 것을 믿어야만 한다. 그런 측면에서 탈무드의 랍비들은 자유의지를 매우 중요하게 생각했다. 비록 신이 우리의 미래를 예정해두긴 했지만 사적인 삶을 통제할 자유는 우리에게 주어져있다. 얼핏 모순처럼 들릴지 모르겠다. 우리의 운명이 어떻게 될지 미리 알 수는 없지만 누구나 자신의 진로를 선택할 능력은 가지고 있다. 랍비 아키바는 말했다. "운명은 예정돼 있고 선택의 자유도 주어져있으며 세상은 선함의 잣대로 심판받는다. 모든 것은 당신이 얼마나 열심히 일하느냐에 달려있다."

운명은 결국 자신이 개척해간다는 아이디어를 더욱 굳게 만들어주는 글귀가 있다. "자신을 죄악으로 더럽히고자 하는 사람은 누구나 그에게 열린 모든 문들을 발견하게 될 것이다. 가장 높은 수준의 정결을 얻고자 하는 사람은 누구나 모든 정결의 힘이 그를 도우려는 것을 알게 될 것이다." 헨리 포드도 이와 비슷한 유명한 말을 남겼다. "당신이 할 수 있다고 생각하면 할 수 있는 것이고, 당신이 할 수 없다고 생각하면 할 수 없는 것이다."

요셉이 형제들보다 먼저 죽은 이유

"리더십을 좇는 사람은 그 수명이 대부분 짧다. 요셉은 왜 자신의 형제들보다 먼저 죽었을까?" 랍비들이 질문했다. "그는 권위적이었던 데다 그의 형제들을 지배했기 때문이다."*

요셉의 이야기는 성경에서 유명한 이야기 중 하나다. 요셉은 야곱의 열한 번째 아들로 태어나 아버지로부터 형들보다 더 많은 사랑을 받으며 자랐다. 형제들은 요셉을 질투하기 시작했다. 더욱이 요셉이 형들의 옥수수단이 자신의 옥수수단에게 절하는 꿈을 꾸고, 태양과 달과 11개의 별(요셉의 형제는 11명이었다)이 요셉에게 절하는 꿈을 꾼 뒤로는 형들의 질투가 더욱 심해졌다.

마침내 형들은 요셉이 자신들을 지배할 지도자의 위치에 서는 것을 더는 두고 볼 수 없다고 여겨 요셉을 없애기로 모의했다. 이들은 요셉을 빈 구덩이에 던져버리고 아버지가 요셉에게 선물한 채색 옷마저 갈기갈기 찢어버렸다. 형들은 아버지에게 산짐승이 요셉을 죽였다고 거짓말했다. 요셉은 가까스로 대상隊商 일행에게 발견되어 노예의 신분으로 이집트로 팔려갔다.

요셉은 꿈 해몽 능력을 인정받아 억울하게 갇혔던 감옥에서 출소할 수

있었다. 파라오가 7마리의 살찐 소가 7마리의 야윈 소를 잡아먹는 꿈을
꾸었는데, 요셉은 이를 첫 7년간 풍년이 지속되다가 다음 7년간 흉년이
이어질 것임을 암시한다고 해석했다. 이 해몽에 감동한 파라오는 요셉
을 흉년에 대비해 곡식을 저장하는 책임자로 임명했다. 이윽고 요셉은
이집트의 총리가 되었다.

우여곡절 끝에 요셉은 아버지와 형제들을 다시 만났으나 자신을 죽이
려 했던 형제들의 죄를 용서했다. 리더십에 따른 막중한 업무 스트레스
로 요셉은 형제들보다 먼저 세상을 떠나고 말았다.

*Berakot, 55

로마에서는 로마법을 따르라

모든 비즈니스 활동의 근본이 되는 고용주의 의무가 있다. 사
업장이 위치한 지방의 법률과 관습을 반드시 준수해야 한다는
것이다. 고대 랍비들은 이 의무를 노동자들의 임금과 혜택에 적
용하면서 다음과 같은 기본적인 질문을 던졌다. "만일 고용주가
직원을 채용할 때 정확한 출근 시각과 노동 시간을 말해주지 않
다가, 채용한 뒤에야 일찍 출근하라거나 늦게까지 일하라고 요
구한다면 어떻게 될까?"

탈무드 랍비들은 이것이 해당 지역의 일반적인 관습이 아닌
이상, 노동자들에게 연장 근무를 요구해서는 안 된다고 말했다.
어쩔 수 없이 노동자들에게 밤늦게까지 잔업을 요구할 경우에
는 저녁식사를 제공하거나 낮일 경우에는 차를 무료로 제공해
야 한다고 주장했다. 그 지방의 관습으로 비금전적 혜택을 제공

해야 한다면 고용주는 반드시 그 관습을 따라야 한다는 것이다. 이를 현대사회에 적용해보면, 대기업의 경우 그 기업의 관습이 곧 그 지역의 관습을 의미하는 경우도 있고, 일부 도시 지역의 관습이 그 도시 전체의 표준을 의미하는 경우도 있다. 예를 들면 덴버나 샌프란시스코의 노동자들은 보통 일찍 퇴근하지만 워싱턴 D.C.나 뉴욕의 노동자들은 일반적으로 늦게까지 일을 한다. 심지어 늦게까지 일하는 것에 대해 자부심을 느끼기도 한다.

지방의 관습이 우선한다

"일꾼들을 먹이는 것이 그 지방 관습이라면 이들에게 음식을 제공해야 한다. 식사 후에 후식을 제공하는 것이 관습이라면 역시 그렇게 해야 한다. 모든 것을 관습에 따라 행해야 한다."*

랍비들은 노동자들이 그 지방의 관습에 맞춰 대우를 받아야 한다는 점을 강조한다. 심지어 일꾼들에게 먹일 음식에 대해서도 상세하게 열거하고 있다. 랍비들은 고용주가 일꾼에게 제공해야 할 콩과 야채의 종류에 이르기까지 아주 긴 시간에 걸쳐 토론하는 경우가 종종 있었다. 지방 관습을 따라야 한다는 사고는 탈무드만의 독특한 사고이며, 모든 일상생활로 확대 적용도 가능하다. 당시 유대인들이 여러 나라에 흩어져 살았던 까닭에 각자 자신이 처한 환경에 적응하고 해당 지역 공동체의 일원이 되는 일은 무엇보다 중요했다.

*Bava Metzia, 7a

기업들이 개발도상국에 공장을 운영하면서 극히 적은 임금을 주는 경우는 어떠할까? 탈무드는 지방 관습에 따라 임금과 작업조건을 제시하라고 말한다. 당연히 작업조건이 가혹하거나 건강에 위협이 되거나 고용계약 시 고용인들이 불평등한 위치에 있어도 좋다는 뜻은 아니다.

고용주의 의무에서 랍비들이 가장 많이 강조하고 있는 것은 고용주들이 그 지방 관습을 세심한 데까지 성실히 이행해야 한다는 것이다.

랍비 요하난 벤 마티야는 아들에게 말했다. "밖으로 나가서 일꾼들을 데려오너라." 아들은 시키는 대로 나가서 일꾼을 구했다. 이때 아들은 일꾼들에게 음식을 제공하기로 합의했지만, 어떤 음식을 얼마나 제공할 것인지에 대해서는 정하지 않았다. 아버지는 아들이 맺은 계약을 살펴보고는 몹시 화를 냈다. "아들아, 이 계약을 받아들일 수가 없구나. 솔로몬 왕이 드시던 진수성찬을 이들에게 제공한다 하더라도 이들에게 의무를 다하지 못하게 될 터이니 안타깝구나."

랍비는 아들에게 즉시 일꾼들을 찾아가서 그들에게 빵과 콩만 제공하겠다고 말하라고 일렀다. 그런 음식을 제공하는 것이 그 지방의 일반적인 관습이었기 때문이다. 이어서 그는 아들을 재촉하며 말하길, "지금 당장 그들을 최대한 빨리 찾아가서 이야기해야 한다. 이들이 일단 일을 시작하고 나면 합의 내용을 바꿀 수 없다. 일의 시작은 곧 노동계약이 최종 체결되었음을 뜻하는 것이다"라고 했다.

이 이야기를 전해들은 다른 랍비들이 랍비 요하난 벤 마티아의 행동에 대해 갑론을박을 벌였다. 랍비 시몬 벤 가말리엘은 일꾼들에게 빵과 콩만 제공하는 것이 그 지역 관습인데, 굳이 그들에게 제공할 음식을 상세히 알려줄 필요가 없고 그 이상의 음식을 제공할 의무도 없다고 주장했다.

《게마라》는 한 발짝 더 들어갔다. 고용주가 잠재 고용인에게 통상적인 임금보다 많은 임금을 제시할 경우에는 그 대가로 고용주가 상대방에게 원하는 바를 상세하게 정해놓아야 한다는 것이다. 랍비들은 노동자가 통상보다 높은 임금을 받게 될 경우, 훨씬 양질의 일을 제공하는 것이 공평하다고 말했다. 그 지역의 관습이 아니라면 임금을 많이 받는다고 해서 반드시 연장근무를 의미하지는 않는다는 점도 덧붙였다.

연장근무 문제는 오늘날 노동자들의 뜨거운 관심사이기도 하다. 어떤 직장인이든 저녁에 맘 편히 쉴 수 있는 가정에서 가족과 함께 더 많은 시간을 보내고 싶어 하지만, 동료와 상사의 압력 때문에 어쩔 수 없이 사무실에 머무르는 경우가 많다. 당연히 사전 통보 없이 갑자기 연장근무를 하게 되거나 주말에 근무하게 되면 분노를 표시하기도 한다. 종종 가족이 없는 노동자과 가족이 있는 노동자 사이에 이 문제를 두고 긴장이 고조될 수도 있다.

잠재 노동자와 고용주는 정식 근로계약을 체결하기 전에 서로 상대방에게 기대하는 것이 무엇인지 확실히 해둬야 한다. 이러한 합의는 올바르고 유익하다. 노동자는 자신이 무엇을 할지 정확히 알고 있을 때 가장 편안하고 생산적이다. 고용주는 자신의 요구사항이 이행될 때 더 많은 이익을 남길 수 있다. 랍비 요하난은 다음과 같이 말했다. "돈을 잃고 싶은 사람은 직원을 고용하고 이들을 그냥 방치하면 된다."

제때에 임금을 지급하라

탈무드 랍비들은 언제, 어떻게 임금을 지불할 것인가에 대해서도 이야기를 나눴다. 당시 고용주들은 일꾼들에게 같은 날 일몰 전에 임금을 지불해야 했다. 해지는 시각에 맞춰 작업을 마쳤기 때문이다.

랍비들은 임금을 지급할 때는 반드시 그 지역 화폐로 지불해야지, 현물로 지급해서는 안 된다고 말했다. 탈무드에는 이 주제와 관련해 어떤 농부의 이야기를 기록하고 있다. 농부는 밀짚을 모아서 덩어리로 묶는 일을 거들어줄 일꾼을 고용했다. 일을 마치고 일꾼이 품삯을 요구하자 농부는 돈 대신 밀짚을 주었다. 일꾼은 돈으로 달라고 요구했고 랍비는 그의 요구가 정당하다며 이에 동의했다.

그렇다면, 임금 대신 회사의 주식으로 지불하는 것은 어떨까? 탈무드는 이러한 거래도 금지했다. 주식은 화폐가 아니기 때문이다. 최근에는 신생 기업들이 관습처럼 직원들 보너스로 스톡옵션을 주는 경우가 많다. 이에 대해 탈무드는 직원이 근무를 시작하기 전에 사전 동의를 한 경우에만 제한적으로 이를 허용한다. 다시 말하면, 직원이 급료를 기대하는 데도 회사가 급여를 지불할 돈이 없다는 이유로 회사 주식을 대신 지급하는 것은 받아들여지지 않는다.

쥐와 쥐구멍

경영자와 기업주는 회사에서 무슨 일이 벌어지고 있는지 속속들이 파악하고 있어야 한다. 또한 회사의 이익을 도둑질하는 행동을 막기 위해 필요한 조치와 절차들을 시행해야 한다. 이는 경영자의 의무다.

탈무드에는 이 같은 의무를 충실히 수행하는 랍비 아바예의 이야기가 실려있다. 그는 자기 소유의 밭을 걷다가 자신을 알아보지 못하는 한 소작인과 마주쳤다. 그 소작인이 포도나무 싹을 옮기고 있는 모습을 보고 아바예가 물었다. "그걸 어디로 가져가는 겁니까?" 소작인은 주인집에 가져가는 거라고 거짓말을 했다. 이에 아바예는 대답했다. "오래 전부터 현자들은 당신과 같은 사람을 예견했소." 탈무드는 아무도 보는 사람이 없다고 생각하고 도둑질하는 사람들이 항상 있음을 농담조로 이렇게 표현했다.

탈무드 랍비들은 경영자나 기업주가 관리를 소홀히 한다면 직원들이나 다른 사람들이 그에게서 뭔가를 훔쳐가게 될 것이라고 말했다. 실제로 랍비들은 만일 고용주가 주의를 기울이지 않는다면 직원들에게 사실상 도둑질을 장려하는 것과 마찬가지라고 주장했다. 유대교 경전인 《토라》의 레위기는 시각장애인 앞에 장애물을 놓는 행위처럼 다른 사람이 위험에 빠지도록 유도하는 행위는 잘못된 것이라고 말하고 있다. 탈무드는 이를 확대 해석해 타인이 위험에 빠지는 것을 보면서도 아무런 행동을 취하지 않는 것도 엄격히 금하고 있다. 가령 어떤 사람이 악한 사업거래를 하려는 데도 주변에서 아무도 경고하지 않는다면 그것도 잘못됐다는 것이다. 문제의 핵심은 당신의 의도가 정직한가의 여부다. 이것은 탈무드에서 반복적으로 다뤄지고 있는 주제이며, 특히 소비자 보호와 광고 분야에 광범위하게 적용되고 있다.

'쥐와 쥐구멍' 이야기는 민간에서 전해 내려오는 유대인의 고전 중 하나로, 이 주제를 잘 반영하고 있다(염소와 부서진 울타리라는 이야기로도 전해지지만 주제는 동일하다).

쥐 한 마리가 벽에 난 구멍을 통해 들어가 음식을 먹어치웠다. 쥐가 먹어치운 음식에 대한 책임은 누구에게 있을까? 한 랍비는 음식을 먹은 쥐에게 책임이 있다고 주장했다. 다른 랍비는 만약 구멍이 없었더라면 쥐가 집 안으로 들어갈 수 없었을 테니까 구멍에게 없어진 음식에 대한 책임을 물어야 한다고 주장했다.

상관이 부적절한 지시를 내린다면 어떻게 해야 하나?

"직원이 주어진 업무를 잘 처리했다면 그 결과에 대해서는 고용주가 책임을 지고 그 반대라면 직원이 직접 책임을 진다. 이를 테면, 고용주가 손님들에게 살코기를 갖다주라고 종업원에게 지시했는데 그 종업원이 간을 갖다주었거나, 간을 갖다주라고 했는데 살코기를 갖다준 경우, 그 종업원은 지시를 제대로 수행하지 못한 잘못에 대해 반드시 책임을 진다. 이번에는 고용주가 종업원에게 각각 하나씩 손님들에게 나눠주라고 했는데, 그 종업원은 손님들에게 각각 둘씩 가져가라고 말했고, 정작 손님들은 각각 3개씩 가져갔다면 고용주, 종업원, 손님 모두에게 책임이 있다."*

탈무드는 업무와 관련된 과실 문제에 대해서는 매우 확실한 태도를 취한다. 고용주가 직원에게 불법적인 일을 지시했으나 직원이 이를 거부한다면 그 책임은 고용주에게 있다. 고용주 모르게 직원이 스스로 불법적인 일을 저질렀다면 그 책임은 오로지 직원에게 있다. 이번에는 고용주가 불법적인 지시를 하고 직원이 이를 수행했다면 둘 다 불법을 저지른 셈이다. 마지막 사례의 경우, 오늘날의 상황에서는 직원을 어떻게 처리해야 할지 애매한 경우가 많다. 그 직원은 상관의 지시에 따랐을 뿐이기 때문이다. 뇌물을 수수한 고객도 경우에 따라 같은 죄를 인정받는 경우가 있다. 고대 랍비는 부당한 지시를 받고 죄를 저지른 종업원에 대해서도 예외 없이 죄를 인정하고 있다. 이는 직원들에게는 대개 관용을 베푸는 오늘날의 법원의 판결과는 대조되는 모습이다.

*Mishnah Mas. Me'ilah, 20a

　양쪽의 견해를 각각 지지하는 랍비들은 서로 열띤 토론을 벌였다. 주된 핵심은 이렇다. 다른 사람에게(특히 약한 사람에게) 유혹이 될 만한 빌미를 제공했다면 자신이 직접 물건을 훔치는 것과 진배없다는 것이다. 랍비들은 사람들은 늘 기회만 되면 훔치려 든다고 추정하면서도 그들을 항상 냉소적으로만 바라보지는 않는다. 오히려 우리 모두는 종종 형편없는 결정을 내릴 개연성이 다분하므로, 미리 미리 유혹에 빠지기 쉬운 환경을 멀리하는 게 상책이라고 믿었던 것이다.

그렇다고 랍비들이 강도 피해자에게 강도짓을 부추겼다는 이유로 그에게 책임을 묻지는 않는다. 경찰관들은 여행객들에게 안전한 길을 찾아서 다니라고 조언한다.

알로우헬스앤뷰티케어Allow Health & Beauty Care의 사장 빅터 제이콥스Victor Jacobs는 탈무드의 교훈에 따라 회사를 운영하기로 유명한 사람이다. 특히 그는 쥐와 쥐구멍에 대한 이야기에 각별한 관심을 쏟고 있다.

의약품 유통회사인 그의 회사는 1989년 주식공개 이후에 매출은 7천백만 달러에서 4억 달러에 육박하도록 가파르게 성장했고, 순이익은 4배로 늘어나 4백만 달러에 이르렀다. 업종 자체가 마진이 매우 박한 까닭에 4.3%의 순이익 마진은 경쟁업체들에 비해 2배 가까운 수치였다.

제이콥스는 회사의 성공을 조금도 망설임 없이 '탈무드' 덕분이라고 말한다. 그는 1994년 〈포춘〉 지와의 인터뷰에서 다음과 같이 말했다. "탈무드는 마음을 열게 하고 생각하는 법을 가르쳐줍니다. 어디서든 탈무드는 가장 실질적인 비즈니스 조언을 해줍니다."

의약품은 암시장에서 쉽게 거래되기 때문에 알로우는 한때 1주일에 40상자나 도둑맞고 있었다. 제이콥스는 자기 회사의 상품이 도둑들에게 유혹의 대상이 되고 있다는 사실을 깨닫고, '쥐들이 드나들 수 없도록 쥐구멍을 막아야겠다'고 생각했다. 마침내 이 회사는 출고 전에 상품을 수축포장하기 시작했다. 아니나 다를까, 도둑맞는 비율은 한 달에 한 상자 이하로 대폭 줄어들었다. 너무나 간단한 해결책인가? 맞는 말이지만 해당 업계에서 이러한 조치를 취한 회사는 알로우가 유일했다.

　오늘날 탈무드 학자들은 닉 리슨Nick Leeson 사건에 대해 논의를 거듭해왔다. 그는 일본과 싱가포르 선물시장에서 투기와 사기거래를 통해 베어링 은행에 14억 달러의 엄청난 손실을 입히고 실질적으로 이 은행을 붕괴시킨 혐의로 유죄 판결을 받아 교도소에 구속 수감된 인물이다. 어떻게 그런 일이 벌어질 수 있었을까? 영국 소재 비즈니스윤리유대인연합회Jewish Association for Business Ethics의 랍비 비느하스 로젠스타인 Pinchas Rosenstein 디렉터는 뉴스레터에 다음과 같이 적고 있다. "시각장애인 앞에 장애물을 놓아두지 말라는 말은 결코 그 순수한 문자적 의미에만 국한되지 않는다. 이 개념은 책임을 완수할 능력이나 유혹을 이겨낼 힘이 없는 사람에게도 그대로 적용된다. 이 사건에서 베어링 은행은 충분한 금융통제 시스템을 갖추지 못했기 때문에 한 개인이 경영본부와 비영업부서 모두 마음대로 통제하게 내버려뒀다. 이러한 환경은 필연적으로 일개 직원으로 하여금 끝없는 권한 남용을 하도록 방치한 결과를 낳고 말았다."

로젠스타인을 비롯한 여러 사람들은 고대 히브리 제사장들이라도 성전의 금고에 출입할 때는 긴 소매가 달린 외투를 입는 것이 금지됐음을 지적했다. 긴 소매가 달린 옷에 돈이나 금붙이를 숨겨 나오는 일이 없도록 방지하기 위해서였다. 짧은 소매의 옷만 입게 함으로써 이들 주변에 유혹이 될 만한 것을 제거하고 의심의 눈초리로부터도 벗어나라는 배려였음이 분명하다. "심지어 모세와 같은 훌륭한 지도자조차 성전건축을 위해 기부 받은 돈과 재물에 대해 상세한 보고서를 제출해야 했다"고 로젠스타인은 말했다.

일터에 일이 없을 때

일꾼이 일하러 작업장에 나왔는데 일감이 없어졌다면 어떻게 해야 할까? 고용주의 잘못이므로 일꾼은 어찌 됐든 임금을 받아야 할까, 아니면 단순히 일꾼이 운이 없는 것일까?

이 같은 논의는 어느 날 생겨났다가 다음 날 사라지고 마는 오늘날의 닷컴기업이나 투자회사에서 일하는 직원들과 직접적인 관련이 있다. 이러한 환경에서 회사 소유주와 경영자들의 의무는 무엇인가?

탈무드는 이와 관련해 일하러 밭에 나온 한 무리의 일꾼들이 전날 내린 폭우로 강물이 범람해서 밭이 온통 물에 잠겨버린 사례를 들어 이야기하고 있다.

임금체불은 노동자의 생명을 빼앗는 행위

독자들은 종종 노동의 신성함과 중요성을 인식하고 있는 탈무드에 깊은 인상을 받을 것이다. 탈무드는 노동을 생명과도 자주 비교한다. "누구든 직원의 임금을 체불하는 사람은 그 직원의 생명을 빼앗는 것과 같다."*

탈무드의 이러한 인식은 돈을 벌기 위해 생명의 위험을 무릅쓰고 일하는 일꾼들을 위해 임금을 제때에 공정하게 지급해달라고 고용주들에게 보낸 랍비들의 탄원서에도 잘 나타나있다.

"랍비들이 고용주에게 말했다. 이 불쌍한 사람은 가장 높은 비계와 하늘 높이 솟은 나무의 꼭대기마저도 개의치 않고 기어올랐습니다. 생계를 이을 목적이 아니라면 무엇 때문에 그렇게 위험한 일을 감수했겠습니까? 품삯을 가지고 그를 힘들게 하지 마십시오. 품삯은 그에게는 생명입니다."

* Bava Metzia, 112a

** Sifre Ki Tetze, Sec. 279, p. 123b

랍비들은 이 경우 시시비비를 가리기가 쉽지 않다는 것을 잘 알고 있다. 어떤 랍비는 밭이 물에 잠겨버린 것은 일꾼들의 잘못이 아니므로 일꾼은 품삯을 받을 권리가 있다고 주장했다. 다른 랍비는 굳이 따지자면 밭주인의 잘못도 아니므로 불가항력적인 자연재해로 인해 일꾼들이 하지 못한 일에 대해 돈을 지불할 필요는 없다고 주장했다. 랍비들은 토론을 지속하다가 마침

내 결론에 도달했다. 누가, 언제, 무엇을 알고 있었느냐에 달려 있다는 것이다.

랍비들은 일꾼과 밭주인이 전날 저녁에 땅을 같이 둘러보고 서로 이 같은 상황이 벌어질 것을 충분히 상의하고 예상했다면, 그 일꾼들은 위험을 인정한 것으로 봐야 하니 품삯을 지불받을 수 없다고 했다. 특히 강이 자주 범람한다는 사실과 그때가 마침 1년 중 가장 홍수가 빈번한 시기라는 사실을 알고 있었다면, 일꾼들은 밤사이 강이 범람할 수도 있음을 쉽게 예상했을 것이므로 이튿날 일거리를 잃게 될 수 있다는 사실도 알고 있었을 것이다.

반대로, 밭주인은 그 시기에 강이 자주 범람한다는 사실을 알고도 이를 일꾼들에게 알리지 않았다면, 다음 날 그 일꾼들이 실제로 일을 했든 안 했든 상관없이 밭주인은 품삯을 지불해야 한다고 주장했다.

이와 유사한 환경은 오늘날 재무적으로 위험에 빠진 회사의 직원에게도 해당된다. 회사가 심한 재정적 어려움을 겪고 있음을 알고도 경영자가 이를 숨기는 것은 옳지 않다. 회사가 처할 수 있는 위험을 노동자들에게 알리고 그들 스스로 결정을 내리도록 하는 것이 고용주의 도덕적인 의무다.

반대로 탈무드는 고용인이 어떤 위험을 감수하고 일을 맡았다면 고용주가 임금을 지불할 책임이 없음을 분명히 밝혔다. 그렇다고 임금을 지불하는 것을 금지하는 것은 아니다. 탈무드 랍비들은 하루벌이 일용직 노동자들의 어려운 입장을 강력히 지지했다. 법의 관점보다는 친절과 배려의 관점으로 본 것이다.

말든밀스Malden Mi11s의 소유주인 아론 퓨어스타인Aaron Feuerstein은 자신이 운영하던 공장이 화재로 불타버리고 난 뒤에도 직원들에게 급여를 계속해서 지급했다. 화재는 누구도 예상하지 못한 재앙이었다. 탈무드 랍비들이 법의 문구에 집착하기보다는 법의 정신에 더 관심을 기울였던 것처럼 공장을 재건하기까지 직원들에게 급여를 지급한 퓨어스타인의 행동은, 가난한 일꾼에게 자선을 베풀고 일자리를 보호하라는 탈무드의 가르침과 일치한다.

직장 보호 : 말든밀스의 사례

고용주는 고용 증대와 공동체 발전을 위해 비즈니스를 유지하고 이윤을 창출하는 데 필요한 모든 일을 다할 책임과 의무가 있다. 자신의 공장이 화재로 소실된 후 아론 퓨어스타인의 행동은 이러한 사적·공적 책임을 다한 모범 사례다.

퓨어스타인은 매사추세츠 주 보스턴 교외 로렌스에서 섬유생산단지 안의 말든밀스를 소유하고 있다. 1995년 12월 11일, 공장이 뜻하지 않게 발생한 갑작스런 화재로 완전히 문을 닫을 처지에 놓인 가운데, 직원들도 마침 많은 돈이 필요했던 시기였다. 당시는 크리스마스 시즌이라 많은 직원들이 크리스마스 선물을 사느라 이미 큰돈을 지출한 상태였던 것이다. 마지막 받은 월급을 다 쓴 다음에는 고용지원센터로 가야 할 처지였다.

퓨어스타인은 공장이 불타 없어진 상황에서도 직원들의 월급을 지급하는 매우 어려운 결정을 내렸다. 이에 감명받은 당시 미국 대통령 빌 클린턴은 이듬해 1월 대통령 연두교서를 발표할 때 특별히 그를 초대해 자신의 아내인 힐러리 클린턴과 딸 첼시와 함께 나란히 앉도록 배려했다. 당시 70세의 적잖은 나이에도 불구하고 퓨어스타인은 90년 역사의 가족 비즈니스를 재건하기로 결정하고, 그때까지 3,000여 명에 달하는 전 직원의 급여와 건강보험료를 계속 지급했다. 말든밀스의 직원들은 단 하루도 일하지 못했지만 1월, 2월, 3월까지 계속 임금을 지급받았다. 퓨어스타인은 다른 선택을 할 수도 있었다. 화재보험 보상금으로 이미 그는 3억 달러 이상을 지급받은 상태였다. 이 돈으로 회사 문을 닫고 은퇴해 편안한 여생을 보낼 수도 있었다. 아니면 다른 섬유회사들처럼 공장을 개발도상국으로 옮기고 저렴한 노동력과 우호적인 비즈니스 환경에서 공장을 가동시킬 수도 있었다. 실제로 많은 경쟁사가 그러한 사정으로 이미 그 지역을 떠난 상태였다.

퓨어스타인이 그곳에 그대로 남아 사업을 다시 하기로 결정한 것은 윤리적 판단이자 사업적 판단이기도 했다. 셰익스피어, 성경, 힐렐의 말을 즐겨 인용하던 퓨어스타인은 "회사 최고경영자로서 자신의 임무는 이윤 추구에 그치지 않고 자신의 직원들과 공동체에 봉사하는 것도 포함되어있다"고 말했다.

"유대인이 중시하는 가치는 유대교 회당은 물론 일터에서도 지켜져야 한다"고 퓨어스타인은 말했다. 고용주든 고용인이든 모든 사람은 하나님의 형상을 따라 만들어진 소중한 존재들이기 때문이라는 것이다. 그가 1947년에 졸업한 예시바 대학Yeshliva University(뉴욕에 있는 유대계 사립 대학교.—역자 주)은 단지 탈무드로 유대주의적 가치만을 가르친 것이 아니라 창의적 비즈니스 사고법도 가르쳤다고 말했다.

퓨어스타인이 취한 이러한 방법은 그가 치러야 했던 수백만 달러의 희생만큼이나 가치가 있었다. 랜드엔드Lands' End와 같은 주요 고객들은 다른 거래처로 옮기지 않고 폴라텍과 폴라플리스가 다시 생산되어 나올 때까지 기다려주었다(폴라텍과 폴라플리스는 말든밀스가 특허를 가지고 생산하고 있는 2대 주요 생산품이었다). 퓨어스타인이 만들어낸 광고효과는 사업에 많은 혜택을 가져다 주었다. 힘든 고비를 넘긴 불굴의 사업가라는 그의 명성은 널리 퍼져나갔다.

1996년 그는 미국유대인역사학회가 수여하는 엠마라자러스 상을 수상했다. 그는 이 학회의 104년 역사상 유일하게 5번째로 이 상을 수상하는 영광을 안았다. 학회 관계자는 그가 가장 유대인다운 전통을 실천했기 때문에 이 상을 수여하게 되었다고 말했다.

퓨어스타인의 이야기는 여기서 끝이 아니다. 유례없이 높은 기온으로 따뜻했던 겨울과 해외에서 밀려온 값싼 제품과의 경쟁에서 밀려나 매출이 급감하자 회사는 마침내 2002년 파산을 신청했다. 퓨어스타인이 이때도 회사를 재건하겠다고 약속하자, 그의 약속에 이의를 제기하는 사람은 거의 없었다. 그는 예전에도 파산을 신청한 상태에서 회사를 다시 살려냈던 경험이 있었다. 심지어 회사 재건에 성공하지 못하더라도, 그가 그동안 직원들을 위해 한 행동과 지역 공동체 발전에 기여한 공로는 물론 물심양면으로 헌신한 사장을 위해 열심히 일하려는 직원들의 충성심을 생각해보라. 미래의 어느 때라도 그가 직원들의 양보를 필요로 한다면 직원들의 동의를 이끌어낼 것이며 정부 지원이 필요할 경우에도 이를 얻어낼 수 있을 것이다. 이 모두가 그가 이제껏 쌓아올린 경영자로서의 명성과 직원들에 대한 깊은 헌신의 결과였다.

이 같은 탈무드 논리는 항아리를 나르는 짐꾼의 이야기에서도 잘 나타난다. 항아리를 나르던 짐꾼이 돌부리에 걸려 넘어져서 항아리를 깨뜨리고 말았다. 이를 두고 어떤 랍비는 돌부리에 걸려 넘어진 것은 짐꾼이 부주의해서가 아니라 돌부리가 거기 있었기 때문이므로, 짐꾼에게는 책임을 물을 수 없다고 주장했다. 다른 랍비들은 짐꾼이 부주의했다고 보고(짐꾼은 좀처럼 넘어지지 않고 물건을 나르는 데 전문가라고 볼 수 있기 때문에) 짐꾼이 배상해야 한다고 주장했다. 또 어떤 랍비들은 그 짐꾼이 스스로 절대 부주의하지 않았고 사고는 사고일 뿐이라고 맹세한다면 그땐 굳이 짐꾼이 책임지지 않아도 된다고 주장했다.

랍비들은 다음 이야기를 통해 결론을 내렸다. 랍바 바르바르 하난이 포도주 항아리를 운반하기 위해 짐꾼들을 고용했다. 짐꾼들의 부주의로 항아리가 깨지고 말았다. 짐꾼들이 변상을 주저하자, 랍바 바르바르 하난은 법정에서 짐꾼들이 부주의를 순순히 인정하도록 이들의 외투를 몰수했다.

짐꾼들은 라브Rav(탈무드 시대에 학자들에게 붙여진 호칭. 당시 이스라엘 지방 밖에서 랍비 서품을 받은 사람에게는 공식적으로 랍비라는 호칭을 사용할 수 없었기 때문에 많은 유명한 현자들이 라브라는 호칭으로 불렸다)에게 가서 공정한 판결을 해달라고 요구했다. 라브가 랍바 바르바르 하난에게 외투를 돌려주라는 판결을 내리자, 그가 따져 물었다. "법적으로 이들의 재산을 압류할 권한이 내게 있지 않습니까?"

이에 라브는 물론 법률상으로는 그렇지만, 보다 높은 법이라고 할 수 있는 잠언 2장 20절, "지혜가 너를 선한 자의 길로 행하게 하며 또 의인의 길을 지키게 하리니"에 따르면 외투를 돌려주는 게 더 옳은 판결이라고 말했다.

랍바 바르바르 하난은 할 수 없이 외투를 짐꾼들에게 돌려주었지만 품삯은 지급하지 않았다. 이들이 일을 끝마치지 못했기 때문이었다. 짐꾼들은 다시 한 번 라브에게 간청했다. "우리는 가난합니다. 일을 할 수 있는 몸뚱이 외에는 아무것도 가진 게 없어서 종일 일만 했습니다. 배도 몹시 고픕니다. 게다가 품삯을 한 푼도 받지 못했습니다."

이에 랍바 바르바르 하난은 라브에게 물었다. "이들이 내 포도주 항아리를 깨뜨린 데다가 일을 끝마치지도 못했는데 법률적으로 제가 이들에게 품삯을 줘야 합니까?"

라브는 이 짐꾼들이 품삯을 받을 자격이 없다고 분명하게 잘라 말했다. 다만 이들의 가난을 참작해 법률의 문구를 넘어서서 이들에게 품삯을 지불한다면 '선한 자의 길'을 걸을 수 있을 것이라 대답했다.

고용주는 노동자들을 대할 때 법률의 1차적인 해석을 초월해 신앙심에 따라 행동해야 한다는 데 랍비들은 의견을 모았다. 노동자들은 금전적으로 어려운 경우가 많기 때문에 고용주는 법률에 정한 것보다 좀 더 많이 배려해주는 것이 좋다는 것이다.

예를 들어, 오늘날 미국 주정부 대부분은 법률로 고용주가 빚을 진 직원의 급여를 압류할 수 있도록 허용하고 있지만, 탈무드의 전통에서는 임금의 압류는 허용되지 않는다. 어떤 사람이 일을 했을 때, 다른 어떤 선취특권(법률이 정한 특수채권을 가진 자가 다른 채권자보다 먼저 채무자의 재산에서 채권을 변제받을 수 있는 권리)이나 책무와 상관없이 노동을 통해 벌어들인 돈은 그 자신이 사용할 배타적 권리를 가지고 있다는 것이다. 임금은 고용주와 고용인 간의 계약에 의해 반드시 지켜져야 하는 신성불가침의 대상으로 간주돼야 한다. 이 책을 계속해서 읽다 보면 탈무드는 모든 계약서를 신성한 문서로 간주하면서 거룩한 약속으로서 존중돼야 한다는 입장을 취한다.

해고는 손쉬운 해결책일까?

탈무드는 고용인들을 친절하게 대한다고 해서 이익이 줄어드는 것은 아니므로 항상 따뜻하게 대우하라고 일관되게 가르친다. 탈무드 랍비들은 엄격함을 잃지 않고도 공정하고 올바른 경영자가 될 수 있다고 믿었다.

오늘날 경영자들 가운데는 직원들을 친절하게 대하는 것과 이윤을 내는 것은 서로 반비례한다고 생각하는 이들이 의외로 많다. 해고 과정에서 특히 뚜렷하게 드러난다. 회사의 이윤을 늘리기 위해 전면적인 해고를 단행하는 CEO는 회사의 수익을 개선하는 데 헌신했다는 평과 함께 종종 강인한 성품의 인물로 칭송받곤 한다. 대량 해고는 분명 얻는 것보다는 잃는 것이 더 많은, 대단히 비효율적인 비용절감 전략이다. 인건비 몇 푼 아껴보자고 무차별적인 해고를 밀어붙여서 노동자들이 창조해내는 가치에는 전혀 눈길을 주지 않는 바보 같은 전략이다. 게다가 노동자의 개인별 업적도 충분히 고려하지 않는다.

해고의 물결이 한바탕 휩쓸고 간 다음, 뒤에 남게 된 노동자들은 소위 '생존자 증후군'을 앓게 되는 경우가 많다. 이들은 아무 잘못 없는 동료들을 해고한 경영진에게 분노를 느끼지만 다음 해고 타깃이 되지 않도록 몸을 사리면서, 정작 생산성 향상에 수반되는 위험은 가급적 떠맡으려 하지 않는다. 당연히 기업은 장기적 관점에서 이익을 극대화하기가 어려워진다. 더구나 감원 뒤에 남아있는 직원들은 많은 양의 일을 해야 하므로, 더 긴 시간을 직장에서 보내야 한다. 과도한 업무 스트레스 때문에 직원들의 생산성이 떨어지는 것은 불문가지다.

베인앤컴퍼니Bain & co.의 이사인 데릴 릭비Darrell Rigby는 경제 하강기였던 지난 2000년 8월부터 2001년 8월까지 비슷한 성장률을 보이던 기업 중에서 지속적인 감원을 시행했던 회사보다 그렇지 않았던 회사가 더 좋은 성과를 보이는 것을 발견했다. 주주들도 주로 비용절감을 위해 감원한 회사에게는 회의적인 반응을 보인 반면, 비즈니스 확장이라는 전략적 판단에 따라 감원한 회사에게는 호의적인 반응을 보였다. 릭비는 〈하버드 비즈니스 리뷰Harvard Business Review〉(2002년 3월)와 가진 인터뷰에서 이렇게 말했다. "투자자들은 인원 감축을 경영 실수나 수요 하락의 징후로 해석해서 그런 회사의 주식을 멀리했다."

재정이 극도로 어려워져서 회사가 문닫을 지경에 이르러 하는 수 없이 직원을 해고해야 하는 CEO를 비난할 사람은 없다. 비록 비참한 일이긴 하지만 그러한 상황에서 이뤄지는 해고는 사람들이 이해 못할 바도 아니다. 다만 단기적인 안목에서, 비용절감 차원에서 직원을 마구잡이로 해고하는 것, 특히 경영진들이 여전히 많은 연봉과 보너스를 알뜰하게 챙겨가면서 애꿎은 직원들만 해고하는 행태는 받아들이기 어렵다. 이러한 행태의 대량 해고가 1990년대 말과 2000년대 초에 극성을 부렸다. 일부 CEO들은 비용을 큰 폭으로 재빨리 줄이려고 직원들을 대량 해고하면서도 자신이 받을 보수와 보너스를 결정하는 주식가격을 올리는 데는 물불을 가리지 않았다.

해고문제에서 가장 중요한 포인트는 직원들에게 해고의 불가피성을 납득시키고 그들의 충성심을 그대로 유지시키는 것이다. 이것이 과연 가능할까? 쉽지 않은 일이다. 공장이 화재로 전소된 뒤에도 직원들에게 급여를 계속 지불했던 퓨어스타인의 공장을 상상해보라. 그 공장의 직원들은 회사가 재건된 뒤에 훨씬 더 열심히 일하고 회사에 충성했을 것이다.

노예가 스스로 주인이 된 것처럼 느끼게 하라

"노예가 거친 빵을 먹고 있다면, 당신도 질 좋은 빵을 먹지 않는 것이 좋다. 노예가 갓 빚은 포도주를 마신다면, 당신도 오래된 포도주를 마시지 않는 것이 좋다. 노예가 짚더미 위에서 잔다면, 당신도 푹신한 침대에서 자지 않는 것이 좋다. 말하자면 노예를 사게 되면 노예 스스로 주인이 된 것처럼 느끼게 해야 한다."*

탈무드의 이 구절에서 경영자는 직원에게 대접받고 싶은 대로 직원을 대접하라는 교훈을 얻을 수 있다. 이를 테면 황금률을 따라야 한다

는 것이다. 이 같은 사고방식은 비즈니스를 원활하게 운영하거나 많은
이익을 내는 데 효과적이며, 모든 경영자에게 반드시 요구되는 자세다.

* Kddushin, 22a

엔론의 붕괴 내막이 서서히 드러나던 2002년 1월, 〈뉴욕타임
즈〉는 이 회사에서 일하던 몇몇 사원들의 배신감에 젖은 목소
리를 가감 없이 실었다. 웹 디자이너인 마크 링키스트는 연봉 5
만 6,000달러의 직장을 잃었다. 그는 자신과 같은 직원들에게는
고작 음성 메시지로 해고를 통보하면서 수백만 달러에 달하는
주식은 사전에 팔아치운 고위 경영진들에게 심한 배신감을 느
꼈다. 링키스트는 자폐증에 걸린 아들의 많은 치료비를 마련하
기 위해 다른 직장을 찾고 있다고 말하면서 한마디 덧붙였다.

"이젠 더 이상 어떠한 회사도 믿지 못할 것 같습니다."

이처럼 직원들 가슴에 회사에 대한 불신의 씨앗을 심는 일이
엔론의 사태 이후로도 수천 개의 회사들에서 반복적으로 일어
나고 있었다.

또 다른 악랄한 사례로는 미국 통신회사 AT&T의 전 회장 로
버트 알렌Robert Allen을 들 수 있다. 그는 감원이 예상된다는 언
론보도에 대해 걱정하지 말라고 30만여 명의 직원들을 안심시
킨 지 불과 넉 달 만에, 무려 4만여 명을 3년에 걸쳐 해고하겠노
라고 선언했다. 알렌은 600만 달러의 연봉과 1,000만 달러의 스
톡옵션을 받았다. 아이러니컬하게도 이 스톡옵션은 주식 가격

폭락으로 거의 쓸모가 없게 되었다. 무차별적인 해고 탓에 직원들의 충성도와 생산성이 동시에 하락했던 것이다. 첫 번째 해고가 있은 지 7년이 지났건만 AT&T는 여전히 재무 건전성을 확보하지 못하고 있다. 당시 AT&T는 치열한 경쟁 속에서 살아남으려면, 특히 장거리 전화 사업 부문에서 비용절감 정책을 시행하지 않을 수 없는 상황이었다. 나중에 안 일이지만 알렌이 기대한 바와 달리, 대규모 인력감축은 득보다는 실이 많은 해결책이었음이 밝혀졌다.

노예에 대한 예의

중세의 위대한 탈무디스트인 마이모니데스는 "노예를 부리는 사람은 이들을 적절하게 대우할 의무가 있다!"라고 선언했다. 여기서 언급하고 있는 노예란 흔히 말하는 노예가 아니라 중세 도제徒弟제도에서 장인과 계약을 맺고 일하는 직인를 일컫는다. 이들은 채무를 변제하거나 사회에서 저지른 잘못을 바로잡기 위해 보수를 받고 일을 하는 사람들로서, 언제나 장인 곁에서 일했으며 인간적인 대우도 받았다. 마이모니데스는 특히 이들과 함께 작업할 때 삼가야 할 사항을 열거했다.

"노예에게 손을 흔드는 등 수치심을 유발하는 행위를 해선 안 된다. 노예를 무시하거나 모욕해서도 안 된다. 함부로 소리치거나 화를 내지 말며 되도록 점잖은 목소리로 말해야 한다."

고용인들을 존중하고 가치를 인정해주려면 그들에게 열정을 불어넣어주면 된다. 랜디콘엔어소시에이트RandiKorn & Associate는 미국 버지니아 주 소도시 알렉산드리아 시에 있다. 이 회사는 관람객 입장에서 직접 박물관 프로그램과 전시회를 평가하는 서비스를 제공한다. 이 회사와 창립자 랜디 콘은 많은 사람에게 널리 알려져있다. 고객으로는 스미소니언박물관Smithonian Institution, 뉴욕식물박물관New York Botanical Garden, 필라델피아예술박물관Philadelphia Museum of Art 등이 있다.

이 회사는 필라델피아에 있는 뮤터박물관Mutter Museum과 같이 한정된 예산으로 운영되고 있는 소규모 박물관들과도 종종 함께 일한다. 마침 뮤터박물관과 함께 루이스클라크 탐험대 Lewis and clark expedition(대통령 T. 제퍼슨의 명령으로 루이지애나 지역의 수로, 동식물, 인디언 실태 등을 조사한 탐험대-역자 주)가 활동하던 시기에 행해졌던 의료행위와 관련된 전시회를 기획했다.

뮤터박물관은 전시회 기획 예산으로 5,000달러만을 겨우 확보하고 있었는데, 랜디 콘 입장에서는 인건비의 절반에도 미치지 못하는 소액이었다. 뮤터박물관처럼 공익을 우선하는 박물관에 호감을 가지고 있었던 랜디 콘은 비용에 상관없이 적극적으로 이 프로젝트를 진행하기로 했다. 무엇보다 프로젝트를 진행하기로 결심한 진짜 이유는 회사의 직원 중 한 명이 뮤터박물관만의 독특한 매력에 푹 빠졌기 때문이다. 이 박물관은 유명한 과학자와 외과 의사들로부터 수집한 해부학적·병리학적 유체보존 표본과 의료기구, 해부학적·병리학적 모델은 물론 각종 기념물 등을 소장하고 있었다. 콘은 말했다. "우리는 진심이 느껴지는 박물관들과 함께 일하는 것을 좋아합니다. 고용주로서 직원들에게도 직업에 열정을 불어넣고 싶습니다. 고품질의 소장품이 즐비한 뮤터박물관과는 기회가 되는 대로 다시 한번 일하고 싶습니다."

탈세와 도둑질

세금은 고용주나 고용인 모두 내고 있지만, 사업계획과 전략 수립에도 매우 중요하므로 반드시 짚고 넘어가는 것이 좋을 것 같다. 고대 히브리인들은 오늘날 조세제도에 적용해도 손색이 없을 만큼 지혜로운 아이디어를 가지고 있었다. 그들은 세금을 자신들을 좀 더 편하게 만들어주는 수단으로 여겼다.

고대 히브리인들은 세금을 회사나 개인이 져야 하는 법적인 책임으로 간주했다. 덕분에 세금은 정당하게 집행됐고 널리 수용됐다. 불행하게도 오늘날에는 볼 수 없는 현상이다.

성경은 7년 주기로 변화하는 세율을 포함하고 있는 세금 구조에 대해 자세히 기술하고 있다. 간단히 정리하면, 히브리인들은 10% 이하의 균등한 세금을 납부했다. 고대 히브리인들은 균등한 세금을 옹호했다. 세금은 모든 사람에게 공정해야 하는 데다 이해하기 쉬운 체계를 갖춰야 납부자들이 세금을 잘 낼 수 있다고 믿었기 때문이다. 균등한 세율은 성공한 사람이라도 더 많은 세금을 내는 것은 아니었으므로, 더 큰 성공을 추구하도록 사람들을 독려하는 효과를 낳았다.

수년 동안 다수의 미국 기업들이 단지 세금을 낮추거나 세금을 회피할 목적으로 본사를 세금이 낮은 나라로 옮겨버렸다. 탈무드에 따르면, 이런 방식으로 세금 납부를 거부하는 것은 다른 사람의 재산을 도둑질하는 것이나 마찬가지다. 세금을 납부하지 않는 것은 지역 공동체와 국가 전체에 돌이킬 수 없는 해를 입히기 때문이다. 기업과 개인들은 조세제도를 단순화해 조세 저항을 줄이고 해외로 빠져나가는 기업의 수를 줄이도록 의회 로비를 강화해야 한다.

기업들도 정도正道경영에 나서야 하며 정당한 세금을 국가에 내야 한다. 주주들은 자기가 투자한 기업이 더욱 많은 이윤을 창출하기를 바라지만, 법률적 문구 이상으로 윤리적 경영에 힘쓰는 기업의 주식을 더 선호한다.

비즈니스 성공의 비밀

1. 임금은 노동자의 생명과 같으므로 반드시 제때 지급해야 한다.
2. 고용주는 작업장을 유지하고 보호할 책임이 있으며 작업장은 일하기에 안전한 장소여야 한다.
3. 고용주는 직원들을 함부로 모욕하거나 꾸짖어서는 안 된다.
4. 고용주는 직원들을 철저히 감독하고 무엇을 해야 하는지 알 수 있도록 명확하게 지시해야 한다.
5. 고용주는 돈, 상품 혹은 시스템 상 관리와 통제를 느슨하게 하여 직원들이 불법적인 행위를 하도록 방치해선 안 된다.
6. 임금과 작업환경은 지역 관습을 따라 결정해야 한다.
7. 너그러운 경영자들이 가장 생산적인 고용인을 채용한다. 리더들은 회사의 모범이 돼야 한다.

고용주의 돈을 허투루 낭비하지 마라

충성스럽지 못한 직원은 강도와 같다.

— 랍비 메이르

고대 랍비들은 고용주의 의무에 대해 가이드라인을 정해놓았다 하지만 고용인에게도 지켜야 할 의무가 있다는 점을 빼놓지 않았다. 비록 고용주가 우월한 위치에 있지만 노동자도 고용주의 힘을 견제할 만한 수단이 있기 때문이다.

원치 않는 일을 거부할 권리

랍비들은 일꾼을 두 가지로 분류했다. 먼저 일용직 일꾼은 하루 또는 일주일의 시간을 정해놓고 고용되는 일꾼이다. 다음으로 삯일꾼은 정해진 작업을 완수하는 조건으로 고용되는 일꾼이다. 오늘날로 치면 각각 일용 노무자나 프리랜서와 같은 개인 사업자에 해당되겠다.

일용직 일꾼은 원치 않는 일을 거부할 권리를 가지고 있었다.

작업이 너무 힘들거나 고용주의 요구가 불합리하거나 과도할 경우, 또는 작업환경이 안전하지 못한다든지 기타 정당한 이유가 있을 경우에는 언제든 작업을 거부할 수 있었다. 예를 들어 사과를 따는 일꾼은 번개가 치는 데도 불구하고 고용주가 일을 계속하라고 재촉할 경우 일을 그만둘 수 있었다. 또한 고용주가 처음 요구와는 달리 작업자의 능력이나 기술의 한계를 넘어서는 일을 지시할 때도 작업을 그만둘 수 있었다. 위험한 작업을 해야 하는 작업자가 이를 처리할 훈련이 덜 되어있는 경우에도 마찬가지다. 이럴 경우 고용주는 일꾼에게 통상임금을 지불하거나 더 적합한 다른 일자리를 알아봐줘야 했다. 하지만 대부분의 노동자가 안전한 작업환경에 대한 권리를 인식하지 못했던 탓에, 고용주의 요구를 거절하는 일꾼들은 많지 않았다.

이 같은 작업 거부권은 '사람은 오직 신의 종일 뿐'이라는 유대 경전《레위기》의 말씀에서 비롯됐다고 랍비들은 믿었다. 고용인의 이런 권리는 품삯을 받는 일꾼이 노예화되는 것을 막기 위한 의도라고 볼 수 있다.

작업 거부권은 작업 결과에 대해 책임을 질 때만 가능했다. 일꾼은 고용주에게 끼친 손해를 배상하지 않고는 작업에서 손을 뗄 수 없었다. 일꾼은 원칙적으로 어느 때라도 작업을 거부할 수 있고 강제로 일을 계속할 필요가 없었던 반면, 고용주는 그 일꾼을 법정에 세워 손해를 배상하도록 요구할 수 있었다. 이러한 견제와 균형 장치는 일꾼과 고용주가 동등한 지위를 갖게 하려는 의도에서 출발한 것이었다. 탈무드는 일꾼들의 집단 파업의 권리도 옹호했다. 당연히 고용주도 파업 일꾼들이 입힌 손해에 대해 법에 호소할 권리를 가지고 있었다.

이런 경우에 일꾼들은 어떻게 급여를 수령할까? 랍비들은 일꾼은 공정한 대우를 받고, 고용주는 끝나지 않은 일에 대해 보수를 지불하는 일이 없도록 모든 경우를 고려했다. 반나절 일한 후에 그만둔 일꾼은 품삯의 절반만을 수령했다. 반나절 만에 일을 그만둔 일꾼을 대체해 새로운 일꾼을 구했는데, 그 일꾼이 더 많은 품삯을 요구했다면 추가로 지불된 임금은 앞선 일꾼의 품삯에서 제했다. 대체 일꾼이 품삯을 적게 요구했다면, 줄어든 만큼 전 일꾼의 품삯도 조정했을 것이다.

계약 기간에 해고당한 일꾼에게는 무슨 일이?

맡은 일을 예정보다 일찍 끝낸 일꾼에게 랍비는 뭐라고 말했을까? 빈둥거려도 좋다고 했을까, 아니면 집에 일찍 돌아가도 좋다고 했을까? 정해진 시간 동안 고용된 일꾼은 비슷한 시간에 완수 가능하거나 그보다 조금 더 가벼운 일만 주어졌다. 오늘날 노동조합 규칙과 유사하다. 고용주는 일을 일찍 끝냈다고 이들을 인근 일터 같은 곳에서 일하게 해선 안 됐다. 그 당시 일은 심한 육체적인 노동인 경우가 많았기 때문이다.

장기 정리해고를 둘러싼 법률은 더욱 까다로웠다. "근로계약이 유효한 상태에서 고용주가 일꾼을 해고했는데, 그 일꾼이 다른 일터에서 앞선 일보다 보수가 낮은 일을 하게 됐다면 그 차액만큼 고용주가 보상해 줘야 한다."* 만약 일꾼이 동등한 임금 수준의 일을 찾지 못한다면, 그 일꾼은 정규 임금 대비 최소한 절반의 '휴직 임금'을 지불해달라고 요청할 수 있었다. 흥미로운 것은, 랍비들이 이러한 휴직 상태가 특정 부류의 일꾼들에게 어떤 손해를 입힐 수 있는지를 고려했다는 사실이다. 예를 들면, 교사는 오랫동안 지적 능력이 감퇴될 수 있고, 짐꾼의 경우에는 근육이 빠질 수 있었다. 이 같은 경우 일꾼들은 온전한 액수의 급여를 요구할 수 있었다. 〈유대 전통에서 노동의 권리Labor Rights in the Jewish Tradition〉란 보고서로 주목을 받은 유대노동위원회 의장 마이클 S. 페리Michael S. Perry는 말했다. "고용주가 애초 지불하기로 약속한 임금의 50~100%에 달하는 휴직 임금을 지불해야 하는 제도 덕분에 AD 6세기에는 문을 닫는 공장의 수가 줄어들었으며, 비용 부담을 직원들에게 즉시 전가하려는 고용주의 행위도 제한할 수 있었다. 오늘날 미국의 전형적인 국가고용보상제도보다 훨씬 더 관대한 실업보상제도를 갖추고 있었던 것이다.

*Tosefta Bava Metzia, 7:6

갑작스런 상을 당했을 때

"일꾼이 일하는 도중에 자신의 가족이나 친척이 죽거나 위독하다는 소식을 전해 들었는데, 그가 시간제 일꾼일 경우에 고용주는 임금을 지불해야 하고, 계약직 일꾼일 경우에는 계약한 금액을 전부 지급해야 한다."*

랍비들은 가족이 아프거나 죽게 된 일꾼들에게 동정심을 가졌다. 일꾼이 그 일로 일을 못하게 되었더라도 하루의 유급 휴일을 보장받도록 했다. 오늘날 많은 기업들이 이와 유사한 정책을 펴고 있다. 탈무드는 이런 특별한 사정으로 작업장을 떠날 때 일꾼에게 급여를 보장해야 한다. 오늘날에는 이런 제도가 그리 놀라운 일이 아니지만, 열악했던 당시의 노동환경과 가혹했던 노사관계를 고려하면 그 당시에 이 같은 규칙을 만들었다는 것은 결코 보통 일이 아니다. 고대에는 오로지 유

대인이나 유대인 밑에서 일하던 일꾼들만이 안식일에 쉴 수 있었다는
점을 상기해야 한다.

* Bava Metzia, 77b

조합을 결성할 권리

탈무드가 기록되던 4~6세기에도 조합은 있었다. 랍비들은 금세공인
조합, 은세공인 조합, 제빵사 조합, 직조공 조합 등을 예로 들었다. 이
러한 조합들은 단체 교섭권과 조합원들을 위한 실무 기준을 제정하는
권리를 가지고 있었다. 조합은 파업의 권리도 가지고 있었지만 보통은
원만한 협상을 위한 중재를 더 선호했다.

역사상 처음으로 기록된 파업에 대해 랍비들이 논의하는 장면이 탈무
드에 등장한다. 이 파업은 종교의식에 사용할 제의용 빵을 굽는 가족
과 관련돼 있었다. 그들은 가족이 아닌 다른 사람에게 자신들의 비법
이 담긴 제빵 기술을 가르쳐주라는 성전 측의 요구를 거절했던 탓에
해고되었다.

성전의 장로들은 다른 제빵사들을 고용했지만 기술이 현저히 떨어졌
다. 결국 사람들은 원래의 제빵사들을 다시 고용하라고 요구했다. 작업
복귀에 동의한 제빵사들은 이전에 받던 급여의 2배를 요구했다. 여전
히 자신들만의 제빵 비법 전수를 원치 않았다.

랍비들은 그들이 내세운 조건을 전격 수용했다. 제의용 빵을 자신들의
목적대로 사용한 적이 없었다는 것이 이유였다. 결국 랍비들은 이 가족
이 제빵 비법을 굳이 다른 사람에게 전수하지 않으려는 이유를 빵의 깨
끗함과 높은 품질 유지를 위함이라 이해했다.

랍비들은 기술 비밀을 밝히지 않으려는 다른 노동조합에 대해서는 비
난했다. 그들이 비밀을 유지하려는 목적이 장인의 기술을 더욱 발전시
키려는 의도인지 여부를 확신할 수 없기 때문이었다. "아브티나스 조
합 사람들The House of Abtinas은 다른 사람에게 향을 만드는 비법을 알려

주지 않고, 벤 캄짜르Ben Kamtzar는 글씨를 쓰는 특별한 기술을 가르치지 않고, 하이그로스 벤 레비Hygros ben Levi는 노래 잘하는 법을 가르치려 하지 않는다. 조합의 이런 행태는 비난받아 마땅하다."*

다시 말하면, 랍비들은 경우에 따라 조합의 비법 기술을 비밀에 붙이는 것을 받아들이지만, 그 밖의 다른 조합들이 기술의 비밀을 지켜도 되는지 여부는 공예에 도움이 되는지 아니면 그 비법 기술이 일꾼들의 재능과 기술을 훨씬 높은 수준으로 유지하는 데 꼭 필요한지에 따라 달라진다고 생각했다.

현대의 조합에서도 작업이 매우 복잡하고 높은 수준의 기술을 요구할 경우, 신입회원 수에 제한을 두는 경우가 있다. 일부 현대의 조합들은 나머지 단체 교섭 시에 유리한 위치를 차지하려고 이러한 힘을 남용하는 경우도 있다. 숙련공이 아니더라도 충분히 할 수 있는 일에도 신규 노동자의 가입을 막고 있는 것이다.

*Yoma, 38a

근무시간을 허투루 낭비하지 마라

탈무드 랍비들은 노동자들이 일터에 올 때는 원기를 회복한 상태에서 일할 준비가 되어있어야 한다는 점을 분명히 했다. 고용인은 작업장에 나오기 전에 충분한 휴식을 취하고 활력도 잘 충전해야 할 의무가 있다는 것이다. 취하거나, 졸리거나, 건강치 못한 상태여서는 안 된다.

밤에 소로 밭을 쟁기질하고 낮에는 토라를 가르치는 교사의 이야기가 탈무드에 나온다. 그는 밤새 일한 나머지 너무 피곤한 탓에 다음 날 학생들을 제대로 가르칠 수 없었다. 탈무드 랍비들은 그가 밤에 밭을 갈아엎는 일이 낮에 학생들을 가르치는 일을 방해하고 있다고 비난했다. 더 나아가 이 같은 행위는 고용주의 물건을 훔치는 것과 진배없다고 비난했다. 마이모니데스가 말했다. "고용주가 노동자의 노동을 훔쳐선 안 되듯이, 노동자도 고용주의 시간을 훔쳐선 안 된다. 노동자는 고용주의 것을 낭비하지 말아야 하는데, 특히 시간에 관해 엄격해야 한다."

그렇다면 탈무드는 부업에 대해서 뭐라고 말했을까? 언뜻 보기에는 야간 부업을 금지하는 것처럼 보인다. 오늘날의 사정과는 조금 다른 것이, 탈무드가 기록되던 당시 대부분의 일은 새벽부터 땅거미가 질 때까지 해야 하는 힘겨운 육체노동이었다. 다른 부업을 갖는다는 것은 사실상 육체적으로 감당하기 어려웠다. 오늘날엔 그렇게 긴 시간을 일하는 노동자도 없고, 과중한 육체노동을 하는 노동자도 많지 않다. 현대의 랍비들은 당시 탈무드 랍비들이 본업 이외의 일을 금지한 것은 노동자들이 너무 피곤하면 작업의 능률을 떨어뜨릴 것을 우려했기 때문이라고 말한다. 다만 오늘날에는 본업에 지장을 초래하지 않는다면 부업이 허용된다고 본다. 다시 말하면, 법률의 자구 해석에 얽매일 게 아니라 법률에 깃든 정신을 살펴야 한다는 것이다.

탈무드에 따르면, 노동자는 정시에 일을 시작해야 하며, 근무 중에는 시간을 낭비해서는 안 되며, 고용주의 허락 없이는 일찍 퇴근해서도 안 된다. 랍비 메이르는 고용주의 합법적인 요구를 따르는 것이 노동자의 의무라고 강조했다. 이를 따르지 않을 경우 도둑질과 같은 심각한 위반행위며 "충성스럽지 못한 일꾼은 강도"라고 비난했다.

탈무드 랍비들이 근무시간에 컴퓨터 게임을 하거나 한가로이 인터넷 서핑을 즐기는 직원을 봤다면 어떤 반응을 보였을까? 현대의 많은 학자들은 이 같은 불성실한 행위가 탈무드의 가르침과는 확실히 어긋나며, 근무시간을 사사로이 낭비하는 행위는 도둑질과 같다고 말한다. 한편으로, 어떤 이는 매혹적인 웹사이트가 가득한 인터넷 서핑은 직원들에겐 너무나 참기 힘든 유혹이라고 주장한다. 현대의 랍비들은 직원들이 웹사이트에 접속하도록 방치하는 행위는 '시각장애인 앞에 장애물을 놓는 행위'나 마찬가지라고 지적한다. 고용주가 업무와 관련 없는 웹사이트의 접속을 적극적으로 차단해서, 직원들을 유혹할 만한 것을 반드시 제거할 필요가 있다는 것이다. 실제로 최근에는 불필요한 웹사이트를 차단하는 회사들이 점점 늘어나고 있다.

본업에 나쁜 영향을 미치는 부업은 반드시 삼가라

"낮 시간에 일하는 노동자는 밤에 다른 일을 해선 안 된다. 식구들을 먹이기 위해서 굶거나 목마른 상태로 일터에 나오는 것도 고용주의 일을 훔치는 도둑질에 속한다."*

탈무드에 따르면, 낮 근무에 방해가 된다면 어떤 부업도 해선 안 된다. 더구나 음식을 먹지 않아서 허약하고 피곤한 몸을 이끌고 일터에 나와서도 안 된다. 밤늦게까지 잠을 자지 않고 피곤이 풀리지 않은 상태로 직장에 출근하는 직원에게도 똑같이 해당된다.

*Tosefta Bava Metzia, 8:2

고용주의 시간을 훔치지 마라

고대 랍비들은 노동자들에게 끼니마다 되도록 짧게 축복기도하고, 기도도 업무 중이라면 일을 멈추는 일 없이 해야 한다고 조언했다. 고용주가 맡긴 일을 정직하게 해내는 것이 기도보다 우선이라는 말이다. 기도하는 것이 당시 사람들의 중요 일과였던 점을 감안하면 매우 특기할 만한 조언이다.

랍비는 자신들의 입장을 대변하기 위해 다음과 같은 이야기를 들려줬다. 극심한 가뭄이 찾아오자 랍비들은 비를 내리게 해달라는 기도를 호니Choni에게 부탁하기 위해 학자 두명을 뽑아 호니의 손자인 압바 힐리아Abba Hiliah에게 파견했다. 비를 불러오는 영험한 기도로 유명했던 호니는 원을 그려놓고 그 안에 들어가 신이 비를 내려줄 때까지 절대 그 자리를 뜨지 않겠다고 맹세하던 사람이었다.

학자들이 압바 힐리아의 집에 도착했으나 마침 호니는 집을 비우고 없었다. 여기저기 찾아보니 근처의 밭에서 바짝 말라 굳어진 밭을 쟁기로 갈아엎고 있었다. 학자들은 그를 알아보고 인사했지만 그는 아는 척도 하지 않았다. 결국 학자들은 그가 일을 다 마칠 때까지 기다릴 수밖에 없었다. 일이 끝난 것을 확인한 학자들이 물었다. "왜 저희들을 모른 체 하십니까?" 호니는 대답했다. "오늘은 나 자신을 일꾼으로 고용했소. 일하는 동안 엔 다른 일로 시간을 허비할 권리가 없다고 생각했소." 그가 비를 내려달라고 기도해서 비가 내린 뒤에 쟁기질했다면 훨씬 쉬워졌을 것을 감안하면, 고용주면서 고용인인 자신의 일에서조차 철저하고자 했던 호니의 고집을 엿볼 수 있는 대목이다.

고용주의 시간을 도둑질한 직원에 대한 처벌

농경사회에 살던 탈무드의 랍비들은 종종 사람의 일을 가축의 일과 비교하곤 했다. 사람이 가축처럼 대우를 받았다는 뜻은 아니지만 사람과 가축이 나란히 일을 했음을 인식할 필요가 있다. 탈무드는 사람이 음식을 먹기 전에 가축을 먼저 먹여야 하고, 친절과 존중으로 대해야 하며, 사람처럼 안식일을 주어 휴식을 취하게 해야 한다고 주장한다.

랍비들은 소를 훔친 자에 대한 처벌과 양을 훔친 자에 대한 처벌을 서로 비교하면서, 소를 훔치는 것은 고용주의 시간을 훔치는 것과 같다고 말했다. 랍비 메이르는 말했다. "소의 노동력이 얼마나 중요한지 상기하라. 소를 훔친 도둑은 소의 노동력을 한꺼번에 훔쳤기 때문에 5배로 변상해야 한다. 일을 하지 않는 양을 훔친 도둑은 4배로 변상하면 족하다." 이 말은 일하는 가축인 소를 훔치는 것은 일하지 않는 양을 훔치는 것보다 훨씬 더 중한 범죄라는 의미이다.

랍비 요하난 벤 자카이는 이에 반대해 다음과 같이 덧붙였다. "존엄한 인간의 노동력이 얼마나 중요한지 상기하라. 제 발로 걸어갈 수 있는 소의 경우에는 5배의 벌금을 물린다. 보통 도둑이 어깨 위에 둘러메고 가야 하는 양의 경우에는 4배만 배상하면 된다." 대다수의 랍비들은 도둑질을 할 때 양보다는 소를 훔치기는 쉽지만(소는 자신의 발로 걸어가게 만들 수 있지만 양은 직접 날라야 했다), 소에게는 일할 수 있는 능력이 있기 때문에 벌금이 더욱 무겁게 매겨졌다고 해석하고 있다.

사소한 절도는 없다

볼펜, 연필, 클립처럼 비싸지 않은 사무용품을 개인적인 용도로 혹은 집에 가져가서 사용하는 절도행위는 어떻게 봐야 할까? 탈무드 랍비들의 입장은 매우 단호하다. 세상에 사소한 범죄란 없다는 것이다. 아무리 하찮은 물건이라도 도둑질은 도둑질이다. 고대 유대인 사회에서는 소액재판이 없었다. 모든 도둑질은 중요한 범죄행위로 간주되었으며, 모든 재판절차는 그 죄의 경중이 아니라 발생 순서에 따라 진행되었다.

왜 절도죄의 경중을 따지지 않았을까? 왜 값싼 물건을 훔친 것과 비싼 물건을 훔친 것을 똑같이 취급했을까? 랍비들은 훔친 물건의 가치에 따라 벌금이나 처벌을 내려야 한다고 말한 적이 없다. 훔친 물건이 아무리 사소한 것이라도 모든 도둑질은 반드시 처벌받아야 한다고 주장했다. 랍비 요하난은 "어떤 사람이 친구에게서 단돈 1원을 훔쳤더라도 이는 그 사람의 생명을 빼앗는 거나 마찬가지다"라고 말했다.

랍비들은 도둑질을 두 부류의 범죄로 간주했다. 첫째, 도둑질은 신이 창조한 자연 질서에 반하는 범죄다. 둘째, 더욱 심각한 것은 도둑질은 그 재물을 얻기 위해 성실하게 일했던 사람에 대한 범죄라는 점이다. 탈무드는 전통적으로 신과 인간의 관계보다 인간과 인간의 관계를 중요하게 보는 경향이 종종 있다. 많은 학자들은 이 주장을 옹호하기 위해 십계명을 상기시킨다. 십계명의 첫 네 계명은 신과의 관계에 대해, 다음 여섯 계명은 사람들 사이의 관계에 대해 말하고 있다. 특히 부모를 공경하라는 다섯번째 계명은 가족 간의 관계에 관한 것이다. 학자들은 십계명이 신에 대한 의무보다 사람들 사이의 의무에 대해 더욱 초점을 맞추고 있다는 점을 중요하게 보고 있다.

십계명

십계명은 일부 기독교 번역본에 따라 조금씩 다르며 주로 순서에 차이가 있다. 아래의 십계명은 유대교 버전으로 출애굽기 20장에 등장한다.

1. 나는 너희를 애굽 땅, 종이 되었던 집에서 인도해낸 너희의 하나님이니라.
2. 너희는 나 외에 다른 신들을 네게 있게 말지니라.
3. 너희는 내 이름을 망령되이 일컫지 말지니라.

4. 안식일을 기억해 거룩히 지키라. 엿새 동안은 힘써 네 모든 일을 행할 것이나, 제 칠일은 너희 하나님의 안식일인즉 아무 일도 하지 말라.

5. 네 부모를 공경하라.

6. 살인하지 말라.

7. 간음하지 말라.

8. 도둑질하지 말라.

9. 네 이웃에 대해 거짓증거하지 말라.

10. 네 이웃의 어떤 것도 탐내지 말라.

　사소한 절도에 대해 마지막으로 생각해야 할 점은 사람들은 곧잘 "그런 짓은 누구나 한다"는 말로 변명하려 든다는 것이다. 랍비들은 그런 핑계는 전혀 옳지 않다고 일축했다. 그 이유로 다른 사람들에게 나쁜 선례를 남긴다는 점을 들었다. 이런 절도 행위를 방관하면 결국 누구나 해도 되는 윤리적 표준이 되고 만다는 것이다. 어떤 소년이 아버지의 밭을 무심코 지나다니는 남자에게 따져 물었다고 한다. 남자는 밭에 길이 나있었기에 길인 줄 알고 지나다녔을 뿐이라고 변명했다. 이에 소년이 소리쳤다. "그 길은 바로 당신 같은 사기꾼들이 지나다니면서 만든 길이라고요."

현 직장 근무 중에는 구직활동을 해선 안 된다

　구직활동에 관한 탈무드의 사고방식은 오늘날의 사업관행과는 조금 다르다. 구직자가 일자리를 구할 때는 되도록 좋은 인상을 남기려 애쓴다. 일자리를 얻기 위해 자신이 보유하고 있는 기술, 학력, 개인 연락처 등을 제공한다. 탈무드는 고용주가 구인을 시작한 경우가 아니라면 다른 사람이 이미 차지하고 있는 자리를 요구하는 구직활동은 금지하고 있다. 현대사회에서는 이런 공개 구인광고가 신문의 구인란 또는 이와 비슷한 곳에 게재된다. 탈무드는 이를 다른 사람의 생계를 빼앗는 행위로 간주해 금지하고 있다. 일은 신성하므로 이를 다른 사람으로부터 빼앗는 것은 수치스러운 행위로 생각했던 것이다.

탈무드 랍비들은 오늘날 노동자들이 현재의 직장을 그만둘 의사가 없음에도 불구하고 시험 삼아 다른 회사에 사전 면접을 보는 관행에 대해 그다지 탐탁지 않게 여겼을 것으로 보인다. 노동자들은 단순한 호기심 또는 더 나은 일자리가 있는지 알아보려고 이러한 행동을 하는 경우가 많다. 탈무드는 직장을 옮길 의사가 없다면 다른 직장을 알아보는 것을 금지하고 있다.

이 금지 규칙은 구매자와 판매자 사이에도 적용된다. "돈이 없으면서 마치 물건을 살 것처럼 가장해선 안 된다." 랍비들은 이러한 행위를 두 가지 측면에서 부정직한 행위로 간주했다. 첫째, 판매자는 물건을 팔 기대를 갖고 시간과 정력을 들여 설명을 하고 협상하기 때문이다. 둘째, 가장된 구매자와 상대하는 사이에 진짜로 관심이 있는 구매자가 발길을 돌릴 수도 있기 때문이다.

구직자의 경우도 이와 비슷하다. 고용주가 진짜로 구직을 원하는 사람과 상대해야 할 시간에 거짓 구직자에게 시간을 낭비하도록 조장하기 때문이다. 당연히 양측이 모두 구인과 구직이라는 목적으로 만나는 경우에는 언제나 허용된다.

집에서 가까운 직장을 구하라

어느 날 라브 압바Rav Abba가 아무 일도 하지 않고 빈둥거리는 아들에게 사업 노하우를 가르쳐주려 했다. 그의 아들은 전혀 알아듣지 못했다. 라브 압바는 멍청하고 게으른 아들도 쉽게 이해할 수 있도록 간단한 사업 규칙들을 만들었다. 오늘날에도 귀담아 들을 만하므로 이를 소개하고자 한다.

라브가 말했다(저자의 설명은 대괄호로 처리했다). "너에게 애써서 사업 노하우를 가르치려 해도 결코 쉽지 않구나. 이제 너에게 세속적인 지혜를 가르쳐주고자 한다.

1. 네 발에 모래가 묻어있는 동안에 팔아라[구입한 뒤에는 재빨리 팔아라].

2. 무엇이든지 팔고 나면 후회할 수 있다[가격이 오르기 때문이다].

3. 포도주는 예외로 후회 없이 팔 수 있다[다만 너무 오래 기다리면 식초가 될 수 있으니 조심하라].

4. 돈을 네 지갑에 먼저 넣고, 네 자루를 열어라[물품대금을 먼저 받아라].

5. 대추야자 열매가 네 가방에 있으면 양조장으로 달려가라[대추야자로 맥주를 만들 수 있다. 다만 대추야자를 다 먹어치우기 전에 맥주를 만들어야 한다].

그가 마지막으로 남긴 조언은 오늘날 먼 거리로 통근하는 직장인들이 참고할 만하다. "땅에 있는 카브Kav가 지붕에 있는 코르Kor보다 낫다." 여기서 카브는 고대 도량형 단위로, 계란 24개의 부피와 같고 코르의 약 1/200에 불과하다. 먼 거리의 직장보다 보수가 적더라도 집에서 가까운 직장이 더 나을 수 있다는 말이다.

비즈니스 성공의 비밀

1. 고용인은 직장 일을 방해하는 어떤 활동도 해선 안 된다.
2. 고용인은 반드시 근무시간을 엄수해야 한다.
3. 회사로부터 어떤 사소한 도둑질(비싸지 않은 사무용품 등을 개인적으로 사용하는 것)도 해서는 안 된다.
4. 현 직장을 진짜로 그만둘 생각이 아니라면 새로운 직장을 구하거나 인터뷰해선 안 된다. 다른 사람의 일자리를 빼앗는 것도 금지다.
5. 다소 보수가 적더라도 이왕이면 집에서 가까운 곳에서 일하라.

윤리적 경영이 많은 이윤을 남긴다

갈대와 항아리를 팔아 돈을 버는 사람은
결코 조그마한 축복도 받지 못한다.

– 랍비 아쉬

탈무드 랍비들은 회사와 직원들이 비즈니스에서 어떻게 정직한 거래를 성사시킬 수 있는지 깊이 탐구했다. 오늘날, 이를 기업지배구조Corporate Governance라 부르고, 다양한 의미로 해석되고 있다. 세계은행 총재인 J. 울펜슨은 이에 대해 다음과 같이 말했다. "기업지배구조란 기업의 공정성, 투명성, 책임성 제고에 관한 것이다." 그런가 하면, 〈파이낸셜타임즈〉는 이 개념을 다음과 같이 설명하기도 했다. "기업과 주주들 간의 관계, 폭넓은 의미로는 기업과 사회와의 관계를 말한다."

고대 랍비들의 기업지배구조에 대한 정의는 경제적으로 정직하고 공정한 거래를 통해 지역 사회의 번영을 증진함으로써 이익을 얻는 것, 한 발 더 나아가 수익성까지도 포함하는 개념이다.

비즈니스의 기반

탈무드 랍비들은 비즈니스 거래에서 어떻게 정직하고 정당한 거래를 할 수 있을까에 대해 탐색하는 과정에서 판매자와 구매자 사이의 관계에 대해 깊이 탐구했다. 두 당사자의 관계야말로 비즈니스의 기본 요소이기 때문이다. 판매자는 이익을 남길 목적으로 제품과 서비스를 제공하고, 구매자는 최상의 가치를 얻기 위해 제품과 서비스를 소비한다. 정직한 거래를 하기 위해서는 판매자와 구매자가 거래의 상세한 부분까지 서로 잘 알고 있고 충분히 이해하고 있어야 한다. 이러한 기준이 충족된 거래라야 공정하고 정당하다고 할 수 있다.

우리는 랍비들이 고대의 비즈니스 거래 조건들을 어떻게 해석했는지 이해함으로써 상업거래에 대해 많은 것을 배울 수 있다. 기본적인 비즈니스 활동이란 동서고금을 막론하고 늘 똑같기 때문이다. 오늘날의 비즈니스 세계가 훨씬 복잡함에도 불구하고 모든 거래는 기본적으로 판매자와 구매자의 행위 및 이익을 추구하려는 동기로 요약할 수 있다.

가격 조작으로 폭리를 취하지 마라

탈무드 랍비들은 이익을 비즈니스 거래의 자연스런 결과로 간주했으며, 어느 정도 위험을 감수하지 않으면 안 된다는 점도 간과하지 않았다. 다만 랍비들은 폭리를 취하는 행위를 심각한 범죄로 규정했다. 농업경제 시대에 농부와 땅주인은 서로 이익을 극대화하기 위해 노력한다는 사실을 잘 아는 랍비들은 포도주와 기름, 밀가루와 같은 생필품에 1/6이라는 최대 이익 마진폭을 설정함으로써 폭리를 취하는 것을 막았다. 또한 일시적인 공급부족 사태를 야기해 이들 품목들에 대한 인위적인 가격상승을 꾀하려는 매점매석 행위도 금지했다.

탈무드에 의학정보가 담겨있는 이유

"이익을 추구하더라도 마진이 원가의 1/6을 넘어선 안 된다."*

고대 랍비들은 밀가루, 기름, 고기, 포도주와 같은 생필품 거래로부터 폭리를 취하는 불공정 거래를 막는 데 심혈을 기울였다. 이를 위해 1/6이라는 마진폭을 설정해, 막대한 이익을 목적으로 행해지는 매점매석 행위를 규제했다. 다만 생필품이 아닌 경우에는 시장이 가격을 정하도록 내버려두었다.

식품과 마찬가지로 의료행위도 폭리를 취할 가능성이 높았다. 랍비들은 일부 의사들이 아픈 사람을 이용해 돈벌이를 하고 있다는 사실을 알았지만, 이에 대해 깊게 관여할 수는 없었다. 대부분의 의료행위가 가격을 감시할 수 있는 공개시장이 아니라 개인의 집과 같은 사적인 공간에서 주로 이뤄졌기 때문이다.

탈무드에는 방대한 양의 의학정보가 담겨 있는데, 현대의 많은 학자들은 이를 랍비들이 의사들 간의 경쟁을 유발하고 치료비를 낮추도록 유도하기 위해서라고 해석한다. 탈무드는 일반적이고 특별한 건강정보, 처방, 약초 다루는 법, 질병과 치료에 대한 정보 등을 다수 수록해 의사가 굳이 치료하지 않고도 환자 스스로 병을 다룰 수 있도록 했다.

Bava Metzia, 40b

물론, 1/6 최대 마진폭 설정은 오늘날의 시장에 그대로 적용하기 어렵지만 탈무드 랍비들이 생필품 가격에 상한선을 정한 것은 여전히 중요하고 유효하다. 경제학자들은 자유시장이 생필품 가격을 항상 합리적으로 결정하지는 않는다는 것을 잘 알고 있었다. 종종 정부가 개입해서 시장의 질서를 바로잡고 시장의 균형을 깨뜨리려는 세력들의 농간도 규제해야 할 필요가 있다는 것이다.

고대에는 오늘날처럼 법원과 랍비들과 같은 당국자들이 가격 담합과 폭리 거래에 개입하곤 했다.

비슷한 사례로, 1990년대 미국 법무부가 생필품 유통업체인 아처다니엘스미드랜드ADM, Archer Daniels Midland의 가격 조작 의혹을 조사한 사건을 들 수 있다. ADM은 연간 매출액이 130억 달러가 넘는 세계에서 가장 큰 기업이자 최대 생필품 유통기업이다. 1996년에 이 회사의 간부들은 구연산 가격 조작에 공모한 혐의로 유죄판결을 받았다. 구연산은 청량음료와 시리얼, 화장품과 가축사료 첨가물인 화학 리신(아미노산의 일종)에 이르기까지 두루 사용되는 물질이다. ADM은 결국 1억 달러가 넘는 징벌적 벌금형에다 민사소송에서 9,000만 달러의 배상금도 부담해야 했다.

미 법무부는 사료업체와 대형 가금육 및 돈육 생산업자들은 리신 첨가제를 사면서 이 회사에 수백만 달러를 더 지불했다고 밝혔다. 게다가 청량음료, 가공식품, 세제 및 기타 제조업체들도 구연산 첨가제를 구입하는 데 수백만 달러를 더 지불해왔고 그 결과 가격이 상승해 소비자들의 부담이 가중됐다고 덧붙였다.

ADM 반독점 사건을 담당하고 기소했던 반독점부서 법무부 보좌관 조엘 I. 클레인Joel I. Klein은 말했다.

"이번 벌금부과로 전 세계 기업들이 자기들의 행위를 좀 더 면밀히 들여다보는 계기로 삼았으면 합니다. 1억 달러에 달하는 사상 최대 반독점 행위에 대한 벌금은 전 세계 가격조작 기업들에게 범죄 공모에 가담한다면 엄청난 대가를 치룰 수 있다는 경고의 메시지가 될 것입니다."

법무장관 자넷 레노Janet Reno도 한마디 덧붙였다. "이번 1억 달러 벌금형은 전 세계 기업들에게 보내는 경고의 메시지입니다. 미국 소비자들을 상대로 강도짓과 같은 범죄행위를 공모한다면 철저한 조사와 함께 가혹한 처벌을 각오해야 할 것입니다."

미 법무부는 이 사건이 겨우 몇 사람에게만 피해를 입힌 사건이 아닌, 광범위하게 손해를 끼친 사기사건임을 인지하고 있었다. 랍비들도 이러한 개념을 잘 이해하고 있었으며 불공정한 거래행위를 매우 무겁게 다룬 이유이기도 했다.

폭리 여부를 판단할 때 꼭 감안해야 할 요소는 중간상인이다. 랍비들은 중간상인들의 역할을 인정하지 않았다. 상품이 그들의 손을 거치면 상품의 가치에는 전혀 변화가 없는데도 가격만 오른다고 봤던 것이다. 포도주, 기름, 밀가루와 같은 생필품의 경우, 중간상인을 거치지 않고 소비자에게 직접 판매해야 한다고 주장했다. 생필품을 제외한 다른 품목의 경우에는 할 수 없이 중간상인의 개입을 허용했다. 생필품이 아닌 상품은 중간상인들이 부당하게 가격을 올릴 경우, 시장의 힘이 이를 다시 본래의 자리로 돌려놓으리라 기대했기 때문이다. 그렇지 않을 경우에는 오늘날 정부가 그러하듯이 랍비들이 개입해 이를 제지하거나 중재했다.

랍비들은 생필품 외에 모든 상품의 가격을 시장이 자연스레 형성하도록 내버려두는 방식을 택했다. 랍비 아키바는 수요와 공급의 일치에 따라 매겨진 가격이 균형가격이며 따라서 공정한 가격이라고 보았다. 만약 판매자가 좀 더 많은 돈을 원한다면 소비자가 사지 않을 것이고, 소비자가 더 낮은 가격을 원한다면 판매자가 팔지 않을 것이기 때문이다. 경쟁 시장에서는 거래 양 당사자 모두 동등한 힘을 갖고 있다.

일본이 현재 깊은 경기 침체에 빠져 있는 것은 사실이지만, 일본의 생활가전제품 산업은 한때 효율적으로 작동했으며, 그 결과 성장가도를 달리며 높은 수익을 내고 있었다. 이 분야에서 일본의 강점은 대체로 가격책정 모델에 기반하고 있다. 일본의 생활가전 제품이 세계시장에서 독보적인 위치를 점유할 수 있었던 가장 중요한 이유이기도 하다.

통상적으로 미국 기업은 제품을 설계하고 난 후 생산비용을 계산한다. 만약 생산비용이 지나치게 높으면 둘 중 하나, 즉 제품을 재설계하거나 생산을 보류하고, 때에 따라서는 낮은 이익

마진을 받아들인다. 일본은 어떨까? 소비자들이 받아들일 만한 예상 목표가격을 먼저 책정한 뒤 그 가격에 맞춰 제품을 설계하고 생산을 기획한다. 일본의 제조업체는 소비재 상품의 가격책정에 탈무드 방식을 채택한 것이다. 이 방식에 따라 일본은 생활가전 분야에서 큰 성공을 거뒀고 세계의 부러움을 산 바 있다.

비록 시장의 힘이 가격 질서를 잘 유지하고는 있지만, 가격을 올리고 많은 이문을 남기고 싶은 유혹은 누구에게나 찾아오기 마련이다. 다음은 이와 관련된 이야기다.

어느 날 랍비 사프라가 아침기도를 드리고 있는데, 어떤 남자가 옆을 지나가다가 랍비의 당나귀를 보고 문득 사고 싶은 생각이 들었다. 남자는 기도 중인 랍비 사프라에게 가격을 제시하며 당나귀를 사고 싶다는 의사를 표시했다. 랍비 사프라는 그 말을 듣고도 기도를 방해받고 싶지 않아서 그 남자의 말에 대꾸를 하지 않았다. 랍비의 답을 기다리던 남자가 참지 못하고 재차 당나귀 구매가격을 제시하며 팔라고 졸랐지만 랍비는 기도에 열중하느라 거듭 답을 해주지 않았다. 그 남자는 자신이 제시한 가격이 너무 낮아서 랍비가 대답을 하지 않는 것이라 지레짐작하고는 계속 가격을 올려 불렀다. 마침내 기도를 마친 랍비 사프라는 그에게 말했다. "나는 당신이 처음 제시한 가격에 당나귀를 팔겠소. 굳이 비즈니스 거래 때문에 기도를 중단하고 싶지 않아서 곧장 대답하지 않은 것뿐이오. 그러니 양해하고 처음 제시한 가격만 지불하시오."

이 이야기는 평판이 좋은 사업가라면 시장 상황을 잘 활용해야지, 거짓으로 이익을 도모해선 안 된다는 교훈을 전해준다.

저울 조작은 간통보다 더 중한 죄

고대 랍비들은 정확한 저울과 용기를 올바르게 사용하는 것이 정직한 비즈니스 거래를 위해 매우 중요하다고 생각했다. 농업경제에서는 무게와 부피를 정확히 측정하는 것이야말로 일상적인 비즈니스 거래에서 반드시 지켜야 할 기본이었던 것이다. 어떤 상인이 정직하게 상거래에 임하고 있는지 따지는 기준도 거래물품의 분량과 무게를 얼마나 정확히 지키느냐 여부였다.

당시 상인들이 저울 같은 측정 기구를 사용하거나 보관할 때 아주 상세한 부분까지 주의를 기울임으로써 지키려 했던 정직의 가치는 오늘날 비즈니스맨들에게 교훈하는 바가 적지 않다. 고대의 랍비들은 상거래를 할 때는 가장 작은 세밀한 사항에 이르기까지 정직해야 한다고 역설하고 있다.

예를 들어, 랍비는 상인들이 부정확한 저울을 소지하는 것을 엄격히 금지했다. 심지어 그런 저울을 집에 보관하는 것조차도 막았다. 집에 있는 것만으로도 가게로 가져가서 사용하고자 하는 순간적인 유혹에 넘어갈 수 있다고 생각했기 때문이다. 오늘날에는 중앙 정부 또는 지방 정부 기관들이 검사관을 두고 함부로 저울을 조작하지 못하도록 감시하고 있지만, 탈무드가 기록되던 당시에는 이 같은 정부 통제가 전혀 없었다. 상인들이 무게와 부피를 속이지 않을 것이라 믿는 수밖에 달리 방법이 없었다.

탈무드는 말린 음식과 물기가 있는 음식을 어떻게 측정해야 하는지에 대해서도 상세하게 묘사하고 있다. 게다가 계량컵과 저울은 항상 깨끗하게 사용해야 한다고 강조하고 있다. 심지어 고객을 속이지 않도록 액체에 떠 있는 거품을 어떻게 처리해야 하는지에 대해서도 기술하고 있다.

랍비들은 저울을 조작해 사용하는 행위를 간통보다도 더 중한 죄로 여겼다. 부도덕한 성관계는 비난받아 마땅하지만 일반적으로 제한된 소수의 사람에게만 나쁜 영향을 미친다. 용서를 빌면 손해배상도 가능하다. 이에 비해 상인들이 시장에서 고객을 속이는 행위는 너무나 많은 사람에게 손해를 끼치기 때문에 사실상 손해배상 자체가 불가능하다. 무게와 분량을 속이는 행위는 공동체 전체에 해악을 끼치는 범죄행위며, 피해자들은 대부분 불특정 다수다.

오늘날도 마찬가지다. ADM 같은 다국적 기업은 무분별한 범죄행위를 저질렀으며 전 세계적으로 악한 영향을 끼쳤다.

요강이라는 변명도 통하지 않는다

"표준 계량용기보다 작거나 크다면 요강이라도 집에 둬서는 안 된다."*
랍비들은 속임수를 쓴 상인들이 늘어놓는 온갖 변명을 들었을 것이다.
여러 변명 중 하나가 불법 계량용기를 집 안에 숨겨두고 검사관들이 불
시에 이를 찾아내 추궁하면 상인은 방에서 쓰는 요강이라고 거짓말을
하는 것이었다. 랍비들은 이러한 변명조차 금지했다.

*Bava Metzia, 61b

나쁜 이미지가 비즈니스를 망친다

탈무드는 고객을 속이는 행위도 분명 금지해야 하지만, 더 나
아가 부정직하다는 인상을 주는 것조차 반드시 피하라고 조언
한다. 탈무드 랍비들은 정직하지 못한 상거래는 물론 부정을 저
지르고 있다는 의심마저 철저히 경계해야 한다고 주장했다.

랍비들은 아주 사소한 나쁜 소문이 비즈니스를 망치고, 사람
들이 직장을 잃게 만들고, 그 결과 공동체의 세금기반을 약화시
킬 수 있음을 간파하고 있었다. 부당거래 상인이 파산하는 것도
좋은 일이 아니지만, 정당거래 기업이 오로지 나쁜 소문과 풍문
때문에 억울하게 망하는 것은 더욱 좋지 않다는 것이다.

랍비들은 부정적인 풍문에 회사가 희생돼선 안 된다는 점을
분명히 했다. 탈무드는 "갈대와 항아리를 팔아 돈을 버는 사람
은 결코 조그만 축복도 받지 못한다"고 말한다. 이 말은 우리에
게 다소 의아하게 들릴지 모르지만 심사숙고해보면 매우 통찰

력 있는 말이라는 것을 곧 알게 된다. 깔개와 바구니를 만드는 데 사용되는 갈대는 키는 크지만 속은 비어있다. 물건을 담아두는 항아리 역시 폭은 넓지만 속은 텅 비어있다. 이 두 가지 물건은 모두 외양 그대로 믿을 순 없다는 공통점이 있다. 외양만 보면 많은 것을 가지고 있을 것으로 착각하기 쉽다는 말이다. 갈대와 항아리를 처음 구매한 사람은 집에 가지고 와서 살펴보고 나서 예상보다 많은 공간이 비어있음을 알고 크게 실망하고 만다. 이런 경우 구매자들은 상인에게 실제로 속은 것은 아니지만 자신이 속았다는 인상을 지울 수 없게 된다. 상인이 의도한 바는 아니지만 겉보기에 혹은 소문에 의해 고객이 선입견을 가질 수도 있음을 지적하는 말이다.

기업은 사업과 관련해 고객이 한 점의 부정적인 느낌이라도 갖게 해선 안 된다. 비록 많은 비용이 들더라도 상품에 대해서는 정직해야 하고 모든 것을 공개해야 한다. 잠재고객에게 구매 상품에 대해 정확히 알려주고 겉포장이나 외양에 현혹되지 않도록 해야 한다.

타이레놀 독극물 사건은 존슨앤존슨Johnson & Johnson이 기업의 이미지에 부정적인 영향을 미칠 수도 있었던 사건을 적극적으로 차단한 사례로 회자되고 있다. 1982년 어느 날 매장에 진열돼 있는 타이레놀 캡슐에서 청산염이 검출됐다. 당연히 회사가 저지른 일이 아니었으므로 이를 은폐하거나 자신들의 잘못이 아니라고 항변할 수도 있었다. 나머지 제품은 안전하다고 주장할 수도 있었다. 놀랍게도 존슨앤존슨은 전혀 뜻밖의 조치를 취했다. 매장에 있는 모든 타이레놀 캡슐을 폐기하고 이를 보상해주기로 결정했던 것이다. 비록 자신들과 관계없는 외부인에 의해 저질러진 사건이었지만, 자사 제품의 안전성과 신뢰에 타격을 입히는 부정적인 소문을 적극적으로 진화하고자 했다.

타이레놀은 단일 진통제로서는 이 회사의 가장 큰 수익원이었다. 사건 발생 후 존슨앤존슨의 진통제 시장 점유율은 37%에서 7%로 급전직하했다. 주식은 10%가량 폭락했으며 회사가 입은 피해액만도 11억 3,000만 달러에 달했다. 리콜로 입은 추가 피해액만 5,000만 달러나 됐다.

더 이상 외부 조작이 불가능한 형태의 타이레놀 제품이 5개월 만에 다시 출시됐고 애초 진통제 시장 점유율의 70% 가량을 회복했다. 3년 후에는 원래의 시장 점유율도 회복했다.

타이레놀의 수난은 여기서 끝나지 않았다. 새로운 포장에도 불구하고 똑같은 사건이 1986년에 다시 한 번 발생해 경영자들을 적잖이 당황케 했다. 회사는 이번에도 역시 똑같은 방식으로 대응했다. 비록 단기적으로 주식가격이 폭락하고 회사는 10억 달러 넘게 손해를 입었지만 결국 고객들의 신뢰를 회복하면서 잃었던 시장 점유율을 되찾을 수 있었다.

존슨앤존슨을 위기에서 구해낸 것은 자사 제품에 부정적인 영향을 미칠 수 있는 아주 사소한 징후에도 적극적으로 대응한 회사의 노력 덕분이었다. 그 결과 존슨앤존슨은 기업평판위원회 Reputation Institute의 연례 조사에서 수년간 최고의 기업평판도를 유지하고 있는 회사로 선정됐다.

부당한 호의로 이미지를 조작해선 안 된다

랍비는 소위 '부당한 호의'라는 형태의 거짓 이미지에 대해서도 연구했다. '부당한 호의'란 사람들이 뭔가 착오로 당신을 긍정적으로 생각하지만 당신이 그걸 원래대로 바로잡지 않는 것을 말한다. 다루기도 여간 까다로운 것이 아닌데, 이유는 부당한 호의를 받은 사람은 그런 호의적 이미지를 굳이 바로잡을 필요성을 느끼지 못하기 때문이다. 그럼에도 불구하고 오해를 바로잡지 않고 부당한 호의를 누리는 행위는 부도덕하다는 것이 탈무드 랍비들의 생각이다. 이해를 위해 다음 사례를 살펴보자.

탈무드 랍비들은 친구가 선약이 있다는 것을 뻔히 알면서도 좋은 인상을 주기 위해 그 친구를 저녁식사에 초대하는 행위는 잘못된 것이라고 비난한다. 마찬가지로 지인이 바빠서 참석할 수 없다는 것을 익히 알면서도 그에게 잘 보이기 위해 공연 티켓을 선물하겠다고 제안하는 것도 잘못이다. 사람들은 자신이 얼마나 선한지 보여주려고 마음에도 없는 행동을 하지만 탈무드 랍비들은 이를 '위선'이라고 규정하며 금지했다.

랍비 메이르는 말했다. "친구가 오지 않을 걸 뻔히 알면서 만

찬에 그를 초대해서는 안 된다. 상대방이 받지 않을 줄 알면서 선물을 주려고 해서도 안 된다. 포도주 가게에서 자신을 위해 포도주 술통을 열어놓고는 마치 손님을 위해 그 술통을 따는 것처럼 가장해서도 안 된다."

랍비 메이르는 포도주 가게 주인이 손님을 위한답시고 포도주 술통을 함부로 여는 행위에 대해 질책했다. 그 당시에는 한 손님을 위해 특정 포도주 술통을 따는 것이 융숭한 손님접대라는 관습이 있었다. 포도주 술통을 열고나서 1주일 내에 모두 마시지 않으면 상해서 버려야 하기 때문에 손님을 위해 술통을 개봉하는 것은 손님이 그런 대접을 받을 만한 자격이 있음을 암시했다. 남은 포도주를 다른 손님에게도 팔 거면서도 이를 숨기고 마치 그 손님을 잘 대접하고 있다는 인상을 주기 위해 짐짓 그런 짓을 하는 것은 잘못이라는 것이 랍비들의 주장이다.

신뢰는 딱 거기까지만
"손님이 나프타(휘발성이 높고 타기 쉬운 중질의 가솔린-역자 주)를 사러 오면 상인이 이렇게 말한다. "여기에 1갤런(3.3ℓ)짜리 용기가 있소. 당신이 알아서 퍼담아가시오." 손님이 향수를 사러 오면 향수 가게 주인이 이렇게 말한다. "향수를 저울에 달 때까지 기다리시오. 그러면 당신과 나 모두에게 향수가 밸 것이오."*
앞선 가게의 주인은 손님 스스로 나프타를 계량하도록 했다. 나프타가 싸다는 이유로 딱 거기까지만 신뢰를 보낸 것이다. 손님이 만약 향수와 같이 좀 더 비싼 물품을 요구한다면 가게 주인은 손님이 제대로 계량하고 있는지 유심히 살펴보고자 했을 것이다. 이렇게 손님을 지켜보고 있으면 손님의 마음이 편치 않을 것이므로, 가게 주인은 손님을 믿지 못하겠다고 말하는 대신, 손님과 함께 계량하게 되면 그 향수 냄새를 둘 다 즐길 수 있게 되리라 말했던 것이다. 매우 수완 좋고 현명한 처신이다.

*Yoma, 39a

오늘날에는 부당한 호의로 보이는 행위를 어느 정도는 묵인하는 것이 관습이다. 타인에게 피해를 주는 행동이 아닐 뿐더러 손님이 특별한 대접을 받고 있다고 느끼게 해주기 때문이다. 탈무드 랍비들은 이에 동의하지 않는다. 부당한 호의는 부당한 호의일 뿐이라는 것이다. 여타의 도덕적 딜레마처럼 옳고 그름에 등급이 있을 수 없다. 옳은 것은 옳은 것이고 잘못된 것은 잘못된 것이다.

현대사회에서 부당한 호의의 흔한 사례로는 이력서나 취업원서에 출신대학을 속이는 행위를 들 수 있다. 해당 대학을 실제로는 졸업하지 않고 중퇴했거나 단지 잠시 머물렀을 뿐이라면, 이 사실을 반드시 밝혀야 한다. 그렇지 않으면 잠재 고용주는 부당한 호의를 갖고 진짜 그 대학을 졸업한 것으로 생각하게 될 것이다. 만약 잠재 고용인과 같은 학교를 졸업한 고용주가 좀 더 실력이 있는 다른 지원자를 제쳐두고 그를 선택하게 된다면 이는 대단히 부당한 처사가 되고 만다.

비즈니스의 2가지 기본원칙

탈무드 랍비들에 따르면, 거래는 구매자와 판매자 간에 가격, 색상, 중량, 배달 등 여러 조건이 서로 일치하는 순간 성립했다. 한쪽이 거래를 해지할 수 있는 계약 취소 보증기간도 주어졌다.

구매자에게는 자신이 살 물건을 이웃, 친구, 또는 '전문가'에게 보여줄 수 있는 합리적인 시간이 허락됐다. 만약 구매자가 상품에서 하자를 발견한다면 반품할 수 있었다. 현대에는 이 같은 소비자의 권리가 당연한 것으로 받아들여지고 있지만, 고대에는 탈무드 랍비들이 명문화하기 전까지는 전혀 받아들여지지 않았다.

특히 환전할 때는 '화폐 전문가'라는 사람들의 역할이 매우 중요했다. 당시 여행할 때 해당 지역 동전으로 교환하기 위해 환전상을 이용했다. 환전상은 거리를 돌아다니다가 여행객이나 외지상인을 만나면 돈을 교환해줬다. 국가 원수가 새로운 얼굴로 바뀌면 경우에 따라 유통되고 있는 화폐의 흐름을 파악하기가 어려운 때도 있었다. 종종 오래된 동전의 가치가 오르거나 그렇지 않은 때도 있었다. 화폐의 교환 비율인 환율도 일정치 않다. 환율을 정해줄 정부기관이 전혀 없었기 때문이다.

이러한 사정을 이용해 순진한 외지인들을 속이는 환전상들의 악명도 높았다. 탈무드 랍비들은 환전하거나 낯선 동전을 받을 때는 돈의 가치를 가늠할 시간을 충분히 보장해야 한다고 주장했다. 도시 사람들에게는 화폐 전문가를 찾아가 문의하는 데 수 시간이 허락됐고 시골 거주자들에게는 다음 안식일까지 주어졌다.

전문가를 찾아가 물건의 감식을 의뢰하는 이런 전통은 오늘날까지 계속되고 있다. 현대인들은 집, 보석, 회사 등을 구입할 때 필요하면 각각 주택 전문가, 보석 감정사, 회계법인의 상담을 받고 있다.

오늘날 가게들은 "우리보다 싸게 파는 경쟁사의 광고지를 가져오시면 그 가격 이하로 할인해드립니다"와 같은 판매 전술을 적극 활용한다. 이 역시 탈무드 시대에 이미 써먹었던 전술이었다. 만약 구매자가 비싸게 주고 물건을 샀다는 생각이 들면 반품 뒤 환불을 받거나 가격 협상을 다시 할 수 있었다. 이런 아이디어는 탈무드 학자들이 고안해낸 것이었다.

공정한 입장에서, 이 같은 구매자의 권리만큼 판매자 역시 판매를 철회할 수 있는 권리를 갖고 있었다. 만약 자신들이 실수로 물건을 너무 싸게 팔았다는 사실을 발견하게 되면 구매자에게 이야기해서 판매를 취소할 수 있었다. 판매자에게도 거래를 철회할 수 있는 합리적인 시간이 주어졌던 것이다. 오늘날의 가게들은 일반적으로 소비자에게 설령 싸게 팔았더라도 돈을 더 달라고 하거나, 실수로 싸게 판 물품일지라도 다시 되돌려 달라고 요구하지 않는다. 상점 주인은 전문가인데다 거스름돈을 더 거슬러 주는 등 스스로 손해를 볼 실수를 할 리가 없다고 가정하기 때문이다. 사실 탈무드의 여러 본문에서도 상점 주인은 손님보다 상품에 관한 지식이 해박하다고 예상할 수 있으므로 상업 거래에서 손해를 볼 여지가 없다고 주장한다. 계산 실수로 낮은 금액을 청구하는 경우는 생길 수 있다. 이런 경우에 고객은 원 금액의 차액만큼 판매자에게 되돌려줄 의무가 있다.

도둑에겐 명예가 없다

"악명 높은 도둑에게서 장물을 샀다면, 원 주인으로부터 아무런 보상도 받을 수 없다"*

탈무드 세계에서는 정직한 사람끼리의 상거래를 가정하므로 환불이 기본적으로 보장됐다. 랍비들은 만약 판매자가 도둑인 것을 알고 그에게서 장물을 산 구매자는 나중에 그 장물이 본래 주인에게 되돌아간다 해도 한 푼도 보상받을 수 없다고 주장했다.

이 같은 경고는 평판이 좋지 않은 사람과는 거래하지 말아야 한다는 교훈으로도 확대 해석할 수 있다. 거래가 잘못됐을 경우 환불받을 권리를 전혀 행사할 수 없기 때문이다.

*Bava Kama, 115

랍비는 만약 양측이 합의만 한다면 정상적인 가격에서 벗어난 가격으로도 판매가 이뤄질 수 있다고 생각했다. 예를 들어 판매자가 구매자에게 "이 물건은 100의 가치가 있지만 나는 200에 팔겠소"라고 말했는데도 구매자가 이 조건을 기꺼이 받아들였다면 사후에 판매자에게 이의를 제기할 수 없다. 마찬가지로, 판매자가 정상 가격보다 낮은 가격으로 판매하기로 합의했다면 구매자에게 이의를 제기할 수 없다. 이 같은 거래는 오직 양측이 거래조건에 전적으로 합의하고 물건에 대한 모든 정보가 사전에 충분히 제공된 경우라야 허용된다. 이를 통해 2가지 비즈니스 거래의 기본 원칙을 재확인할 수 있다. 첫째, 구매자와 판매자 모두에게 해당 상품이나 서비스에 대한 모든 정보가 하나도 빠짐없이 공개돼야 한다. 둘째, 양측이 가격에 대해 반드시 합의해야 한다.

결점마저도 모두 밝혀라

고대 상인들은 되도록 상품의 장점을 부각시키는 것과 마찬가지로 단점이나 흠에 대해서도 밝혀야만 했다. 잠재고객에게 상품의 모든 정보를 알려주는 데 결코 소홀해선 안 된다. 오늘날에는 이런 행위가 용인되지만 탈무드 랍비들은 이에 매우 엄격했다. 랍비 유다는 말했다. "가축이나 도구를 사려는 구매자가 이를 어리거나 새것으로 착각하게끔 해서는 안 된다."

어떤 랍비는 이렇게 덧붙였다. "좋게 보이려고 새로운 도구에 칠을 하는 것은 좋지만, 낡은 것에 색칠해 새것처럼 보이게 만드는 행위는 기만이다." 다시 말하지만 중요한 것은 행위 뒤에 숨은 의도다.

랍비들은 판매자가 구매자에게 상품에 대해 어디까지 알려줘야 하는지 논의했다. 그중 가장 유명한 이야기가 《게마라》에 수록돼 있다. 고약한 성질 때문에 밭갈이를 시킬 수 없는 황소를 판매한 사나이에 관해 라브와 사무엘이 벌인 논쟁이다. 어떤 사람이 쟁기질을 시킬 요량으로 황소 한 마리를 샀는데, 그 황소의 성질이 너무 고약해서 쟁기질은 하지 않고 그와 가족을 계속 뿔로 들이받는 것이었다. 화가 난 그는 판매자에게 찾아가서 환불을 요구했다. 판매자는 그가 밭갈이용이 아니라 식용으로 쓸 황소를 사는 것으로 생각했다고 시치미를 뗐다.

랍비들은 거래 양측이 처음부터 황소의 용도를 확실히 알고 있었을 경우에만 거래의 무효를 선언할 수 있다고 설명했다. 이 경우에 판매자는 농사용 황소와 고기용 황소를 모두 같은 가격에 팔고 있었으므로, 황소의 용도를 굳이 구분해두지 않았다. 구매자 스스로 황소를 골랐다고 볼 수 있으므로, 판매자가 의도적으로 잘못 팔았다고 볼 수 없다는 것이 랍비들의 생각이었다. 만약 구매자가 한 가지 용도의 소만 취급하는 상인에게 구매했거나, 용도에 따라 소의 가격을 달리하는 곳에서 샀다면 유효한 거래가 됐을 것이고 이때는 거래 무효를 선언할 수 있었다.

현대의 소비자 단체들은 수입 농산물에 모든 정보를 정확히 표시하는 라벨을 붙여야 한다고 주장한다. 슈퍼마켓의 상인들은 농산물의 원산지를 따지는 소비자들은 별로 없기 때문에 굳이 그렇게 할 필요가 없다고 주장한다. 외국산 농산물도 국내산처럼 안전한데, 굳이 외국 원산지 표시를 하게 되면, 마치 외국산 농산물은 수준 이하라는 인식을 소비자들에게 심어줄 수 있다는 점을 우려했다.

탈무드 랍비들은 이런 문제에 관해 정확한 사례를 제시해 어떻게 해결할 수 있는지 그 방안을 보여준다. 고대 상인들은 여러 밭에서 생산된 농산물을 한데 섞어놓고 팔 수 있었다. 상인들이 여러 밭에서 농산물을 구입해 팔고 있다는 사실은 누구나 알고 있는 상식이었다. 다만 소비자들이 여러 밭에서 각각 재배된 과일과 채소를 마치 한 밭에서 난 것처럼 착각하게 해서는 안 됐다.

오늘날의 슈퍼마켓은 매대에 올라와 있는 모든 농산물들이 국내산이라는 인상을 주고 있는가, 외국산 농산물이라는 인상을 주고 있는가? 현명한 소비자들이라면 당연히 계절과 상관없이 모든 과일이 동시에 판매되고 있다는 사실을 감안해서, 서로 다른 기후의 세계 각지로부터 온 농산물들이겠거니 하며 눈치를 챌 것이다. 그 중에는 이러한 사실을 전혀 깨닫지 못하는 소비자들도 있을 수 있다. 슈퍼마켓과 농산물 판매상들은 모든 소비자가 이 사실을 분명히 알 수 있도록 확실한 정보를 제공해야 한다. 그렇게 해야만 소비자들에게 잘못된 인식을 심어주지 않게 된다.

가장 좋지 않은 것을 먼저 보여주라
"장사꾼들은 가장 질 떨어지는 제품을 먼저 보여주고 나서야 비로소 가장 질 좋은 제품을 보여준다."*

랍비들은 이 같은 행태에 관해 논의를 한 뒤, 시장에서는 흔한 행태라고 판단했다. 소비자들도 이를 충분히 예상하기 때문에 눈감아줄 만한 행위라는 것이다. 만약 시장의 이러한 행태를 전혀 모르는 풋내기 소비자들에게도 이런 방식으로 상품을 보여주는 행위는 도덕적인 행위가 아니라고 판단했다.

이는 협상 중에 상대방의 첫 번째 제안에 너무 빨리 동의하지 말라는 경고이기도 하다. 게다가 장사꾼이 좋지 않은 물건을 먼저 보여주는 것과 마찬가지로 노련한 협상가라면 상대에게 가장 좋지 않은 제안을 먼저 꺼내야 한다는 충고이기도 하다.

*Tanhuma, Shelah, 6

포도주에 물타기

고대 장터에서는 각종 도둑들과 사기꾼들이 마음껏 활개치고 다녔다. 가장 흔한 사기는 포도주에 물이나 질 낮은 포도주를 타서 순수한 포도주인 양 소비자를 감쪽같이 속여 판매하는 것이었다.

오늘날에도 이러한 속임수는 흔하다. 1986년 비치넛Beech-Nut의 사장과 부사장이 미 연방 대법원에 기소되는 사건이 벌어진 바 있다. 이들은 사과주스에 이와 비슷한 색깔과 향미의 화학 재료와 설탕물을 섞은 뒤 100% 사과주스라고 속여 팔았다. 당시 비치넛은 세계 2위의 어린이 음료 제조사였다. 이 혼합주스를 조달한 공급업체도 함께 기소되었다.

공평한 계량을 위해

"한 번의 빠른 움직임으로 수평을 재선 안 된다. 이런 식으로 수평을 재는 것은 구매자에게는 이익이지만 판매자에게는 손해다. 너무 늦게 수평을 재서도 안 된다. 판매자에게는 이익이지만 구매자에게는 손해다."*

'어떻게 하면 공정하게 무게를 재고 측정할 수 있을까' 라는 주제를 놓고 탐구하는 과정에서 랍비들은 일부 상인들이 밀가루와 같은 분말 제품을 팔기 위해 사용하는 분말 계량 용기에 분말을 담고는 수평자를 재빠르게 쓸어버리는 것을 눈여겨봤다. 이런 빠른 손놀림 때문에 용기를 가득 채우고도 분말의 일부가 위쪽에 더 많이 남아있는 경우가 종종 발생하곤 했다. 이런 경우엔 구매자가 정량보다 더 많이 가져가게 된다. 반면에, 수평작업을 아주 천천히 진행할 경우엔 분말이 모자라는 일이 발생해 결국 구매자가 손해를 보게 된다. 적당히 수평을 맞추는 기술은 너무 빠르게도 너무 느리게도 아닌 그 중간 어딘가에서 찾아야 한다.

소비자들은 상품과 서비스에 대해 합당하고 정직한 정보를 제공하지 않거나, 다른 경쟁 상품보다 더 좋게 보일 목적으로 표준 계량 용기를 사용하지 않는 판매자들을 가급적 피해야 한다.

*Bava Batra, 89a

　심리가 시작되기 3일 전, 비치넛은 215건이나 되는 중범죄 혐의를 인정했다. 결국 218만 달러의 벌금형에 처해졌으며, 그 액수는 당시 식품·의약품 및 화장품에 관한 법률 위반에 따른 사상 최고 벌금형이었다. 그밖에 200만 달러가 넘는 돈을 재판과 각종 비용으로 지불해야 했다. 공급업체도 유죄를 선고받았다. 이 사건으로 비치넛이 입은 손실은 금전적인 손해에 그치지 않았다. 소비자들로부터 회사의 명성과 신뢰를 동시에 잃었다. 업계 전문가에 따르면, 이들이 소비자의 신뢰를 상실함으로써 입은 피해를 금액으로 환산하면 모두 2,500만 달러에 달할 것으로 추산됐다.

포도주나 음료에 물을 타는 것이 그 지방 관습이라면, 이 같은 행위를 처벌할 순 없다고 탈무드 랍비들이 주장했다. 모든 사람이 그 사실을 이미 알고 있고 관습적으로 받아들이고 있다면 충분히 허용 가능하다는 것이다. 다만 그런 경우에도 물로 희석한 상품을 손님이 아닌 또 다른 상인에게 파는 행위는 철저히 금지됐다. 그 물건을 산 상인이 혹시라도 포도주나 음료에 물을 타는 것이 금지된 마을에 가서 판매할 수도 있기 때문이다.

지역적 관습을 고려하는 것은 탈무드 전체에 걸쳐서 여러 번 강조되고 있다. 어떤 거래행위든지 한 곳에서는 공정하다고 판단되는 행위가 다른 지역에서는 공정하지 못한 것으로 보일 수 있음을 주의해야 한다. 가령, 대도시에 있는 음식점들은 보통 8명이 넘는 일행에게는 15%의 팁을 요구하는 것이 관례다. 그 지역에 사는 사람들은 전혀 거리낌 없이 이 관습을 받아들일지 모르지만 소도시에서 온 사람은 이 같은 팁 문화를 불합리하다고 생각할 수도 있다.

법인장막에 숨지 마라

1994년 호화 유람선 바이킹 프린세스를 소유하고 운영하던 사람들이 조직적으로 유람선 바닥에 괸 더러운 물과 기름을 대양에 무단 방출한 혐의로 기소되었다. 이 회사는 50만 달러의 벌금형을 선고받았고, 승무원들에게는 강도 높고 값비싼 훈련 프로그램을 실시해야 했다. 조사 도중 바이킹 프린세스의 관계자들은 유람선의 위법사실을 전혀 몰랐다고 주장했다. 위법 사실을 알고 있었다는 문서와 증거들이 나왔음에도 불구하고, 이들은 끝까지 발뺌했고, 그 결과 가까스로 교도소에 가는 것만은 면할 수 있었다.

기업이 불법적인 행위에 연루되면 회사 관계자들은 소위 법인장막Corporate veil 뒤에 숨으려 한다. 법인장막이란, 기업의 소유주, 경영자, 심지어 일부 종업원들이 기업이 저지른 불법행위에 대해 자신의 범법사실 또는 연루 의혹을 부정할 수 있는 권리를 제공한다고 믿는 가상의 장막을 말한다.

오늘날 법인 형태의 기업체는 이를 운영하는 개인과는 법적으로 분리된 존재로 간주된다. 법인은 법적인 독립체로서 계약을 하고, 파트너십을 체결하고 재산을 소유한다.

탈무드는 기업과 그 기업을 소유하고 있는 사람은 절대 분리된 존재가 아니라고 주장한다. 기업이든 개인이든 동일한 윤리 지침을 따라야 한다는 것이다. 탈무드 랍비들은 당시로서는 법인격을 갖는 기업체가 생겨나리라고 상상하지 못했겠지만, 아무리 비즈니스가 발달하고 제도가 복잡하고, 기업규모가 커진다고 하더라도 기업경영을 맡은 사람은 자기 몫에 대한 책임으로부터 자유로울 수 없다고 주장한다.

이 메시지는 단순히 징벌에 관한 이야기가 아니다. 오히려 같은 회사에 근무하는 다른 사람이 설령 옳지 않은 일을 한다고 하더라도, 각자 올바르게 처신해야 함을 강조하려는 것이다. 힐렐이 말했다. "의인이 없는 곳일지라도 의인이 되려고 노력하라." 랍비 타르폰이 이에 동의했다. "세상을 완전하게 할 책임은 당신에게 없지만, 그렇다고 그런 세상을 만드는 노력조차 거부해선 안 된다."

우리는 누구나 세상을 보다 살기 좋은 곳으로 만들 책임이 있다. 그러한 책임에는 기업 윤리를 잘 지키는 일도 포함돼 있다. 그렇다고 우리 모두가 반드시 위대한 업적을 이뤄야 하는 것은 아니다. 우리가 하는 모든 일들이 겉보기에는 아주 하찮게 보여도 이웃의 복지에 반드시 공헌하게 되어 있다. 탈무드는 이를 조금 다른 말로 표현하고 있지만 결국 같은 의미다. "누구든 영혼을 파괴하는 행위를 저지른다면, 그 사람의 행위는 이 세상을 파괴하는 행위로 간주된다. 마찬가지로 누구든 생명을 구하는 행위를 한다면, 그 사람의 행위는 이 세상을 구하는 행위로 간주된다." 우리가 하는(또는 하지 못하는) 모든 행위는 하나같이 중요하다.

진실을 말하는 광고

탈무드는 거래가 성사되려면 구매자와 판매자 간에 마음이 제대로 맞아야 한다고 주장한다. 만약 랍비들이 오늘날처럼 개인적인 유대 없이 단지 대중매체에 의한 광고로만 거래가 발생하는 광경을 목격한다면 어떻게 생각할까?

사람들은 아름다운 여자나 근육질의 남자가 나오는 어떤 맥주회사의 광고를 보면서 실제로 그 맥주를 마시면 자신들도 이성에게 어필할 만한 매력을 가질 수 있을 것이라고 믿을까? 그게 아니라면, 좀 더 많은 친구를 사귀고 좀 더 애정이 충만한 인생을 살 수 있을 거라 기대하게 될까? 모든 사람이 그렇지는 않을 테지만, 너무 어리거나 지나치게 순진해서 광고와 현실을 구분하지 못하는 사람에게는 혹시나 그런 착각을 불러일으킬 수도 있겠다. 이어지는 탈무드 이야기는 이에 관한 탈무드적 관점을 제시한다.

랍비 나흐만의 아들 마르 주트라는 시카라라는 마을을 떠나 마후자라는 마을로 여행을 떠났다. 마침 그 무렵 라바와 랍비 사프라는 반대로 마후자를 떠나 시카라로 향하고 있었다. 양측이 마후자 마을 근교에서 서로 마주쳤는데, 마르 주트라는 랍비들이 당시의 풍습처럼 자신을 환영하기 위해 마중 나왔다고 생각했다. 마르 주트라는 두 랍비에게 "마중을 나와주셔서 대단히 감사합니다"라고 인사했다.

인사를 받은 랍비 사프라는 마르 주트라에게 그저 다른 마을로 가는 길이었다는 사실을 차마 말하지 못했다. 후에 라바가 랍비 사프라에게 물었다. "왜 그에게 진실을 말하지 않았습니까? 그것도 '부당한 호의' 아닙니까?"

랍비 사프라는 마르 주트라가 너무 순진한 나머지 그런 것이기 때문에 부당한 호의의 규칙에 위반되는 것은 아니라고 주장했다.

광고에서도 마찬가지다. 특히 이미지 광고는 더욱 그렇다. 광고가 아무리 치밀해도 그것이 진실이라고 생각하는 사람은 아무도 없다. 부당한 호의도 당연히 없다고 봐야 한다. 오늘날 텔레비전 광고는 너무 사실적이라서 현명한 시청자들조차 종종 속곤 한다. 부당한 호의라는 탈무드적 윤리 기준에 반하는 광고도 있을 수 있다.

장물로 의심되는 물건은 사지 마라

"양치기에게서 양털이나 양젖, 새끼 양을 사지 말라. 과수원지기로부터 나무나 과일을 사지 말라. 가정주부로부터 유대 지방 양털 의복이나, 갈릴리 지방 아마 의복이나, 샤론 지방 송아지를 사는 것은 좋다. 다만 그 가정주부가 물건을 숨겨야 한다고 말하면 그런 물건은 사면 안 된다."*
비록 직접적으로 범죄행위를 알지 못한다고 하더라도 장물이라고 의심이 되는 물건은 결코 사면 안 된다. 우리는 훔친 물건을 사려는 유혹을 떨쳐내야 한다. 랍비들은 떳떳치 못한 물건은 절대 사지 말라고 경고한다.
양치기는 흔히 가축 소유주가 아닌 고용인이기 때문에 이들로부터 양털이나 양젖, 새끼 양을 사는 것은 금지됐다. 같은 이유로 과수원이나 농장을 지키는 사람에게 과일이나 채소를 사는 것도 허용되지 않았다. 반면, 가정주부로부터 집에서 만든 물건을 사는 것은 허용됐다. 거래하는 동안 판매자가 구매자에게 그 물건을 숨기라고 말하지 않는 이상, 훔친 물건이라는 의심은 들지 않기 때문이다. 이탈리아의 어떤 랍비는 해가 지고 난 후에 물건 사는 것을 금지했다. 그 시간에 거래하면 의심스러운 행동을 부추길 수 있기 때문이다. 나중에 랍비들은 이러한 의심스런 거래의 개념에 부당한 정보의 거래도 포함시켰다.

이런 행위가 주식시장에서 발생한다면, 우리는 이런 행위를 내부자거래라고 부른다. 가령, 기업인수의 왕이라 불리는 이반 보에스키가 인수 대상이 되는 회사의 정보를, 그 정보를 몰래 입수한 변호사로부터 얻었다. 변호사가 보에스키에게 돈을 받고 팔아넘겼던 것이다. 이런 행위야말로 랍비들이 지적하는 장물거래에 해당한다. 그 정보의 원 주인은 변호사가 아니라 그 거래에 관련된 회사 소유라고 할 수 있기 때문이다. 보에스키는 결국 유죄판결을 받고 자신의 허물에 대한 대가의 시간을 감옥에서 보냈다.

*Bava Kama, Chap. 10, Mishna 9

기업은 광고가 소비자들에게 미치는 영향에 대해 주의를 기울이고 그에 따라 메시지를 조정해야 할 의무가 있다. 거듭 밝혀두지만 거짓 이미지와 부당한 호의를 금지하는 탈무드 원칙에 충실하면 이윤을 남길 수 있다. 초기 MCI(미국의 장거리 통신업체) 광고는 정직과 진실을 보여줬다는 측면에서 역사상 가장 효과적인 광고 중의 하나로 꼽힌다. MCI 광고는 두 사람이 전화를 하는 동안 두 개의 통화요금 미터기가 빠르게 움직이고 있는 모습을 보여줬다. 하나에는 AT&T(미국의 통신회사) 표시가 붙어있고 다른 하나에는 MCI 표시가 붙어있었다. 광고의 마지막에 두 사람이 동시에 전화를 끊자, MCI 전화요금 미터기의 숫자가 좀 더 적게 나왔다. 이처럼 간단하고 요점을 잘 짚은 광고는 전달하고자 하는 메시지가 확실했다. 이 광고는 공전의 대히트를 기록했다. 나중에는 MCI의 경쟁자를 포함, 다른 기업들도 이 광고를 모방했다.

안전을 고집스럽게 강조한 볼보자동차 광고는 환상적인 이미지에 의존하지 않고도 탁월한 광고효과를 거둔 사례다. 경쟁사들이 추상적인 이미지 광고에 전념하는 동안 볼보는 자동차의 기본인 '안전하다'는 메시지를 줄기차게 고집했다. 그 결과 높은 판매고로 이어졌다.

탈무드 랍비들이 비록 상업광고를 미리 내다보진 못했지만 광고 전문가들이 주장하는, 광고로 인한 여러 다양한 현상을 예견했다. 최근 조사에 의하면, 최근의 상업광고는 너무 피상적이고 과장돼서 상당수의 소비자들로부터 거짓으로 인식될 여지가 너무 많아 외면받고 있다.

탈무드에서 라브와 그의 아내의 이야기는 이런 일이 어떻게 일어나는지를 잘 보여주고 있다. 라브 부부는 사이가 좋지 않았다. 그들은 서로 싸우고 헐뜯기 바빴다. 그가 저녁으로 렌틸콩을 원하면, 그의 아내는 완두콩을 준비했다. 완두콩을 달라고 하면 그의 아내는 렌틸콩을 요리했다.

오늘날 거의 모든 아내들은 라브에게 직접 식사를 준비하라고 조언할지도 모르겠다. 부부의 아들인 히야가 점점 성장하자, 한 가지 꾀를 내어 아버지가 원하는 것과 반대로 엄마에게 전달해 아버지가 진짜로 원하는 것을 얻게 했다. 이에 라브는 "네 엄마가 웬일이냐?"라며 기뻐했다. 히야는 아버지에게 이실직고 했다. "사실은 아버지가 원하는 것과 반대되는 것을 어머니에게 전달했어요."

탈무드 학자들에 따라 히야가 가정의 화목을 위해 거짓말을 한 것은 박수칠 만한 일이라고 칭찬하는 이도 있었다. 이 이야기가 진짜로 들려주고 싶은 메시지는 따로 있었다. 거짓말은 너무 쉬워서 일단 한 번 시작하면 끝이 없다는 것이다.

랍비들은 오늘날 현대사회의 상업광고처럼 거짓말이 문화에 너무 깊게 뿌리내리는 것을 경계했다.

야곱의 광고전략

창세기는 사상 최초의 상업광고 사례를 담고 있다. 여기에 등장하는 광고주는 고객의 취향을 제대로 저격하려고 제품을 보기 좋게 진열한 데다 윤리적 기준에도 부합했다.

사이가 틀어졌던 야곱과 에서가 들판에서 서로 만나기로 했다. 만남에 앞서 야곱은 사이좋게 지내자는 뜻으로 에서에게 선물하려고 한 떼의 가축무리를 준비했다. 야곱은 사람을 시켜서 가축을 들판에 자유롭게 풀어놓게 했다. 그렇게 하면 가축들이 실제보다 크고 좋게 보일까 싶어서였다. 예상과 달리 에서는 그다지 가축들이 실제보다 크다고 생각하지는 않았다. 다만 호의적인 선물로 받아들인 것만은 분명해 보였다. 가축을 널리 풀어놓는 것이 어떤 효과를 보이는지는 양측 모두 잘 알고 있었기 때문에, 부당한 호의나 거짓 이미지 금지원칙에 저촉되는 것도 아니었다. 야곱은 자신의 상품을 밝은 조명 밑에 진열한 셈이었고, 에서는 야곱이 한 행동을 정확히 이해하고 그의 노력에 감사를 표시했다.

뜨거운 숯불을 아이에게 주겠는가?

기업은 판매한 모든 상품과 그 상품이 초래하는 모든 피해에 대해 반드시 책임져야 한다. 물론, 어떤 사람이 야구방망이로 다른 사람을 때린 경우에 야구방망이를 만든 회사가 손해배상 책임을 떠안아야 한다는 말은 결코 아니다. 다만 기업은 고의로 위험한 물건이나 위험한 목적에 사용될 수 있는 제품을 합당한 규제와 안전대책을 마련하지 않은 채 제조하거나 팔아선 안 된다.

세터데이나이트스페셜Saturday Night Specials이 좋은 사례다. 수년 전만 해도 이 총의 제조와 판매는 합법이었다. 제조업체는 이 총이 오락용으로 만들어졌기 때문에 무장 강도에 의해 이용되더라도 자신들의 책임이 아니라고 주장했다. 그와 달리 의회의원들은 조악하게 만들어진 이 싸구려 총이 권총강도들에게 적합하고 오락용으로는 오히려 적합하지 않다는 점을 분명히 했다.

자동소총의 경우에도, 역시 제조업체는 이 무기가 불법적인 행위에 사용되는 것은 자신들의 책임이 아니라고 강변했다. 이에 어떤 사람들은 이 총이 사냥용이 아니라, 오로지 사람을 살상할 목적으로 개발된 총이라고 반박했다.

랍비들은 모든 제조업자가 자신들의 상품에 대해 절대적인 책임을 져야 하며, 불법적으로나 비윤리적으로 사용되지 않도록 최선의 노력을 다 해야 한다는 점을 누누이 강조했다. 잠재적인 위험성을 가진 물건을 만드는 사람뿐만 아니라 이를 유통하는 중간상인들도 그 책임에서 자유로울 순 없다.

과거에는 총기 제조업체들이 총기와 관련된 소송에서 유리한 입장에 있었지만 지금은 아니다. 미국의 고등학교에서 일어난 일련의 총기 사건들로 많은 주의 법무부가 범죄에 사용된 총기 제조업체들의 과실에 대해 철저하게 조사하고 있다. 고대 랍비들이 규정한 것처럼, 총기 사건·사고에 대해 총기 제조업체들의 책임도 동시에 물어야 마땅하다.

구매자를 고려하라

랍비들은 다음과 같은 질문을 우리에게 던진다. "당신은 뜨거운 숯을 어린아이에게 주겠는가?"

이 질문이 의도하는 바는 지적 능력이 떨어지거나 미숙해서 위험한 물건을 제대로 다루지 못할 사람에게 잠재적인 위험을 가진 물건을 판매해선 안 된다는 것이다.

《미쉬나》에 따르면, "사람들에게 곰이나 사자 등 해를 입힐 수 있는 동물을 함부로 팔아서는 안 된다. 사람들이 바실리카, 처형대, 원형경기장, 플랫폼을 만드는 데 도움을 줘서는 안 된다." 여기서 곰과 사자는 위험한 물건을 통칭하는 상징적인 표현이다. 바실리카는 부당하게 사람들을 심판하는 법정이었다. 처형대는 처형하기 위한 말뚝으로써, 종종 사람들을 묶고 고문을 하는 데 사용됐다. 원형경기장은 사나운 짐승과 죄수, 노예들을 함께 집어넣고 피비린내 나는 스포츠를 즐기는 장소였으며 플랫폼은 교수대를 일컫는다.

탈무드가 무책임하거나 심리적으로 안정되지 못한 사람에게 위험한 물건을 파는 것을 금지하기는 했지만, 위험한 물건이 정상적인 사람에게도 폭력을 유발하고 촉진시키는가 하는 문제는 여전히 판단하기 어려운 문제로 남아있다. TV나 영화 속의 폭력적인 장면이 그 자체로는 비록 아무런 해를 끼치지 않지만 정상적인 어린이들에게 폭력을 학습하게 하거나 폭력성을 자극하지는 않을까?

이 같은 문제를 연구해온 정신과 의사들에 의하면, 어린이들, 특히 남자 어린이들의 경우, 가장된 폭력과 현실을 구분 못하고 TV나 영화 속 폭력을 모방하는 경우가 있다고 한다. 탈무드는 이를 어린이들에게 뜨거운 숯을 주는 것에 비유하고 있다. 마이모니데스는 강도가 무기를 살 수 없다면 강도짓을 그만둘 것이라고 말했다.

고대 탈무드 랍비들이 오늘날 살아있다면 게임 프로그래머, 영화 제작자, 극장주, TV방송국 직원 등이 대중에게 미친 영향과 이들이 만든 콘텐츠가 잘못 사용돼 초래한 부정적인 결과에 대해 책임져야 한다고 주장했을 것이다.

우리는 이제까지 판매자가 판 제품이나 서비스, 또는 콘텐츠가 고객에게 미칠 수 있는 부정적인 측면을 중심으로 토론해왔다. 랍비들은 긍정적인 측면에서 고객을 이해할 필요가 있다는 점도 강조했다. 고객이 무엇을 사고 싶어 하고, 그들에게 어떻게 접근하고, 어떻게 하면 재구매가 일어나게 할지에 대해 이해하는 것도 중요하다는 점을 인식하고 있었다.

랍비들은 무료 샘플과 같이 상인들이 고객을 끌어들이는 행위에 대해서도 깊은 토론을 진행했다. 상인들이 어른들을 가게로 이끌기 위해 아이들에게 사탕 선물을 주는 것에 대해서는 매우 현명한 마케팅이라고 말했다.

정직한 구매자

정직은 판매자에게만 국한된 의무가 아니다. 구매자도 예외가 아니어서 판매자와 마찬가지로 상업거래에서 늘 정직해야 할 책임이 있다. 탈무드는 구매자 또는 소비자를 보호하기 위한 많은 지침을 제공하고 있고, 구매자 역시 판매자인 상점주인에게 손해를 입히는 일이 없도록, 따라야 할 규칙을 정해놓고 있다.

가장 중요한 규칙 중 하나는 구매할 의사가 없으면서 짐짓 구매할 것처럼 행동하지 말라는 것이다. 이때 구매자는 판매자에게 거짓 인상을 남기기 마련인데, 탈무드 랍비들은 그런 행위는 항상 금지돼 있다는 점을 명확히 했다. 이러한 기망 행위는 진실로 관심 있는 고객에게 사용해야 할 판매자의 귀중한 시간을 낭비하게 만든다는 것이다.

그렇다고 제품 가격을 물어보고, 상품에 대해 좀 더 많은 정보를 얻으려는 윈도 쇼핑을 하지 말라는 의미는 결코 아니다. 오히려 랍비들은 구매자와 판매자가 거래를 맺기 전에 서로 관계를 잘 형성해서 상호 이해를 증진하라고 독려하는 입장이다. 우리는 이러한 행동 양식을 중동과 아시아에서 흔히 볼 수 있다. 서구에서는 비즈니스맨들이 대부분 협상에 치중하지만, 중동과 아시아에서는 협상을 넘어선 상호관계 형성을 더욱 중요시하는 경향이 있다.

요컨대, 구매자가 진정으로 구매할 의향이 있는 것이 아니라면, 판매자의 시간을 허비해서는 안 된다. 랍비들은 구입할 의사가 없으면서 판매자로 하여금 기대를 갖게 만드는 행위는 정직하지 못하다고 생각했다. 구매자가 보내는 가장된 관심은 특히 커미션을 받고 일하는 세일즈맨들에게는 대단히 가혹한 일이다.

기업은 이윤과 선행, 두 마리의 토끼를 잡아야 한다

"이익을 남기지 않고 사고팔면서 상인이라고 할 수 있는가?"*

이 말은 랍비들이 이윤을 남기지 않고 물건을 사고파는 사람들을 비꼬아서 한 말이다. 랍비들은 비즈니스를 취미로 여기고 다른 사람에게 자랑하거나 사회 실력자들과의 친분을 유지하기 위한 수단으로 활용하는 기업가들과, 경영기술이 좋지 못해서 이윤을 내지 못하는 기업가들 모두에게 경고하고 있다. 랍비들이 생각하는 기업은 이윤을 남기는 동시에 선한 일을 해야 하는데, 이 두가지를 균형 있게 잘하는 기업이 훌륭한 기업이다.

만약 랍비들이 1990년대 후반 전 세계를 휩쓸었던 닷컴 열풍을 목격했다면 참담한 심정을 금할 수 없었을 것이다. 일정 기간 내에 이익을 낼 수 있는 사업계획도 없이, 다수의 인터넷 신생기업들이 비즈니스를 무작정 시작했다가 망하는 경우가 허다했다. 지금도 여전히 많은 기업가들이 오로지 재미와 자기허영을 위해 사업에 뛰어드는 경우가 많다.

*Bava Batra, 90a

비즈니스 성공의 비밀

1. 생필품에서 폭리를 취하는 행위를 해선 안 된다.
2. 적정 가격은 시장에서 소비자와 판매자간에 결정한다. 양측은 가격을 결정하는 똑같은 힘을 갖고 있다.
3. 양측의 마음이 맞고 거래 조건에 동의한 때에 비로소 정당한 비즈니스 거래가 성립된다.
4. 판매자는 소비자가 물건에 대해 정확히 알 수 있도록 모든 정보를 제공해야 한다.
5. 구매자에게 전적으로 모든 책임을 떠넘기는 매수자 위험부담 원칙은 받아들여지지 않는다. 판매자는 제품과 서비스를 실제보다 좋게 포장할 수도 있고, 장점을 강조할 수도 있지만 그와 동시에 단점도 반드시 알려야 한다.
6. 정직한 기업이라 할지라도 명성에 금이 가지 않도록 어떤 부정적인 이미지도 생기지 않게 주의해야 한다.
7. 모든 상품 거래에서 환불보장은 필수다.
8. 법인장막 뒤에 숨으려고 해서는 안 된다. 모든 경영자는 회사가 저지른 불법행위에 대해 반드시 책임져야 한다. 모든 직원은 윤리적으로 행동할 의무가 있다.
9. 잠재적인 위험성을 내포한 물건(총, 담배, 화약약품 등)을 판매하는 기업들은 구매자가 그 제품의 사용에 따르는 위험을 충분히 인지할 수 있도록 최선을 다해야 한다.
10. 구매자는 살 의사 없으면서 짐짓 관심이 있는 것처럼 가장해선 안 된다.

환경을
생각하는 기업이
돼라

사람들에게 상처를 입힐 수 있는 깨진 유리 조각을
공공장소에 함부로 버려서는 안 된다.

– 랍비 유다

고대 히브리인들은 농업 사회에 살고 있었으므로 땅의 상태와 천연자원을 최상으로 관리하는 방법에 많은 관심을 기울였다. 건강한 환경을 유지하려는 이들의 관심은 영적이고 경제적인 토대에 기반하고 있었다.

이 세상의 모든 것(환경 포함)이 신의 것이며 인류는 이를 돌보는 청지기라는 사고는 탈무드 랍비들이 세상의 자원을 바라보는 기본적인 시각이었다.

우리는 일상생활에서 환경을 현명하게 이용할 의무가 있을 뿐만 아니라, 미래 세대가 우리와 같은 기회를 갖도록 해야 하는 책임도 있다.

미래 세대를 위해 자연을 보존해야 한다는 생각은 호니와 케롭나무 이야기에 잘 나타나 있다. 길을 걷다 나무를 심고 있는 노인을 발견한 호니가 가까이 다가가서 무슨 나무인지 물었다. 그 노인이 케롭나무라고 대답하자 호니가 고개를 갸우뚱하며 물었다. "케롭나무는 열매를 맺는 데 너무 오래 걸리지 않습니까?"

"70년은 걸리지." 노인이 말했다.

"노인장이 그때까지 살아서 열매를 맛보실 수 있을까요?"

"물론 아니지. 내 자손들이 맛보게 될 거야. 내가 이 세상에 왔을 때 케롭나무가 있었던 것처럼 우리 아이들을 위한 나무도 있어야 하지 않겠나."

마침 무화과 열매를 먹은 호니는 깊은 잠에 빠져들었다. 이윽고 다시 깨어났을 때는 주변의 모든 것이 달라져있었다. 그는 급히 노인을 찾았으나 노인은 간 데 없고 어떤 젊은이가 케롭나무 열매를 따서 어린 딸에게 먹이고 있는 것을 발견했다. 그 소녀의 입술은 달콤한 과즙으로 흠뻑 젖어있었다. 호니가 젊은이에게 가서 그 나무를 심었던 노인을 찾고 싶다고 하자, 그는 자신의 할아버지인데, 이미 70년 전에 돌아가셨다고 말했다. 호니는 자신이 70년 동안 잠자고 있었다는 사실을 그제서야 깨닫고 그 노인의 말이 무슨 뜻인지 깨닫게 되었다.

세상을 망치지 마라

신이 아담에게 말씀하셨다. "네가 보는 모든 것을 내가 너를 위해 창조했다. 부디 이 세상을 망치거나 파괴하지 않도록 조심하라. 네 뒤에 이를 고칠 자가 없느니라."*

*Ecclesiastes Rabbah 7:13

탈무드의 환경에 관한 믿음 중 가장 특기할 만한 것은, 사람이 어떤 장소에서 한 행위는 아무리 멀리 떨어져있어도 다른 사람에게 반드시 영향을 미친다는 사고방식이다. 대기오염은 국경과 바다를 건너서 다른 나라에까지 영향을 미친다. 몬세라트 Montserrat 화산에서 나온 화산재가 지구 반대편의 날씨를 바꿔놓는다. 구소련의 체르노빌 원자력 발전소 폭발 사고 때 새어 나온 방사능이 스칸디나비아 목초지에 있는 젖소의 우유에서 검출되기도 한다. 그뿐인가. 한때는 끝도 없이 버려도 괜찮은 쓰레기 폐기장으로 여겨졌던 바다가 이제는 심각한 오염의 징후를 보이고 있다. 쓰레기를 대양에 투기하는 오랜 관습은 미래를 내다보지 못한 근시안적인 행위였으며, 결국 그 쓰레기는 우리에게 다시 돌아와 우리의 건강과 복지를 위협하고 있다.

탈무드 랍비들은 지구상의 모든 창조물들이 서로 연결돼 있다는 믿음을 갖고 있었다. 다음 우화는 자신의 밭에 있던 돌들을 길가로 내던지던 어떤 남자의 이야기다. 때마침 그 길을 지나가던 경건한 사람이 이 광경을 보고 말했다. "멍청한 사람 같으니! 왜 당신의 땅이 아닌 곳에 있는 돌을 당신 땅에다 버리는 게요?"

밭주인은 조소를 금치 못하면서, 그가 말도 안 되는 소리를 지껄이고 있다고 생각했다. 몇 년이 흘러 그 밭주인은 자신의 땅을 팔았다. 어느 날 길을 걷다가 자신이 버린 돌에 걸려 넘어져 깊은 상처를 입었다. 그제서야 문득 그 경건한 남자의 말이 떠올랐다.

"내가 바보라고 비웃었던 그 사람의 말이 옳았구나."

이 이야기를 지구 전체로 확대해서 생각해볼 수 있다. 기업들은 간혹 바다나 대기와 같은 큰 공동의 영역에는 웬만큼 공해물질을 배출해도 괜찮다고 생각한다. 그 공해물질들이 곧 희석될 것이라 생각하기 때문이다. 사람들은 담배꽁초 하나를 차창 밖으로 내던지거나 인도에 종이 쪼가리 하나를 버렸다고 해서 크게 문제 될 게 없다고 생각한다. 탈무드 랍비들은 사람들이 하는 모든 행동은 서로 영향을 주고받기 때문에 매우 중요하다는 점을 강조한다. 공동의 영역을 오염시키는 사람은 반드시 앙갚음을 당한다는 것이다.

랍비들은 오염과 그 오염이 가져올 피해에 대해 한 발 더 들어가 토론을 이어간다. 《미쉬나》는 이렇게 지적하고 있다. "사람들에게 상처를 입힐 수 있는 깨진 유리 조각을 공공장소에 함부로 버려서는 안 된다." 랍비들은 또한 쓰레기를 무단으로 투기해서 다른 사람을 넘어지게 하거나 상해를 입히는 사람이 져야 할 책임에 대해서도 폭넓은 토론을 이어갔다. 랍비 유다는 말했다. "고의가 없이 그렇게 했다면 면제를 받지만, 일부러 그렇게 했다면 그 사람에게 책임이 있다." 다른 랍비들도 이 의견에 동의하면서 모든 형태의 오염에도 적용된다는 점을 분명히 했다.

필요 이상으로 취하지 마라

환경문제에 대해 탈무드가 주장하는 또 다른 원칙은 필요 이상으로 취하지 말라는 것이다. 그렇다면 나무를 베어 돈을 버는 행위를 금지한다는 말인가? 탈무드는 이를 금하지는 않는다. 돈을 버는 것은 어디까지나 기본적으로 생계유지를 위해 필요하기 때문이다. 또한 나무를 베는 일은 일자리 창출과 지역의 번영에도 이바지한다. 다만 필요 이상으로 나무를 베는 것은 금지되며 나무를 베는 과정에서도 다른 자원에 피해를 줘선 안 된다. 만약 지나친 벌목으로 산림을 황폐하게 만들어버린다면 산사태를 막는 땅의 기능을 잃게 할 뿐 아니라 야생동물들의 서식지도 파괴하게 된다. 랍비들은 이 경우 다른 곳에서 사업을 하거나 벌목 기술을 바꿀 것을 제안한다.

아무리 전쟁이라도 해선 안 될 일이 있다

"성읍을 쳐서 점령하려 할 때도 도끼로 그곳의 나무를 찍어내지 말라. 이는 너희가 먹을 것이 될 것임이니."*

*Deuteronomy 20:19

고대에는 전쟁 중에 군대가 나무를 적의 성문을 부수는 도구로 사용하곤 했다. 마이모니데스는 유대 경전에 주석을 달았는데, 주변에 다른 나무를 사용할 수 있을 때는 군이 유실수를 베어 성벽을 부수는 데 사용하지 말라고 말했다. 전쟁과 같은 절박한 상황에서도 병사들은 유실수보다는 다른 나무를 사용해야 하다는 사실을 기억해야 했다. 오늘날로 말하면, 전쟁 중에 유실수를 베어버리는 행위는 '전쟁 범죄'에 해당한다. 전쟁 범죄는 결코 용납해선 안 될 비인도적인 잔혹 행위다.

어떤 것도 낭비해선 안 된다

어떤 것도 함부로 낭비하지 말라는 가르침은 탈무드의 기본 메시지 중 하나다. 이 교훈은 생활의 모든 영역은 물론 환경에도 반드시 적용된다.

내핍 생활에 익숙한 유대인들은 뒤꽁무니의 지우개가 다 닳아 없어졌다고 해서 연필을 버리는 법이 없다. 몽당연필이 될 때까지 사용한다. 종이는 양면을 모두 사용한다. 종이의 원료는 나무이며 나무는 귀중한 자원이기 때문이다. 이런 습관은 연필이나 종이 값과는 전혀 상관이 없다. 신이 우리에게 주신 자원을 결코 함부로 낭비해선 안 된다는 사고방식 때문이다. 유대인의 검소한 생활을 잘못 이해한 사람들은 유대인들을 구두쇠나 수전노로 치부하곤 한다.

지난 90년대부터 기업들은 생산공정에서 발생하는 과다한 쓰레기가 공정의 비효율성을 알리는 신호라는 사실을 인식하기 시작했다. 쓰레기의 양을 줄이는 것은 환경과 관련된 문제일 뿐 아니라 기업의 이윤과도 직결된 문제다.

티끌모아 태산

"램프에 기름을 너무 많이 부어서는 안 된다. 너무 빨리 타게 되어 연료를 낭비하기 때문이다."*

*Sabbath, 67b

〈그린 비즈니스 레터Green Business Letter〉의 편집자이자《손익을 넘어서Beyond the Bottom Line》(1995)의 저자인 내 친구 조엘 맥코우어Joel Makower는 자연의 생리를 가장 잘 흉내 내는 기업이 가장 효율적인 기업이며 수익성도 뛰어난 기업이라고 말했다. "경쟁력을 가지기 위해서는 자연과 같은 높은 효율성을 유지해야 한다. 산림은 기업의 완벽한 모델이다. 산림은 생산과정에서 어떤 쓰레기도 배출하지 않기 때문이다."

뉴스레터에서 그는 다음과 같이 적고 있다. "아무것도 버리거나 오염시키지 않겠다는 생각은 분명 새로운 세상에 적합한 사고방식이다. 이런 시도는 지극히 정상적이며 비즈니스의 일부로 받아들여지고 있다. 쓰레기는 다름 아닌 생산원가의 일부다. 쓰레기로 인한 비용이 증가하고 있다면 경영자는 반드시 기업 운영방식을 재고해야 한다. 어떤 경영자는 돈, 원료, 기타 투입요소가 한 곳에서 다른 곳으로 선형적인 흐름을 가진다고 보는 시각에서 탈피해, 순환 고리 내에서 돌고 돈다는 관점을 수용하고 있다."

환경을 보호하는 기업이 이윤도 많이 낸다

금속 및 광산산업은 일반적으로 환경오염에 대한 우려를 자아내기 마련이다. 연구 결과, 이 분야의 기업들 중 환경문제에 주의를 기울이고 있는 기업은 그렇지 못한 기업보다 3년 동안 60% 더 높은 이윤을 내고 있었으며, 1년 동안에는 10%의 이윤을 더 거두고 있는 것으로 나타났다. 뉴욕에 있는 '혁신전략가치평가^{Innovest Strategic Value Advisor}'의 2001년도 보고서에 의하면, 자산대비 주당이익과 수익률 성장도 환경을 중시하는 기업경영 활동과 깊은 상관관계가 있는 것으로 나타났다. 이 보고서의 주 작성자인 마틴 휘터커는 다음과 같이 말했다.

"어떤 요인이 직접적인 영향을 미치는지 딱 꼬집어 말하기는 어렵지만, 환경보호 활동과 기업의 수익성 사이에 연관관계가 있다고 말할 수 있다. 금속 및 광산업계는 환경적·사회적 문제에 어떻게 대처하느냐에 따라 곧바로 회사의 수익에 막대한 영향을 미친다. 에너지 소비, 광산 폐쇄, 폐기물 관리, 액체 누수방지에 쓰이는 지출이 회사의 수익에 미치는 영향이 날로 증가하고 있다. 장기적으로 더욱 중요한 것은 니켈, 알루미늄, 플래티넘 계열 금속, 마그네슘 등 환경적으로 깨끗한 제품을 원하는 고부가가치 시장에 대응하는 것이다."

덧붙여, 그는 환경보호 노력의 지속성을 확보하는 데 주력해야 한다고 말했다. "이것은 부인할 수 없는 엄연한 흐름이다. 경쟁사와의 차별성을 획득하고자 하는 기업이라면 환경문제에 선도적인 역할을 하는 것도 고려해볼 수 있다."

그는 1991년 제너럴모터스GM : General Motors의 사례를 들고 있다. GM 북미 조립공장은 납품업체들로부터 들어온 포장 재료들을 무분별하게 폐기하지 않기로 결정했다. 납품업체들에게도 그 사실을 알려 재활용이 안 되는 재료들을 사용하지 말도록 권장했다. 예를 들어 운반용 나무 팔레트를 사용하는 대신 주름판지를 사용하도록 했다. 납품업체들은 흔히 판지박스 안에 고정하거나 접착하는 데 사용되는 가장자리 나무 보강재, 충전재, 기타 물질들을 없앴다.

결과는 매우 성공적이었다. GM 공장은 3년 만에 차량 한 대당 평균 15파운드의 쓰레기만을 배출했는데, 이는 80% 이상의 쓰레기를 줄인 결과였다. GM은 신규 투자 없이도 연간 600만 달러 이상을 절감했을 것으로 맥코우어는 추산했다. 비록 GM은 쓰레기 배출을 완전히 없애지는 못했지만 점점 이에 근접해 가고 있다.

듀폰Du pont도 좋은 사례다. 이 회사는 고객사와 협력을 강화해 쓰레기 배출을 최소화하고 이윤을 극대화하는 새로운 비즈니스 모델을 시행하고 있다. 포드Ford는 듀폰으로부터 자동차용 페인트를 구매하고 있다. 과거에는 페인트를 많이 팔면 팔수록 듀폰사에 이득이었다. 대신 페인트의 절반은 도장작업 도중 공기 중으로 날아가버리기 때문에 포드에는 큰 손실이었다. 포드는 듀폰에 새로운 거래조건을 제시했다.

이제 듀폰은 도장이 완료되는 차량의 대수만큼 돈을 받는다.

즉, 절약하는 페인트만큼 듀퐁에 이익이 되는 인센티브 조건이 계약에 명시된 것이다. 듀퐁은 낭비되는 페인트를 최소화하는 방법을 찾기 위해 포드와 협력하고 있다. 30명의 듀퐁 직원들이 포드 공장에 상주하며 페인트 분사 노즐과 분사 기술을 개선하는 작업을 돕고 있다. 이러한 개선작업의 결과, 버려지던 페인트의 99%가 차량에 칠해지고 있다.

똑같이 중요한 세 가지

"모두 똑같이 중요한 세 가지가 있다. 흙, 인간, 비가 그것이다."*

*Midrash, Genesis Rabbah 13:3

대기오염

고대 랍비들은 어떤 비즈니스가 대기오염을 유발하는지 잘 알고 있었다. 오염을 유발하는 업체들은 환경미화와 보건상의 이유로 사람이 거주하는 지역에서 되도록 멀리 떨어져있도록 했다.

다음의 사례는 랍비들이 얼마나 사람들의 건강을 보호하는 데 관심이 많았고, 오늘날 소위 '구획설계'라고 불리는 도시계획 제도의 시초를 보여준다.

《미쉬나》를 보면 곡물창고는 도시 가장자리에서 50규빗 이상 떨어져서 위치하도록 규정돼 있다. 1규빗은 가운데 손가락에서 출발해 팔꿈치까지 해당하는 길이로 약 44cm에서 56cm가량이다. 50규빗은 짧게는 22m에서 길게는 27m 정도로 추정할 수 있다. 또한 곡물창고는 냄새로 인해 주변에 피해를 입힐 수 있기 때문에 과일나무나 식물 근처에 짓지 못하도록 금지했다. 냄새가 과일나무에 배면 안 되고 특히 약용식물은 곡물창고에서 날아오는 먼지로 쉽게 오염될 수 있기 때문에 이 규칙은 반드시 지켜져야 했다. 게다가 마이모니데스는 개인 집 안에도 곡물창고를 짓지 못하게 했다. 먼지와 냄새가 쉽게 이웃집으로 번져가 피해를 입힌다는 이유에서였다.

굴뚝 없는 도시

"연기 때문에 가마를 도시에 두어선 안 된다."*

랍비들은 연기가 해롭기 때문에 예루살렘 시내에 굴뚝 설치를 허용하지 않았다. 연기 냄새도 냄새지만 건물들을 시커멓게 그을릴 것을 염려했다. 예루살렘에 굴뚝을 금지하는 것은 탈무드에 기록된 수많은 금기사항 중 하나다. 다른 도시들이 연기냄새와 그을음으로 피해를 입는 것을 지켜봤던 랍비들은 예루살렘이 이처럼 오염되는 것을 결코 원치 않았다.

*Bava Kama, 82b

이웃에 오염원이 위치하는 것을 금지하는 법은 동물가죽 무두질 작업장과 동물의 사체를 보관하는 창고의 경우에도 똑같이 적용됐다. 무두질 작업장은 거주 지역에서 50규빗 이상 이격되고 반드시 거주지 동쪽에 위치해 있어야 했다. 바빌로니아 지역에서는 동풍이 부는 일이 매우 드물었기 때문이다.

악취 나는 공장은 바람 방향을 고려하라
"무두질 공장은 거기서 나는 악취가 바람에 날려서 거주지로 이동하지 않도록 어떤 방향에서 바람이 주로 불어오는지를 따져서 지어야 한다."*

*Jerusalem Talmud, Bava Batra 2:9

오늘날 학자들은 탈무드 랍비들이 먼지와 공해의 위험을 보건학적인 관점에서 완전히 이해하고 있었는지, 단지 환경미화 관점에서 바라봤는지에 대해 토론한다. 당연히 그들은 오늘날처럼 과학적인 분석을 수행할 수 있는 지식이나 기술은 갖추지는 못했다. 다만 직관적으로 나쁜 냄새는 대부분 보건상 좋지 않다는 사실을 알고 있었으리라는 데는 모든 학자들이 동감하고 있다.

탈무드 랍비들은 특정 사업체의 경우, 그 업체로부터 악영향을 받는 다른 사업체 부근에 위치하는 것을 철저히 금지했다. 예를 들어 마구간은 포도주 저장고 인근에 지을 수 없었다. 마구간에서 나는 고약한 냄새가 포도주 통 속으로 침투하는 것을 막기 위해서였다. 페인트 저장고는 제빵 공장 부근에 위치할 수 없었다. 페인트 냄새가 밀가루 속에 배어들 수 있기 때문이었다.

랍비들은 흥미로운 질문을 던졌다. "아무도 오염원에 대해 불평을 하지 않는다면 오염원을 계속해서 방치해도 되는 것일까? 공해가 표면적으로 아무에게도 해를 끼치지 않는데도 문제가 되는 것일까?"

서로 다른 연기와 냄새

"빵 공장이나 염색 공장은 이웃 가게 아래나 외양간 근처에 세우지 못한다. 포도주 저장고 밑에는 가능하지만 외양간 근처는 허가할 수 없다."*

풍기는 냄새에 따라서 한 업종과 다른 업종이 인근에 위치할 수 있는가의 문제에 대해 랍비들은 오래도록 논쟁을 계속했다. 제빵 공장과 염색 공장에서 나는 연기와 냄새는 가축에게 나쁜 영향을 미칠 수 있기 때문에 외양간 근처에 지을 수 없었다. 반대의 경우도 마찬가지로, 가축의 각종 악취는 빵에 나쁜 영향을 줄 수도 있기 때문이었다. 반면 빵 공장과 염색 공장에서 나는 연기와 냄새는 큰 통에 담긴 포도주에는 피해를 주지 않는다고 생각했기 때문에 포도주 저장고 옆에 세울 수 있었다(물론 그 연기가 포도주에 악영향을 미친다고 불평하는 랍비들도 있었다). 비슷한 상황이 오늘날 운송업계에서도 벌어지고 있다. 서로 다른 회사에 식품을 배달하는 트럭 운송회사는 마늘과 같이 향이 강한 식품의 경우, 그 냄새가 다음에 실릴 식품에 배지 않도록 별도의 트럭으로 운반하도록 하고 있다.

*Bava Batra, 20b

마이모니데스는 만약 어떤 사람이 오염원에 대해 타당한 이의를 제기한다면 이는 법정에서 다뤄야 한다고 말했다. 그는 아무도 이의를 제기하지 않는다 하더라도 법원은 마을의 모든 주민을 대표해 연기, 먼지, 냄새 등으로 대기가 오염되는 것을 방지할 책임이 있다고 주장했다.

수질오염

탈무드의 물과 수질오염에 대한 사고방식은 오늘날의 그것과는 사뭇 다르다. 만약 시냇물이 개인 땅에 있더라도 땅 주인은 시냇물을 오염시키거나 흐름을 막아선 안 되었다. 물을 사용하는 다른 사람들의 권리를 침해할 우려가 있었기 때문이다.

오늘날 미국의 환경법은 그 정도로 엄격하지는 않다. 경우에 따라 땅 주인은 자기 소유의 땅을 지나는 시냇물에 둑을 쌓을 수도 있고, 그 물에 어느 정도 폐수를 내다 버릴 수도 있다. 오늘날 환경법은 폐수를 배출할 수 있는 기준을 정해놓고는 있지만, 랍비들은 어떠한 경우에도 폐수 배출은 허용하지 않았다. 오히려 사람의 오감이 감지할 수 있는 모든 오염원 배출을 철저히 금지했다.

랍비들은 수질오염을 공동체의 건강과 경제적 안녕을 위협하는 것으로 간주했다. 탈무드는 사람들이 하수나 폐수를 어떻게 처리해야 하는지에 대해서도 엄격한 규칙을 정해놓았다. 특히 외부 화장실은 반드시 이웃의 가옥이나 시냇물, 정원과 어느 정도 거리를 두고 짓도록 규정했다. 이것은 오늘날에도 충분히 일리가 있다고 여겨지지만, 당시에는 결코 당연한 일이 아니었다. 분명 고대 유대인 사회는 반反공해 법률을 정식으로 시행한 첫 번째 공동체 중 하나로 간주해도 무방하다.

소음공해

대개 소음공해를 현대사회만의 문제로 생각하기 쉽지만, 고대 랍비들도 소음공해의 위해성에 대해 잘 알고 있었다. 이들은 소음이 심한 일은 주거지 근처에서 할 수 없도록 금지했다.

쓰레기 매립 에티켓

"경건한 사람은 자기 밭에 식물의 가시나 부서진 유리조각을 손 너비의 3배(약 28cm) 이상 깊게 묻어서 쟁기질을 하더라도 드러나지 않게 했다. 랍비 쉐쉐트는 쓰레기를 불구덩이에 던져넣었고 라바는 티그리스 강에 내다버렸다."*

쓰레기 매립의 개념을 이해하고 있었던 고대 히브리인들은 단단한 쓰레기는 깊게 묻어 쟁기질로 땅을 판다해도 쉽게 드러나지 않도록 했다. 이들은 가시와 유리조각 쓰레기는 물을 오염시키진 않기 때문에 불로 태우거나 강에 버려도 좋다고 생각했다.

*Bava Kama, 30a

특히 방앗간은 소음과 진동이 심하기 때문에 가정집 가까운 곳에서는 운영할 수 없었다. 최근 연구에 의하면, 지속적인 소음은 사람의 청력에 손상을 입히고 인체의 면역력마저 약화시킨다. 고대 랍비들이 과도한 소음이 건강에 미치는 부정적인 영향을 제대로 이해하고 있었는지, 아니면 소음을 성가신 것쯤으로 생각했는지는 확실치 않지만 어떤 경우든 랍비들은 소음공해에 대해 매우 엄격한 규칙을 적용한 것만은 분명하다.

일조권

사람은 일조권을 가지고 있을까? 랍비들은 그렇다고 생각했다. 건강을 유지하기 위해서 주기적으로 햇빛을 쬐어야 한다는 사실 역시 랍비들이 알고 있었는지, 아니면 단지 미학적으로 꼭 햇빛이 필요하다고 생각했는지는 불확실하지만, 그들이 햇빛 노출과 사람의 정신적·육체적 건강과 관계가 있다는 사실을 알고 있었던 것만은 분명해 보인다.

거북한 진동

"맷돌은 반드시 윗 맷돌로부터 손 너비의 3배(28cm)만큼 떨어져있어야 한다. 이는 아랫 맷돌로부터는 손 너비의 4배(37cm)를 뜻한다. 왜 이렇게 해야 하는가? 흔들림 때문이다. 바닥에 고정된 맷돌의 경우, 틀로부터 손 너비의 3배만큼 떨어져있어야 한다. 이는 체로부터는 손 너비의 4배를 뜻한다. 거기에 무슨 흔들림이 있다는 것인가? 흔들림이 아니라 소음 때문이다."*

이 토론에서는 이웃에게 피해를 주지 않기 위해 맷돌의 진동을 최소화할 기술이 논의되고 있다. 라시는 바닥에 고정된 작은 맷돌일수록 많은 진동을 만들어내지 않는다고 했지만 그의 의견이 일반적으로 받아들여지진 않았다. 그의 판단은 소음감소 차원에서는 잘못된 게 분명하다.

*Bava Batra, 20b

탈무드 랍비들은 건물 벽을 세울 때 이웃집과의 거리를 어느 정도 유지해야 하는가에 대해 오랜 토론을 거친 끝에 적어도 2m 정도는 돼야 한다고 결론 내렸다. 현대 구획설계의 선구자로서 탈무드는 원래 벽이 서 있던 자리에는 벽을 다시 세울 수 있다고 명시하고 있다. 새로 세우는 벽은 이웃집의 창으로 햇빛이 드는 것을 막아서는 안 되며, 이웃집 내부를 엿볼 수 없도록 세워져야 한다고도 했다. 랍비들은 사생활 보호 역시 중요하다고 생각한 것이다.

환경보호 vs 경제성장, 어느 것이 우선인가?

환경보호의 중요성을 이해하고 있었던 고대 랍비들은 경제성장 역시 그에 못지않게 중요하다고 생각했다. 그렇다면 랍비들은 환경보호와 경제성장 간에 갈등이 생겼을 때, 어느 쪽을 더 지지할까?

거주구역의 설정

"만약 어떤 사람이 자기 집 마당에 가게를 열려고 한다면, 이웃들이 이를 저지할 수 있다. 가게에 분주히 오가는 사람들의 소음 때문에 이웃들이 피해를 볼 수 있기 때문이다. 시장에 내다 팔 물건을 자기 집 마당에서 만드는 행위는 허용된다. 이웃들은 망치질이나 맷돌 소음 때문에 잠을 잘 수 없다 해도 이를 막아선 안 된다."*

랍비들은 주거지에서 장사를 금지함으로써, 시대를 앞서 상업구역과 거주구역을 엄격히 구분했다. 랍비들은 종업원과 손님들이 드나드는 소음 때문에 이웃들이 피해를 입는다면, 자신 집이라 하더라도 장사를 해선 안 된다고 믿었다. 랍비들은 상업보다는 제조업을 중시했으므로, 자기 집이 아닌 다른 곳에서 판매할 목적으로 곡식을 빻는 행위는 허용했다. 오로지 사람들의 통행으로 이웃에게 피해를 주는 행위만 규제했다.

*Bava Batra, 20b

랍비들은 환경보호의 필요성과 경제성장의 중요성을 모두 인정하며 둘 사이의 균형을 강조했다.

예를 들어, 고대 랍비들은 도시와 농촌을 구분해야 한다고 주장했다. 도시 주변에 1,000규빗(430~550m)의 완충지대를 설정하고 이곳에는 건물을 짓거나 나무를 심는 것조차 금지했다. 도시 사람들이 만들어낸 오염물질이 농촌을 오염시키는 것을 방지하고, 도시 사람들이 농촌 지역을 바라볼 수 있는 조망권 확보 차원에서 이뤄진 조치였다.

탈무드 랍비들은 조망권 확보에 엄격했다. 《미쉬나》는 도·농간 완충지역에 심을 수 있는 나무와 식재해선 안 되는 나무도 구분했다. 열매가 열리지 않는 나무는 50규빗 안에 심을 수 없는 반면, 과일나무는 25규빗 이후부터 심을 수 있었다. 키가 작고 가지가 촘촘하지 않은 과일나무는 사람들의 시야를 크게 방해하지는 않기 때문이다.

오늘날 미국 캘리포니아 주의 일부 도시들은 의도치 않게 탈무드의 가르침에 따라 그린벨트를 도시 주변에 설정하고 있다. 1997년, 산호세 시 당국은 도시 경계를 규정짓는 법안을 만장일치로 통과시켰다. 시 관계자들은 그린벨트 지역 조성으로 도시 경계를 확정지음으로써, 도시를 더욱 살기 좋은 곳으로 만드는 동시에, 주변 시골 지역도 보호할 수 있으리라 믿고 있다. 샌프란시스코만 인근에 위치하고 있는 그린벨트연맹Greenbelt Alliance 같은 단체에 의하면, 그린벨트는 도시가 친환경적이고 인간적인 방식으로 발전할 수 있도록 돕는 제도다. 통제 불가능한 땅 투기를 그대로 방치하면 도시의 발전을 현저하게 저해할 수 있다. 그린벨트와 같은 완충지대의 설정은 '돈'의 논리에 따라 도시가 확장되는 것이 아니라 '필요'에 의해 도시가 확장될 수 있게 해준다.

녹지공간이 있는 곳에 거주하라
"푸른 정원이 없는 마을에서는 살지 마라."*
랍비들은 도시 지역 내의 녹지공간이 미관상 좋을 뿐만 아니라 건강에도 좋다는 사실을 잘 알고 있었다.

*Jerusalem Talmud, Kiddushin 4:12

유대 법률은 늘어나는 인구를 수용하며 점차 확대되는 대도
시보다 소규모 마을 건설을 더욱 장려했다. 이는 현대의 트렌
드와도 부합한다. 교외에 사는 사람들이 통근해야 하는 워싱턴
D.C.나 로스앤젤레스 같은 대도시 대신, 도시 중앙지역에 경제
적으로 의존할 필요가 없는 작은 위성도시가 새로운 모델로 각
광받고 있다.

랍비 메이르 타마리의 책《시장에서In the Marketplace》는 경
제성장과 환경보호의 균형에 관한 이야기를 자세히 풀어내고
있다. 18세기 후반 터키인 마을 시민들은 악취가 심한 사업장을
규제하는《미쉬나》에 근거해, 섬유염색에 사용되는 염료 통에
서 나는 악취가 정상적인 생활을 힘들게 한다면서 염료 통을 마
을 밖으로 치워버려야 한다고 주장했다.

랍비들은 이들의 주장에 일리가 있다고 생각했지만 염료 통
을 모두 없앨 경우, 마을의 경제적 기반이 큰 타격을 입게 될 것
을 우려하지 않을 수 없었다. 결국 랍비들은 염료 통을 없애는
대신, 경제적 기반을 유지하고 싶으면 환경보호 비용을 지불해
야 한다고 판결했다.

오염을 일으키는 현대 기업들도 똑같은 논란을 불러일으키곤

한다. 이들이 환경법을 따르기 위해서 공장 문을 닫는다면, 자칫 지역 경제가 파탄날지도 모른다. 이런 딜레마에 부딪힐 때마다 랍비들은 항상 합의를 종용한다. 어떤 공장이나 작업장이 공해를 유발해 사람들을 병들게 한다면, 유대율법에 의거해 그런 공장이나 작업장은 폐쇄된다. 다만 염료 통의 경우에는 냄새가 다소 불쾌하지만 건강을 현저하게 해친다고는 볼 수 없다(당시는 정말로 건강에 해가 되는 합성염료가 생겨나기 이전이다). 탈무드 랍비들은 항상 자기 자신이나 다른 사람에게 해를 입힐 수 있는 직업에 종사하지 말 것을 권고한다. 랍비 메이르 타마리는 말한다. "만약 석탄 채굴이 광부들에게서 진폐증을 유발한다면, 유대인들은 대체연료를 찾아나서야 할 것이다."

비즈니스 성공의 비밀

1. 필요 이상으로 낭비하지 마라.

2. 천연자원 개발은 가능하지만 이윤창출을 위해 함부로 낭비해선 안 된다.

3. 제조 과정에서 쓰레기나 폐기물이 발생한다는 것은 그만큼 효율성과 수익성이 떨어진다는 뜻이다. 제조공정에서 폐기물을 최소화하려면 자연의 원리를 따라야 한다.

4. 공해를 유발하는 것은 도덕적으로 용납되지 않는다.

5. 환경보호와 경제성장은 어느 한 쪽으로 치우쳐선 안 되고 반드시 균형을 이뤄야 한다.

6. 오염은 발생한 지역에 국한되지 않는다. 한 지역에서 발생한 공해는 멀리 떨어진 지역과 사람들에게도 나쁜 영향을 미친다.

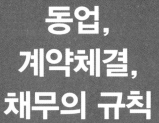

동업,
계약체결,
채무의 규칙

이교도와는 동업하지 마라.

– 랍비 유다

양파를 먹더라도 편안한 집에 거하라.

– 랍비 유다 벤 랍비 일라

1980~90년대 미국을 휩쓴 기업 인수합병의 바람을 조사해보면 대부분이 성공하지 못했음을 알 수 있다. 그 실패의 주요 원인으로 합병한 두 회사 간의 부족한 융합과 기업문화의 현저한 차이가 꼽힌다. 탈무드 랍비들은 파트너십(동업)을 체결할 때는 당사자들 간의 동업 적합성을 꼼꼼히 따져봐야 한다고 주장했다. 그들이 비록 현대에서 이뤄지는 수십억 달러에 달하는 기업 간 인수합병을 내다보지는 못했겠지만, 성공적인 파트너십을 위한 조건에 관해서는 오늘날 누구보다도 더 잘 알고 있었다.

문화가 같지 않으면 동업하지 마라

랍비들은 이른바 '이교도'와 동업할 때 맞닥뜨리게 될 위험성에 대해 자세히 논의했다. 유대인이 이교도와 사업상 동업하는 것을 법으로 금지하지는 않았지만, 랍비들은 이를 극구 말렸다. 문화적 충돌로 인해 분열이 생길 가능성이 크기 때문이었다. 탈무드는 말한다. "이교도와는 사업상 파트너십을 맺어서는 안 된다. 나중에 분쟁이 생겼을 때 상대방의 우상에 대고 맹세하는 일이 생길 수 있기 때문이다."

이 말은 이교도들과 거래를 전혀 맺지 말라는 뜻이 아니다. 오히려 파트너십을 맺기 전에 서로 상대방의 종교와 믿음에 대해 심사숙고해야 한다는 뜻이다. 랍비들은 이교도와 사업상 분쟁이 발생할 경우, 유대인이 법정에서 진술할 때 상대방의 우상이나 인물에 대해 맹세해야 하는 경우를 우려했다. 유대인은 우상을 숭배하거나 우상에 대고 맹세하는 것이 금지되어 있는데, 이는 손톱만큼의 타협의 여지도 없다. 일단 파트너십 당사자들이 분쟁을 해결하는 과정에서 우상에 대한 맹세 여부를 두고 파트너십을 종결할 것인가의 기로에 서게 될 수도 있다. 탈무드 랍비들은 이러한 상황이 충분히 예상되므로 미리 충분히 심사숙고한 뒤에 동업을 결정하라고 조언하고 있는 것이다.

이를 오늘날 기업 인수합병에 적용한다면, '종교와 믿음'을 '자기 기업만의 독특한 특성'으로 바꿀 수 있을 것이다. 오늘날의 비즈니스 환경에서 잠재적 파트너들은 서로 융합 가능한 기본적 믿음을 가지고 있어야 한다. 퀘이커오츠Quaker Oats가 스내플Snapple을 인수할 때, 그들은 두 기업의 문화 차이를 쉽게 극복할 수 있으리라 기대했다. 위험회피형 회사는 위험감수형 회사와 결코 합병해서는 안 된다. 사회적 책임에 민감한 회사는 사회적 책임에 둔감한 회사와 합쳐서도 안 된다.

문화적 차이로 실패한 기업합병

1995년에 퀘이커오츠가 전격적으로 스내플을 17억 달러에 사들이자 월 가는 깜짝 놀랐다. 푸른색 와이셔츠를 입은 회사와 홀치기 티셔츠를 입은 회사가 서로 극과 극의 기업문화를 융합해 과연 한 팀을 이룰 수 있을까 하는 의구심이 들었던 것이다.

스내플은 설립 초기부터 인습타파적인 문화를 기치로 내걸었다. 이 회사는 소비자들의 빠른 변화에 대응하는 재주가 비상했고 작지만 탄탄한 유통망을 구축하고 있었다. 기이한 행동으로 뉴욕에 많은 팬층을 확보하고 있는 하워드 스턴Howard Stem은 자신이 학교 운동선수일 때 즐겼던 스내플의 스포츠 아이스티를 적극 홍보하기도 했다.

이에 반해 안정을 추구하는 기업인 퀘이커오츠는 게토레이라는 인기 상품을 가지고 있었다. 퀘이커오츠는 대규모 유통망을 구비하고 있었지만 스내플처럼 최신 정보에는 어두웠다. 퀘이커오츠의 경영진은 게토레이 고객을 다루듯이 스내플의 고객들도 잘 다룰 수 있을 것이라 확신했다. 합병은 두 기업의 단순한 합 이상의 시너지를 발휘할 것으로도 기대됐다.

퀘이커오츠는 합병한 지 2년 반이 채 되지 않은 시점에서 스내플을 겨우 3억 달러라는 헐값에 다시 팔고 말았다. 두 기업은 서로 다른 이질적인 기업문화를 극복하지 못했다. 이 거래에서 퀘이커오츠는 14억 달러에 달하는 막대한 손실을 입고 말았다.

파트너십은 최고 수준의 자선을 베푸는 것

탈무드는 파트너십의 체결을 자선의 한 형태라고 간주한다. "돈을 빌려주는 사람은 자선활동을 하는 사람보다 훌륭하다. 파트너십을 맺는 사람은 돈을 빌려주는 사람이나 자선하는 사람보다 더 훌륭하다." 파트너십을 맺는 것은 완전한 자선보다 더 좋은 것으로 간주된다. 파트너십은 동등한 입장을 견지하는 까닭에, 도움받는 사람이 자선을 받을 때처럼 자신을 창피하게 생각하지 않아도 된다. 오히려 부끄럽게 여기기는커녕 파트너십을 통해 후원자에게 더 많은 돈을 벌어주거나 사업을 확대하는 수단으로 생각할 수 있다. 그런 의미에서 파트너십은 자선이라기보다 이타적 사고에 기반한 비즈니스적 결정이다.

파트너십과 같은 자선은 도움받는 대상으로 하여금 남들이 뭔가 귀중하게 여기는 가치를 자신이 소유하고 있다고 생각하게 만들며, 자신감과 자존심을 북돋워주는 효과도 있다. 이것을 회복한 사람들은 비즈니스 번창을 위해 최선을 다해 일하기 마련이다. 자신과 직원들뿐만 아니라 자신의 능력을 믿어준 사람을 위해서 일하기 때문이다.

파트너십이 본궤도에 오르면 다양한 측면에서 이점이 생긴다. 파트너십에 쓰인 돈은 새로운 사업을 탄생시키며, 고용을 증가시키고, 지역경제의 번영에도 이바지하게 된다. 탈무드는 늘 공동체 경제의 번영을 비즈니스의 중요한 목표로 삼는다.

일 잘하는 사람과 동업하라

"일을 잘하는 사람과 파트너가 되도록 노력하라. 그가 하는 모든 일은 어떤 식으로든 축복받기 때문이다."*

*Pesachim, 112a, 113a

분배를 공평히 하라

노동력이 절대적으로 필요한 농업 사회에서 파트너십은 매우 중요한 이슈였다. 고대 랍비들은 파트너십을 어떻게 종료하고 자산을 분배할 것인가에 대해서도 매우 자세하게 논의했다. 예를 들어 한쪽이 가축을 사고 다른 한 쪽이 그 가축을 길렀을 경우, 두 사람이 공정하게 가축을 나눠 갖기 위해서는 가축의 종류에 따라 손이 얼마나 많이 갔는지, 비용이 얼마나 들어갔는지 고려해야 한다. 식용으로 가축을 길렀을 경우, 누가 도살할 것이며 각자 어떤 부위를 가져갈 것인지가 중요한 고려 대상이 된다. 탈무드는 합리적인 근거를 가지고 모든 경우에 대해 상세히 논의한다.

탈무드의 이런 주장은 특히 오늘날 동업형태의 하이테크 기업 비즈니스에서 한 파트너가 특허기술을 제공하고, 다른 파트너는 재정적·조직적 경영 기법을 제공하는 비즈니스 환경에 적용 가능하다. 이들 기업 간의 협력 없이 각자도생하려 했다면 개별 파트너의 가치를 발휘하기는커녕 생존조차 어려웠을 것이다.

탈무드에는 이익금을 나눌 때 분쟁이 생길 경우 어떻게 해야 하는지 교훈을 주는 이야기가 있다. 두 명의 사마리아인이 파트너십을 맺었다. 사마리아인들은 이스라엘 민족의 이집트 대탈출 이후에 이스라엘 북쪽지방에 주로 거주하던 반半유대인들이었다. 이들은 진짜 유대인은 아니었지만 지혜롭고 정직한 랍비들을 찾아와 조언을 구하는 경우가 많았다.

두 사마리아인 중 한 명은 경영을 맡았고, 다른 한 명은 투자만 했다. 수익이 나자 경영자는 투자자에게 알리지도 않은 채 수익금의 절반을 자신의 몫으로 가져가버렸다. 뒤늦게 이 사실을 안 투자자는 불같이 화를 냈다. 자신에게 일언반구도 없이 돈을 가져간 파트너의 행동이 옳지 않다고 생각했던 것이다. 생각다 못해 라브파파에게 찾아가 조언을 구했다. 예상과 달리 라브파파는 애초부터 돈을 반반씩 나누기로 했기 때문에 상대방의 행위는 정당하다고 말했다. 다시 말하면, 돈은 다른 자산처럼 가치가 변하지 않으며, 설령 가치가 변한다고 해도(인플레이션에 의해), 이를 절반으로 나누는 것은 여전히 공정하다고 볼 수 있다는 것이다. 상대방의 행위를 두고 노골적인 도둑질 행위로 볼 수 없다는 점을 분명히 했다.

이듬해 두 사람은 다시 공동으로 다른 사업을 시작했다. 이번엔 포도주를 함께 구매하는 사업이었다. 저번에 당한 것을 앙갚음할 생각으로 투자자가 경영자에게 알리지도 않고 자신의 몫의 포도주를 가져가버렸다. 경영자가 모욕감을 느낀 나머지, 파트너인 투자자를 데리고 라브 파파에게 가서 조언을 구했다.

라브파파가 투자자에게 따져 물었다. "왜 포도주를 말도 없이 챙겨갔는가? 당신이 임의로 나눈 행동이 어떻게 공정하다고 할 수 있겠는가?"

이 말에 투자자는 자신이 차별대우를 받고 있다며 억울해했다. "작년에 제 파트너가 한 마디 상의 없이 돈을 가져갔을 때는 용납하시더니, 왜 제가 포도주를 나눠 가져간 것에 대해서는 용납하지 않으시는 겁니까?"

라브파파는 투자자의 행동이 공정하지 않은 이유를 조목조목 설명했다. "돈이란 이미 나눠져 있는 것으로 간주한다. 경영자가 의도적으로 파트너의 돈을 훔친 것이 아니라면, 설령 말을 하지 않았더라도 수익금을 반으로 나눈 행위는 정당하다. 포도주의 경우는 이와 전혀 다르다. 포도주는 돈처럼 쉽게 나눌 수 없다. 어떤 포도주는 맛이 좋고, 어떤 포도주는 그렇지 않을 수 있기 때문이다." 다시 말하면, 포도주는 품질이 균일하지 않아서 나눌 때는 반드시 품질을 판단해야 하기 때문에 한 사람이 상의 없이 임의대로 나눠 가지는 것은 공정하지 못하다는 것이다. "당신이 우연히 좋은 포도주를 갖는다면 다른 사람은 그렇지 않은 포도주를 가질 수도 있다"라고 그는 덧붙였다.

파트너는 서로 신뢰하는 사이라 하더라도 공동의 자산이 돈이나 주관적인 가치 판단이 개입되지 않는 것을 제외하고는, 한쪽이 일방적으로 자산의 가치를 평가해서는 안 된다.

계약서를 쓸 때는 스승도 믿지 마라

랍비 아시가 금요일 오후에 땅을 사는 데 필요한 보증금을 빌려달라는 메시지를 제자인 라비나에게 보냈다. 라비나는 이렇게 답신을 보냈다. "보증금을 빌리려거든 필요한 서류와 증인을 준비해주십시오."

답신을 받은 랍비 아시가 그에게 와서 물었다. "자네, 스승인 나를 믿지 못한단 말인가?"

이에 라비나가 대답했다. "스승님은 특히 더 믿을 수가 없지요. 스승님의 머리는 온통 법으로 가득 차서 다른 사람보다 더욱 더 빌린 돈을 잊기 쉬울 테니까요."

라비나는 스승의 도덕성을 의심한 것이 아니었다. 스승이 항상 법 문제로 머리가 복잡하기 때문에 일상생활에서 일어나는 일들은 잘 잊어버린다는 사실을 지적하고자 한 것이었다. 라비나는 문서로 된 계약을 원했다.

랍비들은 사람 간의 계약은 존중돼야 하며, 계약 과정에서 반드시 증인이 입회해 서명을 참관하도록 해야 한다고 주장했다. 랍비들은 증인들 앞에서 서명을 하는 의식을 신성하고 엄숙하게 여겼다.

증인 없이 계약하지 마라
"증인을 세우지 않고 계약을 하는 사람은 시각장애인 앞에 장애물을 놓는 것과 같다."

"시각장애인 앞에 장애물을 놓는다"*라는 표현은 사람 곁에 유혹이 될 만한 것을 갖다놓는 다양한 행위를 표현할 때 랍비들이 흔히 쓰는 표현이다. 돈을 빌리거나 빌려주는 경우, 증인 입회 하에 계약을 맺어놓으면 나중에 채무분쟁 소지를 미연에 방지할 수 있다. 증인은 양측이 계약을 성실하게 수행하게 만드는 역할도 한다.

*Leviticus 19:14

계약서에 서명하는 행위를 왜 엄숙하고 신성한 의식으로 여겼을까? 계약은 상호 간에 합의한 사업의 개시를 의미하고, 사업의 개시는 이윤을 창출하고, 고용을 증대시키며, 이로 인해 지역 경제가 번영하고, 그렇게 벌어들인 돈은 선행으로 이어질 수 있기 때문이다. 비즈니스 활동은 가족, 이웃, 지역사회 모두에 큰 도움이 된다. 결과적으로 랍비들은 계약을 통해 탄생하는 비즈니스 기회에 주목한 것이다.

랍비들은 자신들의 비즈니스 거래에서도 이를 실천했다. 구두계약 대신 서면계약을 함으로써 분쟁의 소지를 없앴고, 계약조건을 잘못 이해해서 사기당하는 일도 없도록 했다.

탈무드 랍비들은 서면계약에 꼼꼼했을 뿐만 아니라, 사기꾼의 유혹에도 주의를 기울이도록 했다. 랍비 아바예는 말했다. "법정에서 서명해야 할 일이 생기면, 여백을 남기지 말고 서명하라. 혹시나 누군가 여백을 발견하고 당신의 서명 위에 자신의 이름을 적고 얼토당토 않는 권리를 주장할 수 있기 때문이다."

랍비 아바예가 이렇게까지 자세히 주의를 준 것은 이와 비슷한 경험을 했기 때문이다. 어느 날 다리 요금징수원이 그에게 와서 서명을 해달라고 요청했다. 다른 랍비들이 무료로 다리를 건널 수 있도록 해달라는 공식서류에 랍비 아바예의 서명이 필요하다고 했다.

랍비 아바예가 두루마리 위에 서명하려고 하자, 요금징수원은 두루마리를 쭉 밑으로 내려서 빈 공간 아래에 서명하도록 했다. 요금징수원이 두루마리를 힘껏 잡아당기는 모습을 보고, 랍비 아바예는 랍비들이 도둑의 면전에 대고 자주 하는 말을 내뱉었다. "현자가 너를 오랫동안 기다렸노라." 이 말은 '이 세상에는 너와 같은 사기꾼이 항상 있기 마련이다'라는 뜻이다. 이 말을 들은 요금징수원은 자신의 죄를 실토했는데, 나중에 그 빈 곳에 다른 문구를 집어넣으려고 했다고 자백했다. 예를 들어 "나는 당신에게 50세켈을 빌렸습니다"란 문구에 랍비 아바예가 서명한 것처럼 조작하려 한 것이다.

랍비 아바예는 흔하게 일어나는 다른 사기에 대해서도 사람들에게 경고했다. 그는 사람들에게 3에서 10까지의 숫자를 쓸 때는 항상 줄의 끝에서 빈 공간 없이 쓰라고 조언했다. 나쁜 사람들이 숫자를 보태어 이를 '30, 40, 50…'처럼 보이게 만들 수 있기 때문이다(히브리인들은 오른쪽에서 왼쪽으로 글을 썼으며, 합계를 쓸 때 글과 숫자를 섞어서 표시할 수 있었기 때문에 가능한 일이다). 오늘날 소비자 단체에서도 이와 비슷한 조언을 한다. 미국에서 누구나 발행할 수 있는 개인수표에 숫자를 적을 때 다른 사람이 조작해 첨가하지 못하도록 숫자 적는 난에 여백을 남기지 말라는 것이다.

랍비 아바예는 위조 적발 전문가였다. 언젠가 그는 문서를 위조하려 했던 사람을 적발했다. 랍비 아바예가 그에게 글자와 글자 사이에 왜 그토록 넓은 여백을 남겨뒀는지 추궁했는데, 그 사람은 의도가 들통난 것을 알아채고 사기를 치려던 자기의 죄를 순순히 자백했다.

계약 성사 시점은?

비즈니스맨들이 항상 마주치는 이슈는 계약 성사 시점을 언제로 잡을 것이냐 하는 것이다. 법적으로는 계약서에 양 당사자가 사인을 할 때다. 탈무드 랍비들은 이와 달리 계약 당사자들이 계약 조건과 세세한 조항에 대해 합의하고 마음이 딱 맞았을 때 계약이 성사된 것으로 간주했다.

랍비 사프라는 더욱 엄격한 잣대를 들이댔다. 가격이 중요할 경우, 계약 당사자 중 한쪽이 마음으로 어떤 가격을 결정했다면 그 거래는 이미 성사된 것으로 봤다.

오늘날 계약 관습에 따르면, 두 사람이 가격이나 거래의 구체적인 조건에 합의했더라도 계약서에 양 당사자가 사인하기 전까지는 계약이 성사되지 않은 것으로 본다. 일반적으로 구두 합의도 법적 효력을 가진 것으로 간주될 수 있으나, 법원에서 그것을 증명하기는 거의 불가능하다.

탈무드의 윤리는 오늘날의 상규常規를 뛰어넘을 정도로 그 수준이 높다. 예를 들면, 주식을 사는 것으로 회사에 제안을 넣는 것이 일반적이다. 주식 가격을 주당 35불이라고 치면 그 가격은 현재 거래 가격보다 높을 수 있다. 또 다른 투자자가 와서 주당 40불을 제안한다. 이 거래는 주주들에게는 기쁜 소식이 될 수 있으나 탈무드 기준에는 윤리적일까? 윤리적인가의 여부는 그 회사가 적극적으로 협상에 임하느냐 아니면 제안이 들어오는 것을 소극적으로 지켜보고만 있느냐에 달려있다.

탈무드의 세계에서는 일단 당사자들이 협상에 들어가게 되면, 다른 사람이 회사를 살 의사 또는 계약을 성사시킬 의도를 가지고 거래에 끼어드는 것을 윤리적으로는 좋지 않은 것으로 간주된다.

좋은 의도로 협상에 임하라

"하늘을 위한 모든 논쟁은 영원히 지속되고, 하늘을 위하지 않는 모든 논쟁은 오래 지속되지 않는다."*

랍비들은 영적인 논쟁자들이었고 흥미로운 토론을 즐겼는데, 오로지 옳고 바른 의도와 목적일 때만 그러했다. 랍비들은 비즈니스 협상과 토론이 때때로 합의에 이르지 못하더라도 만약 그 목적이 선하다면 그 결과는 오래 지속된다고 주장했다. 대개 사람들은 문제를 해결하거나 도전에 직면하기보다 형식적으로 미팅에 참석하는 경우가 많다. 이런 진

지하지 못한 자세로는 어떤 긍정적인 또는 오래도록 간직할 만한 결론
을 도출할 수도 없을 뿐더러 쉽게 잊혀진다.

*Pirkei Aoot 5:20

거래에 꼭 포함돼야 할 것들

오늘날 계약서에 있는 표현들 중에는 도가 지나치다고 여길
만한 표현들이 적잖다. 변호사들이 극히 드문 상황까지 염두에
두고서 가능한 모든 경우를 상정하기 때문이다. 가령, 주택을 계
약할 때는 지붕에 붙은 처마까지 규정한다. 처마가 붙어있지 않
은 집이 어디 있는가?

탈무드 랍비들은 계약할 때 상식을 적극 적용해 오늘날의 변
호사들보다 시간과 비용을 대폭 절약했다. 랍비들은 시시콜콜
한 것까지 모든 것을 다 기술할 필요는 없다고 생각했다.

탈무드에는 물품 판매 시 거래 조건에 무엇이 포함돼야 하는
지 랍비들이 이야기하는 대목이 등장한다. 이들은 소, 나귀, 심
지어 배까지 포함해 다양한 종류의 판매에 대해 난상토론을 벌
였다. 이 토론에서 랍비들은 매번 개별적인 계약을 체결할 때마
다 일일이 언급하지 않아도 판매 계약에 자동으로 포함되는 것
이 무엇인지 살펴보고자 했다. 효율적인 비즈니스맨이 되고자
노력했던 그들은 상황에 관계없이 어떤 거래에도 적용할 수 있
는 계약서상의 공통조항을 도출해내고자 했다.

어떤 랍비는 소를 팔 때 멍에는 자동으로 포함된다고 하고, 다른 랍비는 구매자가 쟁기질을 할 목적이 아니라면 멍에가 포함될 필요는 없다고 주장하기도 했다. 또 다른 랍비는 멍에가 포함되는지의 여부는 판매 가격을 보면 자동으로 알 수 있다고 주장했다. 구매자가 소의 가격을 알고 있으므로, 판매 가격이 이보다 높으면 멍에가 포함된 가격임을 알 수 있다는 것이다. 랍비들은 소 판매 문제에 대해 미해결 상태로 다른 문제로 넘어가긴 했지만, 아무튼 판매할 때 무엇이 포함되는지는 가격을 보고는 알 수 없다는 점을 명확히 했다.

랍비들은 나귀 문제로 넘어가 나귀를 판매할 때 무엇이 포함되는지 세세하게 논의했다. 안장은? 덮개는? 밧줄은? 안장에 다는 주머니는? 그때 한 학생이 재미있는 지적을 했다. 판매 시점에서 나귀가 보이는 대로 조건을 정하면 된다는 것이었다. 나귀가 액세서리를 달고 있으면 판매 조건에 액세서리가 포함되는 것이고, 그렇지 않다면 그렇지 않은 대로 규정하는 것이다.

이 문제를 두고 오랜 논의를 거친 끝에 결국 합의에 도달했다. 물건을 팔 때는 액세서리도 포함된다는 데 6명의 랍비들이 동의한 것이다.

랍비 엘리에제르가 장황한 토론을 보다 못해 다소 빈정대는 투로 말했다. "건물을 파는 사람은 기둥도 파는 것 아닌가." 기둥은 건물의 일부다. 랍비 메이르는 다음과 같이 덧붙였다. "포도밭을 파는 사람은 포도밭 도구도 함께 파는 것이다."

《미쉬나》에 있는 구절은 조금 더 냉소적이다. "퇴비더미를 파는 사람은 그 안에 있는 거름도 파는 것이다. 저수지를 파는 사람은 저수지의 물도 함께 파는 것이며, 벌집을 파는 사람은 벌도 포함해 파는 것이다."

가격이 바뀔 때는 어떻게 되는가?

탈무드 법으로는 구두 합의가 법적인 효력을 갖고 있지는 않지만, 사람의 말의 명예는 법적인 효력이 있다. 탈무드 랍비들은 약속을 어기는 사람을 '신용이 부족한 사람'이라며 멸시했다. 오늘날 '신용불량자'라는 낙인이 그다지 대수롭지 않지만 당시 랍비들이 누군가를 신용이 없는 사람이라고 부르는 것은 가장 가혹한 비난 중 하나였다.

구두 계약도 유효하다

비단장수 압바와 랍비 유다 벤 베테라가 비단을 팔기로 서로 합의했다. 비단장수 압바가 몇 주 후에 랍비 유다에게 찾아왔다. 그 사이 비단값이 올랐지만, 개의치 않고 합의할 당시의 가격으로 거래하려고 했다. "비단이 필요하다고 하셨지요?"

하지만 비단 값이 올랐다는 사실을 벌써 알고 있던 랍비 유다가 압바의 의중을 파악하고 대답했다. "우리는 구두로만 계약했을 뿐이었죠." 랍비 유다는 압바가 가격을 올릴 수 있게 일부러 이렇게 말한 것이었다. "돈보다 당신의 말을 더 신뢰합니다." 비단장수 압바가 말했다.

"내 말을 신뢰하는군요. 당신은 선지자 사무엘과 같은 올바른 아들을
키울 것입니다." 랍비 유다가 기쁜 마음으로 축복했다.*

*Midrash, Samuel 10:3

　그렇다면 구두로 합의를 했지만 뭔가 예기치 못한 일이 생겨
서 상품의 내재적 가치가 급격히 변한 경우에는 어떻게 해야 할
까? 이 문제에 관해서는 랍비들은 합의에 이르지 못했다. 예를
들면, 두 사람이 회사를 사고팔기로 서로 구두로 약속을 했는데,
그 분기에 회사가 예상보다 부진한 성적을 낸 것으로 드러나 가
치가 떨어졌다면 어떻게 해야 할까? 두 사람이 말의 명예를 걸
고 약속을 했기 때문에 자산가치가 변했음에도 여전히 거래가
유효한 것으로 봐야 할까?

　이 문제는 그리 간단하지 않아 랍비들도 쉽사리 합의하지 못
했다. 어떤 랍비들은 구두 계약은 어떤 일이 있어도 그대로 지
켜야 한다고 주장한 반면, 다른 랍비들은 구두 계약을 존중하라
는 탈무드의 훈계는 오로지 그 거래를 주저하는 사람에게만 적
용된다고 주장하면서, 거래 조건이 전혀 변한 게 없는 경우에는
구두 계약을 강제적으로라도 지켜야 한다는 점을 강조했다. 또
다른 랍비는 상대를 기만하는 행위가 없었다면, 다시 말해 가령
판매자가 다음 분기 수익이 예상보다 낮을 것이란 사실을 알고
있으면서도 구매자에게 이를 밝히지 않았을 경우가 아니라면,

가격이 급격히 변했을 경우엔 거래 조건에 대해 재협상이 가능하다고 주장했다.

랍비들은 랍비 카하나의 사례를 들어 토론을 전개했다. 랍비 카하나는 아마포 값을 미리 받았는데, 아마포를 전달할 때가 되자 시장가격이 급등했다. 카하나는 이 상황에서 어떻게 처신해야 좋을지 몰라 라브를 찾아가 조언을 구했다. 라브는 구두 합의의 효력을 인정하지 않는 유대율법을 거론하면서 이렇게 말했다. "구두 약속이었으니 무시하고 당신이 받은 돈만큼만 가서 물건을 전달하시오."

랍비 유다의 아들 랍비 호세는 구두 계약도 효력이 있다며 라브의 의견에 이의를 제기했다. 그는 가격이 떨어져서 손해를 본 상품 거래자와 가격이 상승해서 돈을 잃은 구매자의 사례들을 들었다.

랍비 시메온이 실용적인 의견을 제시했다. "손에 돈을 들고 있는 자가 유리하다." 만약 판매자가 돈과 상품을 모두 쥐고 있다면 그가 우위에 있다는 것이다.

랍비들은 구두 합의는(비록 도덕적으로는 책임이 있다고 하더라도) 법적 구속력을 상실한다고 결론지었다. 물론, 자신의 말을 번복하는 사람은 신의가 없다는 낙인이 찍혀 미래의 비즈니스 거래에 좋지 않은 영향을 받을 수 있음을 상기시켰다. 랍비들은 말을 상습적으로 번복하는 사람은 더 이상 누구와도 거래하지 못할 것이라고 경고했다. 이들은 시장의 힘이 부정직한 사람도 정직하게 만든다고 믿었다.

예치금은 좋은 비즈니스 관행인가?

랍비들은 거래를 보장받을 목적으로 요구되는 보증금에 대해 우려를 표시했다. 사람들이 협상을 깨기 위해 너무 쉽게 보증금을 포기하리라는 것이다. 오늘날 이 관행은 매우 공정하다고 여겨지지만 당시만 해도 랍비들은 이 보증금이 오히려 사람들이 자신의 말에 대한 도덕적 책임을 쉽사리 회피하는 수단으로 변질될 것이라고 걱정했다.

예를 들면, 자선을 하겠다는 구두 약속은 도덕적으로나 법적으로 효력이 있다. 자선을 받을 사람은 그 선물을 기대할 것이고, 랍비들이 말했던 '의존의 상태State of Reliance'에 들어가게 된다. 자선을 받기로 돼 있는 사람은 아마도 벌써 그 돈으로 각종 청구서를 지불할 계획을 세운다든지, 채권자에게는 돈이 곧 생길 테니 조만간 빚을 꼭 갚겠노라고 약속해놓았을지도 모를 일이기 때문이다.

랍비들은 앞으로 받게 될 선물에 의존하거나 의지하도록 한 것은 기부자가 자신의 말을 반드시 지켜야 할 암묵적인 도덕적 책임이 있음을 암시한다고 주장했다. 예를 들면, 어떤 사람이 회사를 파산에서 구할 거래에 구두로나마 동의했다면, 무슨 일이 있어도 협상을 진행해야 할 도덕적 의무감을 가져야 한다. 이 점이 매우 중요하다.

오늘날 비즈니스 세계에서 보증금이 거래를 성사시킬 동기부여가 되기도 한다. 예치된 돈은 법적 효력의 이상의 것이다. 그 돈으로 회사는 상품을 구매하거나 새로운 직원을 고용할 수도 있다. 결론적으로 보증금은 의존의 상태를 만들고 예치한 자가 그 보증금을 포기하지 않고 계획된 대로 그 거래를 성사시키도록 만든다.

협상에서 지켜야 할 도덕적 의무

랍비들은 거래 약속을 지키는 것이 무엇보다 도덕적으로 중요하다고 강조했다. 그렇다면 랍비들이 말하는, 거래협상 시 반드시 지켜야 할 윤리적 요구사항에는 어떤 것이 있을까?

탈무드 랍비들은 활발한 협상을 열렬히 지지하긴 했지만, 오늘날 우리가 흔히 쓰는 협상의 행태인 엄포를 놓는 행위는 철저히 금지했다. 다시 말해, 엄포를 놓는 행동은 결코 현명한 협상 전략이 아니며, 상대방이 가격이나 조건에 동의하게 만들기 위해 일부러 거짓말을 하게 된다는 점을 지적했다. 실제로 엄포를 놓는 행위 때문에 협상가가 자신이 대표하는 쪽에 특정 가격을 받아들이지 말라고 말하는 경우를 종종 보게 된다.

물론, 협상가는 최상의 조건에 따라 거래를 성사시키고자 하는 것이 인지상정이지만, 랍비들은 협상에서 엄포를 놓는 행위를 악한 행위로 간주했다. 만약 어떤 사람이 상대에게 어떤 기준이 기대에 못 미친다며 협상을 그만두겠다고 엄포를 놓는다면, 상대방은 그 위협에 못 이겨 그가 제시하는 조건에 합의하게 될 것이다.

공정한 타협

협상은 종종 타협을 필요로 한다. 그렇다면 어떤 상황이 공정하고 공평한 타협일까?

랍비들은 소송 당사자 간에 타협을 중재하는 판사는 죄를 짓고 있는 것이라고 주장했다. 왜냐하면 어느 한쪽이 옳다면 그에게 입장을 바꾸라고 강요해서는 안 되기 때문이다. 이 아이디어는 한쪽이 다른 쪽을 굴복시켜 타협에 나설 때까지 공격하는 비즈니스 협상까지 확대되었다. 심지어 한쪽이 다른 쪽을 위협해 협상안을 받아들이라고 강요하는 경우도 있다.

결국, 랍비들은 공정한 타협이란 한 쪽이 다른 한 쪽의 의견이 타당하다는 점을 시인하고 이를 받아들이는 것이라는 데 동의했다. 반면, 불공정한 타협이란 한 쪽이 위협, 협박 또는 강압에 못 이겨 마지못해 굴복하는 것으로 봤다.

대출이자를 받지 마라

파트너십과 계약 관련 논의에는 항상 대출과 이자 문제가 자연스레 대두되기 마련이다. 탈무드 학자들에게 이자 문제만큼 다루기 어려운 주제도 없었다. 토라는 대출금에 이자를 붙이는 행위를 철저히 금했기 때문이다. 대출이 없으면 상업 활동이 어려움을 겪을 수도 있었다. 사람들이 사업을 시작할 수도 없고, 장비를 살 수도 없으며, 새로운 상품을 개발하지도 못할 것이기 때문이다. 탈무드 랍비들은 합법적으로 이 문제를 해결하고자 했다. 그들의 해결책에 다소 모호한 점은 있지만 최종 분석만큼은 완전했다. 게다가 랍비들이 제시한 대출 연장 기준은 채무 불이행 비율을 낮추고 파산 발생률이 높아지는 것을 막고자 하는 현대의 대부업자들에게 매우 좋은 본보기가 되고 있다.

유대 경전은 이자 금지에 대해 매우 단호한 입장을 취하고 있다. 신명기는 "네 나라 사람에게 돈이나, 음식이나, 다른 어떤 것을 대출해줄 때도 이자를 받지 마라. 외국인에게 빌려줄 경우에는 이자를 받아도 되지만, 네 나라 사람에게는 받지 마라"라고 기록하고 있다. 의미는 매우 간명하다. 유대인은 비유대인에게 돈을 빌려주고 이자를 받아도 된다는 것이다. 이것이 비유대인을 혐오하는 반이방주의는 아니다. 이방인에게는 토라의 금기 사항이 적용되지 않고, 토라에 기초한 다른 법률도 이방인을 구속하지 않기 때문이다. 유대인은 동료 유대인으로부터 대출금에 대한 이자를 받아서는 안 된다.

랍비들은 이자금지를 경제적 부담이라고 여기지 않았다. 오히려 도움이 필요한 사람에게 이자 없이 돈을 빌려줌으로써 이자 부담을 덜어주고 선행을 쌓을 수 있는 기회라고 봤다. 수세기를 거치면서 현재까지 유대인들은 '무이자대출협회Free Loan Societies'를 통해 도움이 필요한 사람에게 이자 없이 돈을 빌려주는 사업을 발전시켜나가고 있다.

빛의 두려움

"푸성귀를 먹더라도 빚쟁이를 두려워하지 않고 사는 것이, 오리고기를 먹으며 (빚쟁이를 피해) 숨어 사는 것보다 낫다."*

랍비들은 이를 여러 차례에 걸쳐 다양한 방법으로 이야기했다. 개인이
든 기업이든 자신의 수입을 넘어서는 지출을 하지 말라고 권고했다. 일
단 빚을 지게 되면 항상 빚쟁이를 두려워하게 되고 수치감도 뒤따르
기 때문이다.

*Pesachim, 114a

독창적인 '헤테르 이스카'

우리에게 '고리대금'이란 단어는 과도한 이자율을 적용한다
는 의미지만 랍비들에게는 '이자'라는 의미에 불과하며, 그 액수
가 아무리 적더라도 이자는 율법상 금지의 대상이었다. 상업이
발전하기 위해서는 이자가 불가피하다는 것을 깨달은 랍비들
은 고리대금의 문제를 해결하는 독창적인 방법을 고안해냈다.

랍비들이 고안한 방법은 '헤테르 이스카Heter Iska'라는 것으
로, 한 명은 돈을 대출해주고, 다른 한 명은 노동력을 제공하는
동업방식이었다. 노동력을 제공하는 쪽은 자신의 노동과 서비
스에 대한 임금을 지급받되, 손실이 생길 경우 이를 분담하기로
합의한다. 만약 이익이 생기면 돈을 대출한 사람은 약간의 수
탁 수수료를 먼저 받은 후 나머지 이익금을 동등하게 분배한다.
돈을 대출한 동업자는 채권자라기보다는 투자자로 간주됐다.

이 동업이 '유대인의 율법에 맞는' 거래가 되려면 그 비즈니
스가 수익을 낼 수 있다는 합리적인 기대에 부합해야 했다. 당
연히 돈을 회수할 가능성이 희박한 기업이나 개인에게 돈을 투

자해서는 안 됐다. 위험도가 높은 것은 괜찮지만 섣부른 투자는 금지됐다. 만약 이 같은 간단한 원칙을 오늘날의 비즈니스맨들이 준수했더라면 닷컴기업에 대한 과다한 투기열풍은 없었을 것이다. 허망한 대박의 꿈을 좇은, 지금은 사라져버린 수많은 인터넷 기반의 벤처기업들은 투자 금지 1순위였을 테니까 말이다.

모든 피조물은 서로 서로 빌린다

"신의 모든 피조물은 서로에게 빌린다. 낮은 밤에게 빌리고 밤은 낮에게 빌린다. 달은 별에게서 빌리고 별은 달에게서 빌린다. 하늘은 땅에서 빌리고 땅은 하늘에서 빌린다. 지혜는 이해에서 빌리고 이해는 지혜에서 빌린다. 신의 모든 창조물들은 서로서로 빌리지만 아무런 다툼이 없다. 다만 사람만이 친구에게 빌리고는 이를 도둑질할 생각을 하거나, 빌려주고 고리대를 챙길 생각을 한다."*

이 구절은 빌리고 빌려주는 행위 자체가 모든 자연의 이치이며, 빌리는 쪽이나 빌려주는 쪽이나 결국에는 누구도 부당하게 이득을 더 많이 보는 일 없이 균형을 이룬다는 의미를 담고 있다. 유독 인간만은 서로에게 돈을 빌려주고 받으면서 이자를 챙기려는 생각으로 신의 섭리를 거스르고 있다.

*Midrash Exodus Rabbah 31:15

예를 들면, 은행들이 진정한 투자 파트너로서 엔론의 사업계획을 면밀히 살펴보기만 했더라도 수십억 달러를 그렇게 섣불리 빌려줄 수 있었을까? 만약 은행들이 꼼꼼하게 엔론의 사업현

황을 살펴봤더라면 이 회사가 성공의 가능성은 없고 속임수와 궤변에만 능수능란하다는 사실을 쉽게 알아챘을 것이다. 실제로 몇 명의 애널리스트들만이 이를 발견하고 울부짖었지만 그들의 항의는 결국 무시되고 말았다.

이해상충

"당나귀를 사고 밭을 팔고 싶은 사람에게 당나귀를 팔고 밭을 사라고 해선 안 된다."*

일상의 비즈니스에서 우리는 서로의 관심사가 정반대로 달라서 갈등을 빚는 상황을 자주 겪곤 한다. 지난 수년 동안 우리는 중개업과 투자은행으로 동시에 사업을 진행했던 중개회사들의 가증스런 행위들을 지켜봐왔다. 이 은행가들은 회사 주식을 평가하고 추천하는 분석가들로 구성된 투자자 측과 이들 기업의 대출을 담당하는 은행 측 사이에 소위 '중국 벽'Chinese wall을 약속했지만, 그 벽은 실제로 존재하지 않았다(중국 벽이란, 이해상충으로 이어질 수 있는 교류 또는 의사소통을 방지하기 위해 세워진 조직 내의 정보 장벽을 설명하는 비즈니스 용어—역자 주). 예를 들면, 뉴욕 주 검찰총장 엘리엇 스피처는 한 메릴린치 애널리스트가 작성한 메모를 공개해 사람들을 경악케 했다. 놀랍게도 그 메모에서 그 애널리스트는 어떤 인터넷 기업의 주식을 쓰레기라 부르며, 매우 비판적인 발언을 남겼던 사실이 밝혀졌다. 그 회사는 메릴린치의 중요한 투자은행 고객이었던 까닭에 메릴린치 소속 애널리스트들은 그 회사에 가장 높은 주식 가치를 매긴 바 있었다. 2003년 초, 검찰총장 스피처는 증권거래위원회를 포함한 다양한 연방 기관들과 함께 시티은행, UBS 와버그, CS 퍼스트 보스턴과 같은 거대한 투자은행들과의 협상을 통해 '이해상충' 혐의로 15억 달러에 달하는 대규모 합의금을 이끌어냈다. 이런 부정직한 행위는 특정 기업의 주식을 직접 소유하고 있는 주주들에게 막대한 피해를 입혔다. 그들의 범법행위는 수년 동안 이어졌고, 전체 주식시장의 신뢰에도 먹구름을 드리웠다.

*Bava Metzia, 75b, et al.

도이치뱅크의 전 행장이었던 마르크 슈테른펠트Marc Stern-feld는 2002년 3월 브라운 대학에서 '탈무드는 엔론 사태를 어떻게 평가할까?'라는 주제로 연설했다. 그는 엔론의 CFO(재정 담당 이사)였던 앤드류 패스토우Andrew Fastow가 엔론의 주요 투자자이자 경영자였기 때문에 공금의 사적 이용과, 유대율법에서 금지하고 있는 이해상충 문제를 일으킬 소지가 다분했다는 사실을 지적했다. 슈테른펠트가 패스토우를 지목한 것은 그가 유대인이었기 때문이다. 만약 그가 헤테르 이스카를 적용해 진정한 외부 투자자로만 남았다면, 이해상충이나 속임수의 유혹으로부터 자유로웠을 것이다.

비록 헤테르 이스카가 이자를 금지하는 토라의 율법을 피해가기 위해 고안된 것이지만, 이 방법은 돈을 빌려주는 훌륭한 방식이었음은 엄연한 사실이다. 사업계획이 건전하다면 사업을 성공으로 이끌어줄 확률이 그만큼 높기 때문이다. 또한 채무자의 채무 불이행과 파산 위험을 대폭 낮출 수 있는 방법이기도 하다.

이윤을 얻기 위한 신용카드 대출만 유용하다

대출을 받을 것인가 말 것인가를 결정하는 가장 중요한 요소는 새로운 사업이 수익을 낼 것인가에 달려있다. 현대의 어떤 랍비들은 잠재 수익이 최소한 대출이자의 두 배는 돼야 대출거래를 할 수 있다고 했지만, 다른 이들은 이보다 덜 엄격하다.

이러한 사고방식은 신용등급이 낮은 이들을 가난으로 몰아넣는 무분별한 대출로부터 막아주기 때문에, 이런 형태의 대출은 윤리적이고 정당하다. 또한 회사와 개인이 파산하지 않도록 막아주기 때문에 전체 경제에도 좋은 영향을 미친다.

고대 랍비들의 계획대로라면 오늘날 우리 사회의 신용카드 발급을 대폭 줄여야 한다. 신용카드로 이뤄지는 대다수의 구매는 이윤을 얻기 위한 목적의 지출이 아니라 불필요한 품목을 구입하기 위한 것이기 때문이다. 연구조사에 의하면, 미국 가정은 평균 6,000달러의 신용카드 빚을 지고 있으며, 가장 큰 지출은 음식점에서의 소비로 나타났다.

이자는 뱀에 물린 것과 같다

돈을 갚을 수 없는 사람에게 돈을 꿔주지 않는 것("시각장애인 앞에 장애물을 놓지 마라")이 채권자의 책임이라면, 감당할 수 없는 빚을 지지 않는 것은 채무자의 책임이다.

랍비들은 사람들에게 빚을 되도록 지지 말라고 경고했다. 빚이 사람들의 자존심과 자신감, 인생관에 어떤 영향을 미치는지 잘 알고 있었다. 기업의 경우에는 부채는 많되 이를 갚을 능력이 부족하면, 사원들의 사기를 떨어뜨리고, 생산성 저하로 이어지며, 결국 파산해서 직원들을 내보내야 하는 처지로 내몰리게 된다.

'이자'에 해당하는 히브리어 단어 'Neshekh'는 '뱀에 물린 상처'라는 뜻을 가지고 있다. 《미드라시》에는 다음과 같은 말이 있다. "이자를 무엇에 비교할 수 있을까? 뱀에 물린 남자다. 뱀에 물리면 상처가 부어오르기 전까지는 사태의 심각성을 잘 모른다. 마찬가지로 빚을 진 사람은 이자가 차츰 불어나서 그의 몸을 집어 삼킬 때까지 이자의 두려움을 자각하지 못한다."

랍비 유다 벤 랍비 일라는 말했다. "양파를 먹더라도 편안한 집에 거하라." 이 말은 싼 채소를 먹으면 집을 소유할 여유를 가질 수 있다는 뜻이다. 또 다른 랍비는 이렇게 말했다. "기름진 음식(값비싼 음식)을 먹는 사람은 (채권자를 피해) 다락방에 숨어야 하지만, 크레스(비싸지 않은 음식)를 먹는 사람은 사람들이 훤히 들여다 볼 수 있는 마을의 덤불에 누울 수 있다."

탈무드는 채무자의 책임에 대해 매우 명확한 입장을 취한다. 채무자는 담보로 내놓았던 물건을 포기하는 한이 있더라도 빚을 갚아야 한다. 돈을 빌릴 때 했던 변제 약속은 신성한 맹세로 간주된다. 비록 사람들에게 동정심을 강조하는 탈무드 랍비들일지라도 채무자의 빚을 구제해주진 않았으며, 가난한 사람일지라도 법정에서는 부자와 똑같이 대우했다.

기업이든 개인이든 갑작스런 큰 사건의 여파로 빚이 재앙이 되진 않는다. 개인은 뜻하지 않게 직장을 잃을 수도 있으며, 기업은 외부요인에 의해 사업이 어려움에 처할 수도 있다. 대개는 빚을 상환하는 데 영향을 미치는 경제적이고 사회적인 변화를 꾀하고, 나쁜 소비습관을 고치는 등 대책을 마련할 충분한 시간이 주어지기 마련이다. 통제불능의 빚의 늪에 빠지는 것은 대개 부적절한 재정 통제, 절제력 부족, 관리 부실의 결과다.

무책임한 채무자

랍비들은 자신의 빚을 한사코 갚지 않으려는 무책임한 채무자가 있다는 것을 잘 알고 있었다. 어떤 이들은 빚의 수렁에 빠진 나머지 자포자기도 하고, 어떤 이들은 대놓고 채권자를 무시하기도 한다.

탈무드 이후의 문헌에 이런 이야기가 기록돼 있다. 어떤 남자가 포리쇼프 지역의 랍비에게 찾아와 하소연을 늘어놓았다. "빚의 수렁에 빠졌습니다. 어떻게 하면 좋단 말입니까?" 이에 랍비는 돈이 생길 때마다 조금씩이라도 돈을 따로 떼어두라고 조언했다. "당신이 돈을 갚으려고 노력한다는 사실을 신이 아시면, 분명 도움을 주실 것이네." 랍비는 그 남자가 자신의 빚을 성실히 갚으려는 의사가 없으며, 채권자로부터 빚을 탕감받으려는 속셈이 있음을 간파했다.

오늘날에도 이런 문제가 종종 발생한다. 특히 자신의 빚 중 일부만 갚으려고 성급하게 채권자와 협상하려는 개인이나 기업이 있다. 이들은 부분 변제 요구를 받아들이지 않으면 파산하겠다고 위협하기까지 한다.

빚의 일부만 변제하려고 협상을 벌이는 일은 오늘날에 대단히 흔한 일이지만 탈무드의 기준으로는 비윤리적인 일로 간주된다. 채권자가 빚의 일부 혹은 전부를 탕감해주기로 결정하는 것은 가능하다. 그것은 친절한 행위이지 정의로운 행위는 아니다. 채권자가 어떻게 아량을 베풀더라도 계약을 어긴 도덕적인 책임은 분명히 채무자에게 있다.

채무자에게 빚 독촉하느라 창피를 줘선 안 된다

채권자는 자신의 돈을 돌려받을 모든 권리(법적으로나 도덕적으로)를 다 가지고 있지만 탈무드 율법은 채무자에게 동정심을 가지라고 권고한다. 채권자가 채무자를 모욕하거나 괴롭히거나 빚을 환기시키는 행위는 금지됐다. 랍비들은 빚을 지고 있는 사람은 비굴해지고 열등한 처지에 있으므로, 채무자의 인격을 존중해줄 필요가 있다고 생각했다.

탈무드의 율법은 채권자가 채무자의 집으로 찾아가서 빚 변제를 요구하거나 가족들 앞에서 창피를 줘서도 안 된다고 규정하고 있다. 랍비들은 또한 빚 독촉 과정에서 성희롱이 일어날 수 있는 개연성이 있다고 봤다. 마이모니데스는 남자는 과부의 경제적 상황이 어떻든 간에 과부에게 돈을 빌려준 대가로 어떠한 맹세도 강요해선 안 된다고 말했다. 그녀를 성적으로 강제하고 싶은 유혹이 생길 수도 있다는 것이다. 사람들에게 오해를 사서 허튼 소문이 떠돌아다닐 우려도 있다.

랍비들은 채무자의 품위를 지켜주기 위해 한 발 더 나아갔다. 고대에는 길에서 사람을 마주쳤을 때, 사회적 지위가 낮은 사람이 높은 사람에게 먼저 인사하는 것이 관습이었다. 사병이 먼저 경례하면 장교가 나중에 답례하는 것과 같다. 랍비 시몬 벤 요하이는 그 지방 관습상 꼭 그래야 하는 것이 아니라면 채무자가 채권자를 길에서 만났을 때 알아보고 먼저 인사를 해야 할 의무는 없다고 말했다. 누가 경제적으로 우위에 있는가를 따져서 사회 관습을 바꿔선 안 된다는 것이다.

오늘날 이렇게 행동 하나 하나를 규정해주는 것이 불필요하고 우스꽝스럽게 느껴질 수도 있지만, 당시 랍비들에게는 중요한 문제였다. 채무자를 만나 단순히 인사를 먼저 건네는 것도 일종의 괴롭힘이거나, 최소한 유쾌하지 못한 채무를 떠올린다는 것이다. 랍비들은 이 조차도 굳이 윤리규범으로 정해서 방지하려고 노력했다.

비즈니스 성공의 비밀

1. 두 회사의 문화가 서로 융합하기 힘든데도 긍정적인 요인이 많다
   고 해서 굳이 합병이나 파트너십을 맺으려 해선 안 된다.
2. 문서로 기록한 모든 계약을 존중하라.
3. 대출은 항상 신중해야 한다. 반드시 수익을 낼 수 있는 일에만 대
   출이 이뤄져야 한다.
4. 파산은 빚에서 벗어나는 고상한 방법이 아니다. 채무자는 반드시
   전액 다 갚아야 할 의무가 있다.
5. 채권자는 채무자를 위협하거나 모욕해선 안 된다.
6. 채권자는 채무상환을 기대하기 어려운 사람에게 돈을 빌려줘서
   는 안 된다.

불필요한
경쟁은 피하라

그는 동료를 상대로 악을 행하지 않았다.
다시 말해, 기업을 운영하거나 무역 거래를 할 때 불필요한 경쟁을 피했다.
– 랍비 함누나

경쟁은 자본주의의 중추다. 기업들은 경쟁을 통해 가격인하, 품질향상, 소비자를 위한 효율적인 서비스를 제공하는 등 궁극적 이윤 극대화에 필요한 예리한 판단력과 집중력을 배양한다. 그렇다면 경쟁은 항상 바람직한 것일까? 랍비들에 따르면, 경우에 따라 다르다.

작은 마을에 대형 할인점이 들어와서 골목의 구멍가게들을 모두 도태시키는 상황을 생각해보자. 지역 공동체에 오랫동안 투자하며 성실하게 봉사하던 지역 상인들을 배려한다는 차원에서 대기업 할인점이 발도 못 붙이도록 상권보호 조례나 기타 법률로 골목상권을 보호해줘야 할까, 아니면 그저 시장 논리로 받아들이고 수수방관해야 할까?

비근한 예로, 길거리에 간이 매점이나 노점상이 새로 들어왔다고 하자. 보통 이들 매장은 정식 매장을 차린 가게보다 유지

비용이 훨씬 적게 든다. 그렇다고 매장 주인들이 이들을 법에 호소해 쫓아내야 할까?

탈무드 랍비들은 이 문제를 두고 경제적인 측면과 도덕적인 측면을 모두 신중하게 고려했다. 랍비 후나는 어떤 골목에 누군가 이미 방앗간을 차렸는데, 다른 주민이 그 옆에 같은 종류의 방앗간을 차리려 한다면, 먼저 방앗간을 연 사람이 그를 제지할 권리를 가지고 있다고 주장했다. 그가 다른 사람의 생계를 망치고 있다는 이유에서였다.

다른 랍비의 생각은 달랐다. "기존의 가게 옆에 다른 사람이 가게를 차릴 수도 있고, 기존 목욕탕 옆에 다른 사람이 새로 목욕탕을 열 수도 있다. 어떤 사람에게도 나중 사람의 비즈니스를 제지할 권리가 없다. 내가 내 재산을 마음대로 할 수 있듯이, 다른 사람도 그의 재산을 마음대로 사용할 수 있어야 한다."

이 문제에 대한 논쟁은 쉽게 결론이 나지 않고 계속되다가 결국 다수의 랍비들이 '경쟁을 위한 경쟁은 좋지 않다'고 결론 내렸다. 이들은 경쟁이란 오직 지역 공동체에 가치를 더할 가능성이 있을 때만 허용돼야 한다고 믿었다. 예를 들면 어떤 지역에 이미 아이스크림 가게가 몇 군데 있는데, 더 나은 품질이나 더 향이 풍부한 아이스크림을 팔지 않는 한, 새로운 아이스크림 가게가 문을 열어서는 안 된다는 것이다.

이런 논쟁과 관련해 흥미 있는 에피소드가 있다. 선생이 되려는 자는 누구나 어떠한 상황에서도 환영을 받는다는 이야기다.

어떤 사회든 결코 교사를 충분히 확보할 순 없으며, 배운 자들 간에 학생들을 놓고 벌이는 경쟁은 언제나 건강한 현상이라는 것이다. 랍비 요셉은 이렇게 덧붙였다. "교사들 간의 질투는 지혜를 증가시킨다."

랍비 함누나는 랍비들의 입장을 다음과 같이 정리했다. "동종 업계의 다른 사람에게 피해를 끼친다면, 다시 말해 경쟁이 굳이 요구되지 않는 곳에서 경쟁적인 사업을 벌이는 것은 옳지 않다." 물론 이러한 관점은 현대 시장논리에는 전혀 어울리지 않는다. 경제성장을 희생하더라도 공동체와 시민의 이익을 중시하는 사회주의에도 맞지 않고, 시장에서의 자유를 부르짖는 자본주의에도 맞지 않다. 다만 랍비 함누나의 주장에서 주목할 것은, 공동체의 이익과 개인의 자유로운 비즈니스 권리 사이에서 팽팽한 균형을 도모하려는 탈무드만의 독특한 시각이다.

딜레마가 전혀 없는 것은 아니다. 한편으로, 기존 기업들과 경쟁함으로써 그 기업들을 문 닫게 만들 수도 있지만, 여전히 비즈니스의 자유는 보장돼야 한다는 주장과, 다른 한편으로 경쟁을 통해 공동체 전체에 더 나은 가격과 더 넓은 선택의 범위를 제공함으로써 도덕적이고 윤리적인 책임도 다해야 한다는 주장이 맞서고 있다.

랍비들은 이 논쟁에서 일부 세부 상황에는 합의를 이루지 못했지만 일반적인 결론에는 도달했다. 경쟁은 '공동체와 소비자 모두에게 이익이 될 때만 가치가 있다'는 것이다. 자기에게만 이익이 되거나 다른 비즈니스에 심각하게 피해를 입히는 경우엔 경쟁이 허용되지 않는다.

지역 발전과 상권 보호

랍비들은 특히 타지에서 유입된 경쟁자 이슈를 논의했다. 외지인들이 그 지역 기업들과 경쟁하는 것을 허락할 것인가?

랍비 죠수아의 아들인 랍비 후나는 "외지인이 가게를 연다고 해도 그 마을에 세금만 낸다면 굳이 막을 이유가 없다"고 주장했다. 16세기 그리스 도시 살로니카에 거주하던 랍비 아브라함 벤 모세는 외지 재단사에 대해 불평하는 동네 재단사들의 사례를 들었다. 동네 재단사들은 외지 재단사가 세금을 납부하기는 하지만, 자신들보다 더 오래 일하고 가격을 낮추는 등 불공정하게 경쟁하고 있다며 불만을 터뜨렸다. 랍비는 동네 재단사들이 그를 상대로 법률적인 이의를 제기할 수 없다고 결론 내렸다. 그 외지 재단사는 세금을 내고 가격을 낮춰서 결과적으로 소비자들에게 이득을 주고 있기 때문이었다.

먼저 진출하는 것만이 능사는 아니다

대개의 기업들은 항상 시장에 제품이나 서비스를 남들보다 먼저 내놓으려고 최선을 다한다. 이것이 과연 타당한 전략일까?

USC경영대학원 교수인 제러드 텔리스Gerard Tellis와 NYU경영대학원 교수인 피터 골더Peter Golder의 조사에 의하면, 거의 절반(정확히 말해 47%)

에 가까운 시장 개척자가 실패의 쓴 잔을 맛본다. 통계자료를 면밀히 분석해보면, 시장 개척자의 상황이 더욱 좋지 않다는 것을 알게 된다. 50가지 소비재 상품군을 조사해보니, 시장에 처음 모습을 드러낸 상품이 살아남은 확률은 겨우 10%에 불과했다. 오히려 '초기 리더(시장에 비교적 초기에 진입했으나 아주 초기 단계에 진입하지는 않은)'들이 더 많은 성공을 거둔 것으로 나타났다. 이들은 시장 개척자보다 평균 3배가 넘는 시장 점유율을 기록했다. 탈무드 랍비들은 이러한 현상을 잘 이해했으며 모든 상인들에게 다음과 같이 말했다. "허브를 팔려거든 허브마을로 가라." 이 말은 먼저 자기 물건과 같은 물건을 팔고 있는 곳으로 가서 장사를 하라는 주문이다. 랍비들은 가장 먼저 파는 사람이 되느니 차라리 맨 마지막에 파는 사람이 되라는 의미라고 설명했다. 다른 상인들이 이미 당신이 물건을 팔 수 있도록 시장을 조성해놓은 데다 손님들마저 끌어다놨기 때문이다.

오늘날에도 동일한 사례가 있다. 개인용 컴퓨터를 가장 먼저 선보인 회사는 사람들이 생각하는 것처럼 애플이 아니다. 최초의 개인용 컴퓨터를 선보인 회사는 마이크로인트트루멘테이션Micro Instrumentation과 텔레멧 시스템즈Telemet Systems다. 대부분의 사람들은 프록터앤겜블Procter&Gamble의 '팸퍼스'가 일회용 기저귀의 원조라고 생각하지만, 실은 존슨앤존슨Johnson&Johnson이 1935년에 내놓은 '섁스'라는 제품이 원조다.

텔리스와 골더는 1996년에 내놓은 보고서 〈가장 먼저 시장에 나온 자가 가장 먼저 도태되는가? 마켓리더를 유지하는 진짜 조건First to Market, First to Fail? Real Causes of Enduring Market Leadership〉에서 가장 먼저 시장에 나오거나 그 분야에서 단 하나뿐인 제품은 시장을 거의 확보하지 못하는 경우가 허다하다고 지적했다. 그 이유로 흔히 시장 개척자는 근사한 아이디어를 갖고 있기는 하지만 실행능력이 부족하고 추진력이 떨어진다는 점을 들었다. 이에 반해 후발주자는 시장 개척자의 독창적인 아이디어에다 훨씬 나은 경영, 마케팅, 유통, 자본을 적용하므로 성공할 가능성이 그만큼 높아진다.

여기서 랍비들의 판단 기준은 세금을 동등하게 내고 있느냐의 여부라는 것을 알아차렸을 것이다. 이와 유사한 문제가 최근 뉴욕과 워싱턴 D.C.를 비롯한 여러 도시에서 발생했다. 노점상들이 인근 가게보다 싼 가격에 물건을 팔기 시작한 것이다. 이에 시는 특별 노점상 허가증을 발급하고 이들이 팔고 있는 물건에 대해서도 세금을 부과하는 등의 조치를 통해 동등한 경쟁 환경을 만들기 위해 노력하고 있다.

새로운 비즈니스를 유치하는 데 공을 들이고 있는 공동체들은 탈무드의 이러한 원칙을 오히려 거추장스럽게 생각하고 있다. 지역경제에 활력을 불어넣기 위해 새로운 기업을 유치하려면 세금우대와 기타 혜택을 제시하는 것은 이제 관례가 되다시피 했다. 이러한 조치가 그 지역 기업들에게 공정하다고 할 수 있을까? 경쟁이 얼마나 치열한가 여부와 피해가 예상되는 기업의 상황에 따라 다소 차이가 있겠지만 아마도 공정하다고 보긴 어려울 것이다.

탈무드는 전통적으로 이를 경제보다는 정의의 문제로 간주한다. 비즈니스윤리센터Center for Business Ethics의 메이르 타마리Meir Tamari는 1994년 여름 뉴스레터에 이렇게 적고 있다. "경쟁으로 야기된 도덕적 문제를 해결하기 위해서는 효율성과 공평성 사이의 조화를 고려해야 한다. 유대인들은 이를 총괄적으로 정의와 자비의 문제로 바라본다. 이는 통상적인 학문적 견해와는 전혀 다르다."

지역 사회는 경제적인 이유가 아닌, 다른 이유로도 새로운 기업의 진입을 저지할 권리가 있는가? 예를 들어, 공동체의 분위기에 악영향을 미친다거나 천연자원이나 물리적인 사회기반 시설을 훼손시킨다는 이유로 사업을 가로막는 것이 윤리적으로 타당한가? 이러한 복잡한 문제들을 고려할 필요성이 점차 늘어나고 있다. 어떤 개발업자가 주택단지나 쇼핑몰을 조성하고자 할 때, 환경에 미치는 영향은 물론 주변 지역 경제에 미칠 영향도 함께 고려해야 한다. 랍비들은 기업을 유치할 때 경제적인 측면은 물론, 모든 가능한 요소들을 심사숙고해야 한다고 생각했다. 그들은 지역에 부정적인 영향을 미칠 수 있는 기업의 유입을 지역 사회가 막을 권리를 가진다고 주장했다.

틈새시장을 공략하라

고대 상점 주인들은 아이들에게 바짝 마른 곡물 견과를 선물로 주곤 했다. 가게에 들어오는 아이들을 유혹해서(목을 마르게 해) 부모들이 모든 식료품을 그곳에서 쇼핑하게 만들려는 의도였던 것이다. 이는 맥도널드가 비니 베이비 인형이나 디즈니 장난감을 줘서 어린이들과 그 부모들을 가게로 유인하는 것과 별반 다르지 않다.

랍비 유다는 이러한 방법이 불공정한 경쟁이라는 이유로 화를 냈다. 다른 랍비들은 그를 맹렬히 비난하며 반대 주장을 펼쳤다.

한 랍비는 이렇게 말했다. "견과류를 나눠 주는 가게 주인이 있고, 자두를 나눠주는 가게 주인도 있다."

랍비 유다는 경쟁가게보다 가격을 낮추어 파는 상인에 대해서도 못마땅하게 생각했다. 다른 랍비들은 이 점에 대해서도 반대했다. 가격인하 정책은 결국 소비자에게 유익한 것이며, 그 상점 주인은 오히려 칭찬받아야 마땅하다고 주장했다. 가격인하를 공정한 경쟁수단으로 인정한 것이다.

막대한 자본력을 가진 거대 경쟁자가 소비자에게 공짜 경품을 나눠주고, 다양한 품목을 갖추고, 가격을 대폭 인하해 판매한다면 작은 소매상들은 어떻게 대응해야 할까? 랍비들은 외지 경쟁자는 반드시 차별화된 상품, 서비스, 가격을 제공해야 한다면서도 기존 상점들도 그렇게 해야 한다고 주장했다. 랍비들이 제안한 비즈니스 생존의 핵심은 경쟁자와 차별화하거나 더 좋은 품질과 서비스를 제공해야 한다는 것이다.

카테고리 킬러Category Killer란, 장난감, 가전제품, 하드웨어 등 한두 분야의 품목에 집중해 그 분야에 관한 한 매우 다양한 품목을 구비하고 전문성을 갖춘 소매점을 말한다. 이 같은 카테고리 킬러들 및 거대 할인점들과의 경쟁과 상관없이, 소규모 소매점들은 여전히 번성하고 있으며 지역 시장을 거의 장악하다시피 한다. 이들은 주로 독특한 품목, 개인화된 맞춤형 서비스, 전문적인 서비스를 제공한다. 1985년부터 1993년까지 대형 소매기업에 관해 연구한 덴버 소재 컨설팅 회사인 G.A.라이트G.A

Wright와 던앤브래드스트리트Dun & Bradstreet에 따르면, 대기업들도 어쩌지 못하는 틈새 시장이 존재한다. 소규모 소매점이 성공을 거두기 위해서는 경쟁력 있는 가격으로 고객을 끌어들여야 하고, 거대 기업이 수행하지 못하는 높은 수준의 서비스와 특별 품목으로 고객들을 감동시켜야 한다.

작은 컴퓨터 소매상은 이에 주목했다. 기술적으로 복잡한 상품의 특성상, 대규모 체인점이 따라가기 힘든, 고객 한 사람 한 사람에게 쏟는 관심이 고객을 끌어 모은다는 사실을 알게 된 것이다. 고객들은 흔히 컴퓨터 관련 장비를 구입할 때, 그들에게 장차 문제가 생겼을 경우를 상정해 전문 기술자와 전화 상담이 가능하다는 사실을 알면, 약간의 돈을 더 지불한다고 불만을 표시하지 않는다.

때로는 독점도 필요하다

랍비들은 비효율적인데다 고객에게 가장 좋은 가격을 제시하지도 않는다는 점을 들어 독점이나 독과점을 반대했다. 다음은 독점과 관련된 이야기다. 어떤 마을에 두 곳밖에 없는 푸줏간이 어느 날 공모해 특정한 날에만 고기를 팔기로 했다. 다시 말하면, 한 푸줏간이 고기를 팔 날이 아니었는데도 소를 잡았다면, 다른 푸줏간이 그 고기를 팔지 못하도록 폐기해버릴 수 있도록 했다.

그들은 마을 랍비로부터 허락받지도 못했을 뿐더러 오히려 마을 사람들에게 보상까지 해줘야 했다. 랍비들은 독점은 '특별한 사람'이 필요하다고 승인한 경우에만 가능하다고 판결했다. 여기서 '특별한 사람'이란 공동체를 지배하는 사람으로서, 이들이 공동체의 이익에 반드시 필요한 경우에만 독점을 허락해야 한다는 것이다.

수도, 전기, 가스 등 공익사업체와 같이, 정부가 자연 독점으로 지정한 기업은 최상의 가격에 최상의 서비스를 제공할 수 있을 때만 유용하다. 최근에는 규제가 철폐되는 트렌드이므로 이러한 자연독점Natural monopoly은 빠르게 사라져가고 있다.

실재하지 않는 경쟁

우크라이나 프레미쉴란에 거주하던 하시딤파(경건파) 랍비 메이르는 19세기 가장 뛰어난 현자 중 한 명이었다. 한 번은 그가 사람들이 실제로는 존재하지 않는 경쟁 때문에 걱정하는 사례를 이야기했다. 신은 풍요롭다는 믿음을 가질 필요가 있음을 암시하기도 한다. 어느 날 한 사람이 자신과 경쟁관계에 있는 사람에 대해 불만을 터뜨리고 있었다.

"그가 내 생계를 빼앗아가고 말았습니다!" 그가 흥분하며 말을 이었다. "당장 쫓아가서 가게 문을 닫으라고 해야겠어요!"

랍비 메이르가 그 말을 듣고 말했다. "물가에 가서 물을 먹는 말들을 지켜본 적 있는가? 말은 성난 표정으로 우선 앞발로 물을 내리친 다음, 물결이 일어서 먹기 어렵게 된 뒤에야 비로소 물을 마시기 시작한다네. 말이 왜 그런 행동을 하는지 아는가?"

"모르겠습니다." 그 사나이가 대답했다.

"물에 비친 자신의 모습을 본 말은 다른 말이 자신의 물을 마시려 한다고 착각하기 때문이지. 그렇게 물을 발로 차서 그 말을 쫓아버리고 나서 물을 마시는 것이라네. 말은 깨닫지 못하는 것이 있지." 랍비 메이르가 말을 이었다. "그것은 신이 모든 말들이 다 마시고 남을 만큼 충분한 물을 만들어놓으셨다는 사실이라네."

지적재산권 보호

기업의 가장 중요한 경쟁우위 요소는(때로는 유일한) '지적재산'이다. 지적재산은 특허공정이나 저작권을 가진 글, 소리, 영상자료, 또는 특허, 소프트웨어, 공식, 디자인, 상표 등을 말한다.

랍비들은 아이디어나 개념과 같은 무형의 자산을 포함한 지적재산의 가치를 높게 평가하고, 지적재산권의 보호를 매우 중요한 일로 인식했다. 그들은 고기잡이에서 맨 처음 지적재산권의 문제를 인식했다. 어부들은 종종 물고기 떼를 유인하기 위해 죽은 물고기를 그물 안에 미끼로 넣어두곤 한다. 랍비는 이런 어부의 노하우(가장 효과적인 미끼를 아는 것)을 가치 있는 지적재산의 일종으로 간주했다. 랍비들은 어부들이 서로 멀리 떨어져서 그물을 설치해야 한다고 생각했다. 한 어부의 노하우 또는 미끼 물고기에 대한 정보 덕분에, 다른 어부가 이득을 보는 일은 부당하다는 이유를 내세웠다. "다른 어부가 알아낸 물고기 떼가 숨어 있는 장소에 그물을 쳐서는 안 된다."

유대 율법은 현대 법률보다 지적재산권에 대해 훨씬 엄격한 기준을 적용하고 있다. 예를 들어 랍비 아론 레빈Aron Levine이 쓴《경제정책과 유대 율법Economic Policy and Jewish Law》(1987)

에 의하면, 미국이 특정 교육·연구 목적 등에 한해 최소한의 복제를 허용한 반면, 유대 율법은 어떠한 경우에도 이를 금하고 있다. "불법복제 문제에서 유대 율법이 미국 법률보다 지적재산 소유자를 더욱 철저히 보호하고 있음을 알 수 있다."

레빈을 포함한 일부 사람들은 미국 법률이 제한적인 복제행위 (예를 들어 개인적인 용도로 TV 쇼를 녹화해 복사하는 행위)를 허용함으로써, 노골적으로 자행되는 불법복제에 대한 단속을 더욱 어렵게 만들고 있다고 비난한다. 아무리 작은 분량이라도 복제가 허용되기 시작하면 사람들은 점점 더 많은 불법복제를 하기 마련이다. 사람들은 흔히 복제를 절대 해서는 안 되는 불법행위라고 여기기보다는, 정도의 문제라고 생각한다. 탈무드는 도둑질에 정도의 차이를 인정하지 않는다. 랍비들은 작은 잘못을 눈감아주다보면 점점 커져서 언젠가는 통제 불능의 상태에 이르게 된다고 믿었다.

냅스터Nepster가 좋은 예다. 지금은 사라지고 없는 인터넷 기반의 이 회사는 녹음된 노래를 음악 애호가들이 온라인에서 서로 공유할 수 있게 했는데, 이는 명백히 저작권 위반행위였다. 음반업계는 불법 다운로드를 조장한 냅스터 때문에 수억 달러의 손해를 입었다고 주장했다. 이후에도 비슷한 서비스가 다시 생겨나면서, 불법 복제된 영화가 인터넷에서 불법 유포되는 것은 시간문제가 되었다.

이 문제에 대해 탈무드가 주는 교훈은 기업들이 지적재산권

보호에 좀 더 적극적이고 기민하게 움직여야 한다는 것이다. 사소한 불법 복제라고 그냥 지나치게 되면, 나중에는 불법 복제를 전혀 막을 수 없는 통제불능 상태에 빠지고 만다.

 탈무드는 지적재산에 관한 절대적인 권리는 소유자에게 있으며, 그 재산의 사용과 처분에 따른 이익도 독점적으로 소유자에게 귀속돼야 한다고 밝히고 있다.

지적재산을 무료로 사용 가능한 경우

지적재산을 소유하고 있는 사람은 자신의 노력에 대한 대가를 얻기 위해 지적재산을 사용하는 데 제한을 두는 것은 당연하다. 이에 따라 지적재산의 사용에 대한 수수료를 부가하는 것은 합법이다. 물론 비영리 단체나 기관이 수익을 목적으로 하지 않을 때에 한해 자신의 지적재산을 무료로 사용해도 좋다고 허용하는 경우도 있다. 그렇지만 그 구분은 명확하다.

랍비 메이르는 탈무드에서 이렇게 설명한다. "어떤 사람이 산에 오르기 위해 나귀를 빌려놓고 산에 오르는 대신 평지로만 몰고 다니거나, 혹은 평지에서 타고 다닐 목적으로 나귀를 빌려 놓고 산에 오른다면 나귀가 10마일을 못 가 죽어도 그 손해에 대한 책임은 빌린 사람에게 있다."

여기서 강조하는 것은, 저작권 소유자가 누군가에게 특정한 목적에만 쓰도록 자신의 지적재산 사용을 허락했다는 사실만으로 그에게 재산상의 모든 권리를 양도했다는 뜻은 결코 아니라는 것이다. 합의된 특정 목적 외에 다른 목적으로 지적재산을 사용하는 행위는 금지된다. 허락받지 않은 다른 목적으로 지적재산을 사용하는 것은 아무리 사소해도 비윤리적인 행동이다. 이러한 규칙은 현대 법률에서도 그대로 찾아볼 수 있다.

비즈니스 성공의 비밀

1. 제품과 서비스가 가격, 품질, 선택의 범위 면에서 완전히 차별화
   돼 있지 않다면 기존 회사들과 경쟁하지 마라.
2. 새로운 경쟁자는 기존 기업들과 공평하게 경쟁해야 한다. 기존 기
   업들과 동일한 세금과 임금을 지불해야 한다.
3. 활발한 경쟁은 항상 소비자에게 이득을 가져다준다.
4. 틈새시장을 잘 공략하면 대기업과 성공적으로 경쟁할 수 있다.
5. 기업의 번영을 위해 지적재산은 철저히 보호받아야 한다.

LESSON
09

평생
배워라

지식은 꾸준히 늘려가지 않으면 줄어든다.

– 힐렐

탈무드 랍비들은 모든 것에 질문하고 그 가능성을 따져보는
데 일체의 제한을 두지 않았다. 타 종교와 달리 유대교는 신의
권위, 신의 행동, 신의 존재 자체에 대한 물음까지도 허용한다
(심지어 진심으로 권장했다). 가장 초기 랍비들은 '달에서 살면 어
떨까?', '바다 속 여행은 가능할까?' 처럼 당시로서는 매우 기이
한 질문을 던져놓고 토론을 즐겼다.

　이처럼 인습에 얽매이지 않고 자유로운 질문과 토론을 즐겼
던 탈무드 랍비들은 평생 배우고 익히는 교육활동을 장려했으
며, 지속적인 배움으로 개인의 성장과 사업의 성공을 동시에 이
룰 수 있다고 믿었다.

교육으로 숙련된 노동력

학습조직이란 개념은 1940년대에 이미 형성되기는 했지만, 최근에야 비로소 지속적인 교육이야말로 고도화된 경쟁 시대에서 살아남는 필수불가결한 핵심수단이라는 사실을 인정하는 기업들이 늘고 있다.

직원교육으로 난관을 넘다

철강, 타이어 보강재, 광섬유 보강용 와이어 등을 생산하는 델타 와이어Delta Wire Corporation는 1980년대 초 공장을 미시시피 주 클라크스데일Clarksdale로 옮기기로 결정한 후 난감한 문제에 봉착했다. 경쟁사와의 경쟁은 날로 격해지고 소비자들의 요구 수준은 갈수록 높아지는 반면, 저임금의 시골 지역 노동자들은 기술 수준이 너무 낮아서 업무수행능력이 현저히 떨어졌기 때문이었다.

조지 워커George Walker 사장은 회사의 생존이 직원들의 교육에 달려있음을 깨닫고 이를 시행하려고 했지만, 정작 그 필요성을 느끼지 못하는 직원들을 설득하는 데 많은 시간이 걸렸다. 그는 교육을 받아야만 직업의 안정성이 확보된다고 직원들을 설득했다. 그 지역 대학과 미시시피 주립대학에 3년 과정 교육 프로그램을 개설해, 기본적인 독해와 셈법에서부터 통계적인 공정제어에 이르기까지 다양한 교육을 실시했다. 이러한 노력으로 1990년대 초반까지 이 회사는 낮은 이직률에 20%의 고용성장률을 기록했고, 주요 고객인 굿이어Goodyear와 에버레디Eveready로부터 품질상을 수상하기도 했다.

당시 워커는 〈HR 매거진〉과의 인터뷰에서 다음과 같이 말했다. "가장 큰 기업 자산은 현재 우리 직원들의 마음속에 있습니다."

대기업들은 물론 중소기업들도 기업의 최고 자산은 공장, 설비, 기계 등이 아니라 교육으로 잘 훈련된 노동력이란 사실을 깨닫기 시작했다.

　요즘에는 지속적인 교육과 훈련이 비즈니스 성공의 핵심요소라는 사실을 언급하는 것조차 구차한 일이 돼버렸지만 대다수의 기업들이 직원들의 훈련을 기피하던 시절도 있었다. 여전히 많은 CEO들은 지속적인 교육(회사가 설립한 교육기관을 통한)이 기업생존에 유용하다는 사실을 인정하려 들지 않는다. 아마도 현재 50, 60대인 미국의 대다수 CEO들은 신입사원 시절 단 한 번도 지속적이고 공식적인 훈련을 받아본 경험이 없다는 것이 그 이유일 것이다. 그들은 교육이 아닌 경험을 통해 배웠고, 알아야 할 지식은 작업 중에 비공식적인 방법으로 습득해왔다.

　하이테크 산업은 사람들이 필요한 지식을 대학에서 모두 배울 수 있다는 신화를 깨뜨려버렸다. 하이테크 산업과 관련된 기술은 그 변화의 속도가 매우 빨라서 대학을 졸업하고 얼마 지나지 않아 낡은 지식이 되고 만다. 이와 관련해 전 연방준비제도 이사회 의장 앨런 그린스펀Alan Greenspan은 1997년 9월, 노스캐롤라이나 주 케난 프레글러Kenan-Flagler 경영대학원 연설에서 "기술혁신으로 직장 내 평생교육이 필수불가결해졌다"고 강조했다.

직원교육에 투자하라

세 명의 팔레스타인 랍비가 전국의 교육 실태를 파악하라는 실사 임무를 띠고 지방에 파견됐다. 그들이 어떤 마을에 도착했는데 그곳에서는 교사를 단 한 명도 발견할 수 없었다. 너무 놀란 그들은 마을 사람들을 불러 모아놓고 지시했다. "이 마을을 지키는 사람을 데려오시오." 그러자 마을 사람들이 군인들을 데려왔다.

랍비가 말했다. "그들은 마을을 지키는 사람들이 아니라 파괴하는 자들이오."

"그럼, 누가 우리 마을을 지키는 사람입니까?" 마을 사람들이 물었다.

"선생이들이오." 랍비들이 대답했다.*

이 이야기는 교육으로 잘 훈련된 노동력이야말로 치열한 경쟁과 변화무쌍한 시장 환경에서 회사를 가장 확실하게 지켜내는 힘이라는 사실을 말해주고 있다. 많은 기업들이 경쟁에서 살아남기 위해 엄청난 자원을 동원하고 있지만, 시장에서의 입지를 지속적으로 강화하는 데 꼭 필요한 직원교육에 적극적으로 투자하는 것이 가장 현명한 전략이다.

*Chagigah, 76c

기업 경영에서 어려운 문제 중 하나는 교육과 훈련의 성과를 입증하는 일이다. 교육은 반드시 투자에 대한 보상을 가져온다. 평생교육의 개념은 위대한 랍비로 추앙받는 힐렐의 말에서도 찾아볼 수 있다. "지식은 꾸준히 늘려가지 않으면 줄어든다." 평생에 걸쳐 학습하지 않으면 뒤쳐지게 마련이라는 것이다. 게다가 힐렐은 "배우지 않는 사람은 삶의 권리를 훼손한다"라고 일갈하기도 했다.

활발한 토의와 토론이 가능한 탈무드 학습법

서구인들에게 탈무드는 매우 독특한 방식으로 서술된 책이다. 실제로 탈무드는 구두법을 활용한 기이한 문장, 어법상 선언적 문장처럼 쓰인 질문, 질문처럼 쓰인 선언적 문장 등 기이한 문체로 가득하다. 탈무드 학자는 일부러 같은 텍스트를 여러가지 방식으로 읽히게끔 만들어놓고 다양한 해석이 가능하도록 했다. 한 가지 정답이 따로 없는 까닭에 학생들 간에 토의와 토론이 활발하게 일어난다.

다만 빨리 배워나가는 것은 가급적 피했다. 뭔가 새로운 것을 발견할 때까지 같은 책을 반복해서 읽도록 했다. 학생들은 한 번, 두 번, 세 번, 심지어 백 번을 읽어도 모든 것을 다 이해했다고 보긴 어렵다. 예를 들어, 사람이 매번 탈무드의 각 장을 읽을 때마다 색다른 걸 배우게 되고 그것 때문에 전혀 다른 사람으로 변해간다. 벤 바그 바그라는 괴상한 이름을 가진 현자는 탈무드에서 이렇게 말하고 있다. "토라를 읽고 또 읽어라. 모든 것이 그 안에 있다. 책 표지의 왁스칠이 닳아 벗겨지도록 곰곰이 사색하라."

현자들은 새로운 답을 얻으려고 계속해서 탈무드를 반복해서 읽었다. 매우 곤란한 비즈니스 문제에 부딪혔을 때도 탈무드를 찬찬히 읽다보면 해답을 발견하는 수가 많았다.

잘게 씹듯이 공부하라

"토라의 낱말 하나하나에 얽어질 때까지는 토라를 온전히 이해하지 못한다."*

탈무드 랍비들은 '현장실습'이라는 표현이 가장 어울리는 학습방법을 특히 선호했다. 랍비들은 한 주제(여기서는 토라)에 관해 잘게 썰어서 아작아작 씹어먹을 정도로 서서히, 조직적으로, 계속해서 공부한 후에야 가장 많이 배울 수 있다고 믿었다. 또한 실제로 행동에 옮기고 실수도 범하면서 계속해나가야 결국 교육 내용을 완전히 이해할 수 있다고 생각했다.

이와 관련된 탈무드의 경구는 다음과 같다. "백 번 읽은 사람은 백한 번 읽은 사람과 비교가 되지 않는다."** 아무리 집중적으로 공부해서 완전히 이해했다 하더라도, 여전히 계속해서 심도 있게 파고들고 배워야 할 것이 많다는 뜻이다.

* Gittin, 43a
** Chigigah, 9b

4가지 타입의 학생

"세상에는 네 종류의 학생들이 있다. 스펀지, 깔때기, 여과기, 체와 같은 학생이다."*

스펀지형 학생은 좋은 것이든, 나쁜 것이든 상관없이 모든 것을 다 흡수한다. 이런 학생은 자신이 배운 것에서 옥석을 가리지 못한다. 깔때기형 학생은 모든 것을 빨리 배우긴 하지만 아무것도 담아두지 못한다. 쉽게 받아들이고 쉽게 뱉어버리기 때문이다. 여과기형 학생은 오로지 가장 중요하지 않은 것만 골라 배운다.

가장 좋은 타입은 체와 같은 학생이다. 고대에는 체를 사용해 고운 밀가루에서 불필요한 이물질을 걸러냈다. 체와 같은 학생은 중요한 것만 골라내고 쓸모없는 것은 날려 보낸다.

* Avot, 5, 25

가능하면 조기교육이 좋다

지속적인 교육이 비즈니스의 성공에 필수적이지만 그것만큼 중요한 것이 '조기교육'이다. 공부하는 습관은 어릴 때부터 길러줘야 효과적이다.

조사에 따르면, 어린이집Preschool에 다닌 아이들이 유치원에서도, 그렇지 않은 아이들보다 여러 면에서 앞서는 것으로 나타났다. 이들 어린이들은 기본적인 읽기와 셈하기를 빨리 습득할 뿐만 아니라 정식 교수환경에도 수월하게 적응한다.

예루살렘 유대인 공동체는 세계 최초로 제도화된 의무교육 제도를 갖췄다. 탈무드에는 아이들이 배울 준비가 되고 또 배우고자 하는 의사가 있다면, 가능하면 조기에 교육을 시작하는 것이 중요하다는 사실을 보여주는 사례가 여럿 있다. 라브가 랍비 사무엘 벤 실라스에게 말했다. "6세 이전의 아이를 학생으로 받아들이지 않는다. 다만 그 나이의 아이를 제자 삼아 토라를 배우게 하면, 아이들은 황소처럼 받아들일 것이다." 최근의 연구를 보더라도 예상보다 어린 나이에도 이미 상당한 학습능력을 가지고 있음을 알 수 있다. 한 세기 전의 어린이들과 비교해볼 때, 오늘날 많은 유치원 학생들은 1년을 채 마치기도 전에 이미 읽기와 쓰기를 익히고 있다.

교육자들은 어린이들이 어른들보다 많은 것을 더 쉽게 배울 수 있다는 사실을 알고 있다. 특히 외국어의 경우는 더욱 그렇다. 아직 편견이 자리 잡지 않았기 때문에 어린이들은 어른들보다 배움에 더욱 개방적이다. 이러한 맥락에서 엘리사 벤 아부야는 모든 사람이 어린이와 같은 배움의 자세를 가져야 한다고 주장한다. "어린이처럼 배운다는 것은 무엇일까? 깨끗한 종이에 잉크로 쓰는 것과 같다. 어른처럼 배운다는 것은 무엇일까? 얼룩진 종이에 잉크로 쓰는 것과 같다." 여기서 '얼룩진 종이'란 파피루스를 일컫는다. 파피루스는 값이 비싸서 여러 번 재사용해야 했다. 마지막 사람이 사용할 때쯤 되면, 먼저 사람이 썼던 글씨가 희미하게 남아있어 자신이 새로 쓴 글을 알아보기조차 힘들었다. 이 현자는 되도록 어린 나이에 배움을 시작하라는 교훈과 함께 이미 어른이 돼서도 새로운 것을 받아들일 때는 편견에 사로잡히지 말고 개방적인 자세를 유지하라고 가르친다.

1960년대와 1970년대 기업에 전면적으로 컴퓨터가 도입되기 시작하자, 나이가 많은 노동자들은 최신 컴퓨터를 이용한 새로운 작업방식을 배우기보다는 조기 퇴직을 선택했다. 전혀 새로운 기계를 다루는 신기술이 어렵기도 했겠지만, 새로운 것은 무조건 어렵다는 편견이 작용했을 수도 있다. 할아버지 세대와는 달리, 요즘 아이들은 컴퓨터를 매우 친숙하게 받아들인다. 이는 신입사원들이 기존의 작업환경에 적응하기 전에 교육을 조기에 시작하는 것이 얼마나 중요한지를 보여준다.

배움에는 한계를 두지 않는다

탈무드 랍비들은 토론과 논쟁을 즐겼으며, 좀 더 배우고 익히고자 하는 데 따로 한계를 두지 않았다. 다음 이야기는 성경의 한 구절을 놓고 세 명의 랍비와 한 명의 랍비가 서로 자기 의견이 옳다고 주장하는 내용이다. 심지어 토론에 참여한 네 명의 랍비들은 신이 한쪽을 편들더라도 모두가 만족하는 결론이 나올 때까지 대화와 논쟁을 멈추지 않았다. 세 명의 랍비들은 같은 의견을 제시했지만, 마지막 한 사람은 끝까지 자기 주장을 고수했다. 네 번째 랍비는 다른 세 명의 랍비들이 모두 틀렸다면서 다음과 같이 주장했다. "내 말이 틀림없다면 전능하신 신께서 저 푸른 하늘에 먹구름을 그 징표로 보여주실 것이다." 그러자 갑자기 천둥을 동반한 먹구름이 몰려오더니 이내 사라졌다. "봤지?" 으쓱해진 랍비가 말했다. "내가 옳다고 말했잖아." 다른 랍비들은 여전히 확신이 서지 않아서, 먹구름은 단지 우연에 불과하다며 그의 주장을 일축했다. 그 랍비가 흥분해서 말했다. "만약 내가 옳다면, 이번엔 신께서 폭풍우를 동반한 먹구름을 보내시고 소낙비를 쏟아 부으실 거야."

말이 끝나기 무섭게 또 다시 천둥을 동반한 먹구름이 몰려와 한 차례 소나기를 뿌리고는 사라졌다. "봤지? 내가 옳다는 증거야." 기고만장해진 랍비가 말했다.

다른 세 명의 랍비들은 그래도 자신들의 의견을 굽히지 않으면서, 두 번의 현상이 모두 우연이라고 깎아내렸다.

그러자 이번에는 하늘이 갑자기 검게 변하면서 번개가 치고 천둥이 울리더니 하늘에서 우렁찬 목소리가 들려왔다. "그가 옳도다!" 눈 깜짝할 새 하늘이 다시 맑게 개었다. 랍비가 다른 세 명을 바라보며 의기양양한 표정으로 씩 웃었다. 그러자 다른 랍비들이 소리쳤다.

"그래서 어쨌다는 거야? 아직 3대 2야."

구슬이 서 말이라도 꿰어야 보배

교육에서 많이 활용되는 암기 방식이 토라 학습에 유용하더라도 암기만 해선 안 되고 누구나 배우고 있는 내용을 생각하며 익혀야 한다. 암기하고 있는 낱말들의 행간에 숨은 뜻을 이해해야 한다는 뜻이다.

최근에는 어린이들에게 읽기 기술을 가르치는 방법의 하나로, 지난 10년간 유행했던 '통문장' 방식에 반대한 파닉스(발음 중심의 어학 학습법)를 강조하는 학습법이 유행이다. 통문장 교수법은 어린이들에게 전체 문장을 암기하게 한 뒤, 이를 다시 해석하게 만드는 것이다. 많은 교육자들은 이 방법이 빠른 결과를 가져올 수 있다고 생각했고, 배우는 어린이들도 자부심을 가지는 것처럼 보였다. 그 효과는 오래가지 않았다. 학생들은 글자와 글자의 조합이 어떻게 발음되는지 기본을 배우지 않았기 때문에 정작 읽기 능력은 향상되지 않았다. 건축으로 치면 건물의 뼈대가 부실했던 것이다. 학생들은 읽는 방법을 제대로 배우지도 못한 채 상급 학년으로 올라가거나 심지어 졸업하기도 했다. 어떤 언어를 가르치든 읽는 데 어려움이 있다는 것은 큰 문제가 아닐 수 없다. 현재 대부분의 학교들이 파닉스 중심의 학습법을 도입하고 있는 이유다.

이와 같은 맥락에서 기업들은 '정보'와 '지식'의 차이를 직원들이 이해하도록 해야 한다. 구슬이 서 말이라도 꿰어야 보배라는 인식을 심어줘야 한다는 말이다. 랍비 엘라자르 벤 아자리아는 말했다. "이해가 없는 곳에는 지식도 없다." 정보와 지식의 차이는 기업에 비교적 낯선 개념이다. 미래지향적인 기업들은 이것을 경쟁력 있는 지적 훈련으로 받아들이고 있다. 우리는 정보 시대가 아닌, 지식의 시대에 살고 있다. 정부 간행물, 미디어, 인터넷 등을 통해 사용 가능한 '정보'는 항상 흘러넘친다. 정보는 제품에 쓰이는 원료처럼 원자재가 된다. 이러한 정보를 분석해 지식으로 변환시키지 못한다면, 정보 자체는 거의 쓸모가 없게 된다.

두 명의 주식중개인이 있다고 생각해보자. 그들 모두 주식 가격, 시장흐름, 거래량 등을 즉각 알려주는 사이트를 공유하고 있다. 이들은 특정 회사의 주식에 대해 동일한 정보를 동시에 제공받고 둘 다 그 주식을 거래했다. 그 결과 한 명은 수백만 달러를 벌었고, 다른 한 명은 수백만 달러를 잃었다. 그 차이는 무엇일까? 둘 다 똑같은 원천정보를 동시에 제공 받았지만, 한 명은 그 정보를 유용한 지식으로 가공했고, 다른 한 명은 그렇지 못했다.

탈무드는 지식으로 가공하지 않은 정보는 가치가 없다고 가르친다. 현대 교육자들은 정보가 지식으로 바뀌는 과정을 '분석'이라고 부르고, 탈무드는 '이해'라고 부른다.

기업도 결과를 빨리 얻기 위해서 업무지침서에 맹목적으로 매달리기보다는, 직원들에게 역시 생각하는 법을 가르쳐야 한다.

배운 것은 반드시 실천해야 한다

"가르치기 위해 공부하는 사람은 공부하고 가르치는 것이 가능하다. 실천하기 위해 공부하는 사람은 공부하고 가르치는 것뿐만 아니라, 그 가르침을 준수하고 실천하는 것도 가능하다."*

랍비 요하난은 배움 그 자체만을 위해 배우는 것은 충분치 않다고 말했다. 랍비들은 평생을 배우는 데 시간을 보내고도 배운 지식을 가르침을 통해 남에게 전파하지도 않고, 자신의 일상생활이나 전문분야에 응용하지 않는 사람들을 탐탁지 않게 생각했다. 기업은 직원들이 업무와 직접 관련이 있는 기술과 지식을 쌓는 데 초점을 맞춰야 한다. 업무와 직접 관련 없는 것을 배우는 것도 흥미롭고 정신 수양에 도움이 될 테지만, 모든 교육은 궁극적으로 실천할 수 있어야 의미가 있다.

* Avot, 4, 5

혼자보다 팀학습이 효과적이다

피터 센게Peter Senge는 자신의 책《제5경영》(세종서적, 2002)에서 진정한 학습 조직이 되기 위해서는 단체 학습이 중요하다고 강조했다.

"어떤 면에서는 개인 학습이 조직 학습을 위해서는 적절치 않다. 혼자 있을 때보다는 팀이 함께할 때 지적 잠재력이 훨씬 더 잘 발휘된다. 팀 학습에 개인의 기술과 이해의 영역도 포함되긴 하지만, 팀 학습은 무엇보다도 단체 훈련이다."

탈무드도 여러 사람이 함께 배우는 것을 강조한다. 진정한 학습은 질문과 답변을 주고받는 과정에서 이루어지는데, 이는 혼자서는 달성하기 어렵다. 게다가 읽는 것(특히 탈무드의 경우)의 상당 부분은 지혜가 더 높은 사람의 설명이 필요하다.

최근 유행하고 있는 기업 훈련 방식은 직원들을 웹사이트를 통해 교육할 수 있는 인터넷 온라인 학습이다. 고용주 입장에서는 비용을 절감할 수 있고, 직원들 입장에서는 언제든 편리한 시간에 들을 수 있다는 것이 장점이다. 이 학습법의 단점은 학습자의 질문에 대답해줄 사람이 없다는 것이다. 또 다른 단점은 같은 학습 과정에 참여하는 다른 학습자의 질문을 통해 배울 기회를 갖지 못한다는 것이다. 온라인 강의는 학생들 간의 상호작용을 통한 깊이 있는 배움을 얻을 수 없다.

탈무드의 현자들이 인터넷 기반의 학습시스템을 본다면 아마도 온라인 지도교사는 물론, 다른 학생으로부터 배울 수 있는 메커니즘(인터넷 포럼 등)이 추가돼야 한다고 지적했을 것이다.

소규모 학급이 가장 좋다

"교사 한 명당 적절한 학생 수는 25명이다. 50명이 되면 교사를 두 명 채용한다. 학생이 40명이면, 보조교사 한명을 채용한다."*

고대 랍비들이 단체 학습을 중요시하긴 했지만, 가급적 소규모 학급을 유지해야 한다고 생각했다. 비록 이 같은 학생 숫자는 주로 어린이들을 가르칠 때 적용됐지만, 성인을 가르치는 경우에도 적용될 수 있다. 학급의 규모는 작을수록 좋다. 대형 체육관이나 강의 홀에 학생들을 꽉 채우고 진행하는 강의가 효과적인 경우도 있지만, 가장 효율적인 학습 환경은 소그룹 수업이다.

*Bava Batra, 21b

인품 좋은 사람이 선생이 돼야 한다

유대 전통에 따르면, 세상에서 가장 존경받는 직업은 교사다.

'랍비'란 단어는 '선생'을 뜻하며, 탈무드 랍비들이 무엇이 훌륭한 교사를 만드는가에 대해 많은 글을 남긴 것은 그리 놀랄 일이 아니다. 랍비들이 전하는 교훈은 오늘날 일반학교와 대학은 물론 기업체 프로그램을 수행할 교육자를 고르는 데도 매우 유용하다.

좋은 교사의 가장 중요한 요건 가운데 하나는, 언행일치言行一致다. 랍비들은 토라를 가르치면서 정작 자신은 그 교리를 따르지 않는 학자들을 결코 존경하지 않았다. 훌륭한 선생은 자신이 가르치는 바를 일상생활에서 늘 실천하려 애쓴다. 이런 이유로 랍비들은 현실세계에 관심이 없고 경험이 부족한 선생에게 거의 관심을 기울이지 않았다. 고대 랍비들은 대부분 육체노동을 하는 직업에 종사했다는 사실을 상기하라. 랍비들은 직업을 가짐으로써, 매일 일어나는 실제 경제활동 속에서 현실감각을 유지할 수 있었다.

오늘날 기업환경에서 가장 효과적인 교사는 자기 분야의 산업현장에서 실제로 경험을 쌓은 사람들이다. 아무리 많은 분량의 책을 읽고 배우더라도, 현실에서 쌓은 경험을 대체할 수는 없다. 더욱이 경험이 많은 직원은 젊은 직원에게 지식을 전달할 책임이 있다. 이는 좋은 행동인 동시에 가르치는 선생과 배우는 학생 모두에게 성취감의 원천이 된다.

랍비들은 많은 지식을 갖고 있으면서도 자신의 재능을 현실적 문제를 해결하는 데 사용하지 않거나 가르침으로 다른 사람을 돕지 않는 사람에게 매우 비판적이었다. 랍비 엘라자르는 말했다. "지혜는 많으나 실천하지 않는 사람을 무엇에 비유할 수 있을까? 그런 사람은 가지는 풍성하되 뿌리가 약한 나무와 같아서 바람이 불면 쉬이 꺾여서 쓰러지고 만다. 또한 사막에 서 있는 향나무와 같아서 자신에게 좋은 것이 오는 것을 보지 못하고 바짝 마른 황무지에서 외롭게 살아갈 것이다."

  탈무드는 지식과 돈은 한곳에 머물러 있으면 낭비된다는 사상을 갖고 있다. 지식과 지혜는 사람과 사람 사이를 흐르면서 사회적 번영을 이룩하고 선행을 쌓는 데 이용되어야 한다.

좋은 선생의 조건

"학생을 벌하려거든 오직 신발 끈으로만 때려라"*

고대 랍비들은 훌륭한 선생이 되는 길을 잘 알고 있었다. 교사들은 지혜를 가지고 있어야 하고, 여간해서는 화를 내지 말아야 하며, 학생들을 다룰 때는 인내심을 가져야 한다. 탈무드는 배우려면 많은 노력을 기울여야 하지만, 그렇다고 배움이 고역이 돼선 안 되며, 오히려 즐거워야 한다고 역설한다. 최고의 선생은 이를 이해하며, 학습능력이 뒤떨어지는 학생이 설령 실수를 범한다고 해서 그때마다 벌하진 않는다. 이는 기업체 교육 담당자에게도 역시 중요하다. 학생의 실수는 용납돼야 한다. 남들처럼 빨리 깨우치지 못하거나 완전히 이해하지 못했다고 학생을 벌해서는 안 된다.

*Bava Batra, 21b

비즈니스 성공의 비밀

1. 배움은 평생 지속해야 한다. 사람은 누구나 직장 다니는 동안에
   도 배움을 멈춰선 안 된다.
2. 기업은 직원 교육 프로그램을 개발하고 실시함으로써, 이윤을 극
   대화할 수 있다.
3. 직원 교육은 암기 교육보다는 비판적인 사고훈련에 초점을 맞춰
   야 한다.
4. 학생은 반드시 지식과 정보를 구별할 줄 알아야 한다. 정보는 원
   자재로써 분석과 종합 등을 통해 지식으로 가공돼야 가치가 있다.
5. 팀학습은 혼자 배우는 것보다 훨씬 효과적이다. 질문을 주고받고
   생각을 서로 자유롭게 교환할 수 있기 때문이다.
6. 기업체 교육 담당자로 가장 적합한 사람은 전문과 산업현장 경험
   이 풍부한 사람이다.

자선은
기부자의 목숨을
살린다

자선은 모든 계명을 다 합친 것과 같다.

– 랍비 아시

탈무드 랍비에게 자선은 친절한 행동이나 동정심만을 의미하는 것이 아니다. 정의로운 행동이기도 하다. 랍비들은 자선을 모든 개인과 기업이 반드시 실천해야 할 법적인 의무로 봤다.

　일반적으로, 사람들이 생각하는 자선이라는 단어의 어원을 살펴보면 깊은 통찰력을 얻을 수 있다. 자선을 의미하는 영어 낱말 'Charity'는 '사랑'을 의미하는 라틴어 'Caritas'에서 왔다. 그리스어에서 사랑을 의미하는 단어는 'Philo'로서 'Philanthropy'(자선사업)의 어원이 된다. 두 어원이 뜻하는 바를 풀어보면, 자선이란 '이웃 사랑'의 의미를 담고 있다.

　자선에 해당하는 히브리어 단어 'Tzedakah'(쩨다카, 의무적 자선을 뜻함. - 역자 주)는 '정의'를 뜻하는 'Tzedek'(쩨덱)에서 유래했다. 유대주의에서 자선을 베푸는 것은 사랑의 행위가 아니라 정의로운 행위, 다시 말해 이 세상을 좀 더 공평한 삶의 터전으로 만들기 위한 조정 수단이다.

탈무드에는 '쩨다카'가 우주에서 가장 강력한 힘임을 강조하는 수많은 이야기가 등장한다. 탈무드의 현자들은 자선이 성전에 바쳐진 모든 희생물보다 더 귀하고 중요하다고 생각했다. 심지어 자선은 우리를 죽음에서 구한다고까지 주장한다. 이어지는 양들의 우화도 같은 교훈을 전한다.

신선한 풀을 뜯기 위해 강을 건너려던 두 마리의 양이 실수로 강물에 빠졌다. 한 마리는 최근에 털을 깎아서 헤엄을 치는 데 문제가 전혀 없었지만, 다른 한 마리는 오래도록 깎지 않은 털이 모두 물에 젖는 바람에 그 무게를 견디지 못하고 물속으로 가라앉고 말았다.

랍비들은 이 이야기에서 이 세상을 떠나기 전에 자기 재물을 이웃을 위해 쓰지 않으면, 털을 깎지 않고 강을 건너려던 양처럼, 결국 돈과 함께 '가라앉게' 될 것이라고 충고했다.

기회가 주어질 때 머뭇거리지 마라

두 명의 사내가 길을 걷고 있는데, 어떤 시각장애인 거지가 앞으로 다가왔다. 한 사내는 그 거지에게 돈을 주었고 다른 사내는 주지 않았다. 이윽고 죽음의 천사가 그들에게 다가와서 말했다. "거지에게 돈을 준 사람은 앞으로 50년을 더 살게 될 것이니, 굳이 나를 두려워할 필요가 없다. 돈을 주지 않은 사람은 지금 곧 죽게 될 것이다."

돈을 주지 않은 사내가 죽음의 공포에 질린 채 외쳤다. "지금 당장 그 거지에게 돌아가서 돈을 주면 안 될까요?"

"그럴 수는 없다." 죽음의 천사가 말했다. "배는 떠나가 전에 바닥에 구멍이나 균열이 있는지 살펴봐야지, 출발하고 난 뒤엔 아무 소용이 없다."*

*Midrash, from Meil Tzedakah

세상에 가난한 이들이 존재하는 이유

이런 의문을 품어본 적이 있는가? '왜 신은 애초에 가난한 사람을 만드셨을까?', '왜 신은 우리를 청지기로 삼으셔서 부를 분배하는 사명을 맡기셨을까?', '왜 신이 이를 직접 하지 않으실까?'

현자들도 이 문제를 깊게 생각한 끝에, 자선이야말로 신의 창조사역을 완성하기 위해, 신이 이 세상을 더 좋은 곳으로 만들라(더 정확히는 이 세상을 고치라)고, 우리에게 주신 유일한 기회라는 결론에 도달했다. 오해해선 안 되는 것이, 신이 일부러 이 세상에 항상 가난한 사람들이 존재하도록 만드시고 다른 사람들이 그들에게 자선을 베풀도록 하신 것은 아니라는 것이다. 세상에는 항상 가난한 사람이 있기 마련이다. 자선은 불운하거나 좋지 않은 선택 때문에 가난해진 이들에게 우리 자신을 나눠주는 선한 행위이다.

자유의지를 가진 우리는, 매일의 삶 속에서 가진 돈으로 무엇을 해야 할지 결정할 수 있는 권한을 가지고 있다. 돈으로 자선을 베풀었다면, 우리는 돈(신의 돈)을 올바르게 사용한 것이며, 그 대가로 축복을 받게 되는 것이다. 랍비들은 종종 이렇게 말했다. "포도주는 주인의 것이지만 손님으로부터 고맙다는 인사는 소믈리에가 받는다." 달리 말하면, 이 세상의 부는 전능하신 신에게 속한 것이지만, 그 부를 가난한 이들에게 나눠주는 역할은 사람이 맡았다는 것이다. 청지기 개념은 탈무드의 전체에 걸쳐 드러나며, 돈 문제는 물론 이미 살펴봤듯이 환경 이슈에도 적용된다. 거듭 반복하지만 모든 부는 신으로부터 왔으며, 돈을 사용할 때 지혜롭고 정의롭게 사용하느냐의 여부는 모두 우리 손에 달려있다.

자선에도 에티켓이 있다

자선은 이 세상을 '좋은 곳으로 바꾸는' 매우 중요한 일이기 때문에, 탈무드 전통은 이를 복잡한 규칙과 절차를 지닌 예술의 경지로까지 끌어올렸다. 예를 들면, 자선은 도움을 필요로 하는 사람을 차별하지 않고 베풀어야 한다. 자선을 베푸는 사람은 그 대상이 게을러서 도움을 받는 처지가 되었는지, 예기치 않은 사고로 일을 못해 그렇게 됐는지를 굳이 구별하려 해선 안 된다는 것이다. 상대방이 우리의 도움을 받아야 할지 여부를 따지는 것은 우리의 몫이 아니다. 설령 그가 무례하거나 뻔뻔스럽게 보일지라도 마찬가지다. 거듭 말하지만, 도움을 요청하는 사람이 자선을 받을 자격이 있는지의 여부는 우리가 따질 문제는 아니다.

탈무드는 자선의 대상이 되는 사람에 대해 진실로 가난한 사람인지 확인하기 위해 조사해볼 수는 있지만, 무척 곤궁한 처지에 있다면 굳이 조사하거나 자선을 머뭇거려선 안 된다고 말한다. 랍비들은 굶고 있는 사람이 음식을 요청하면 즉시 줘야 한다고 말한다. 또 누군가 옷을 요청하면 정말 곤궁한지 또는 몰래 사기 치는지 굳이 조사하지 않고 하는 자선이라도 그 가치는 여전히 똑같은 것으로 취급한다. 이것이야말로 자선에 대해 랍비들이 주장하는 매우 흥미로운 관점이다. 기부자를 대신하는 자선단체가 모금된 돈을 낭비하거나 잘못 사용했다는 뉴스를 종종 듣곤 하지만, 여전히 우리의 자선은 가치 있고 존경받을 만한 행동이다.

피해야 할 자선

"나쁜 자선도 있을까? 그렇다. 길거리에서 남자에게 자선을 베풀거나 은밀하게 여자에게 자선을 베푸는 것은 좋지 않다."*

탈무드 랍비들은 도움받는 사람에게 상처주지 않도록 조심해야 한다고 말한다. 길거리, 같은 공개된 장소에서 자선을 베풀면 도움받는 사람이 수치감을 느낄 수 있으므로 피해야 한다. 남자가 여자에게 비밀리에 자선을 베풀면, 특히 여자의 집에서 그렇게 한다면 다른 사람들이 둘 사이가 부적절한 관계가 아닌가 하고 의심할 수 있으니 조심해야 한다.

*Hagigah, 5a

탈무드는 우선순위를 정해놓고 자선을 베풀도록 하고 있다.

우선순위의 첫 번째는 자신의 가족이나 동료다. 두 번째는 지역 공동체이며 세 번째는 먼 곳에 살고 있는 사람들이다.

탈무드의 가르침을 따라 가정에서부터 자선이 시작돼야 한다고 믿는 기업이 있다. 홀마크카드Hallmark Cards다.

홀마크카드는 먼 곳에 기부금을 보내는 대신, 회사가 위치한 캔자스시티 지역과 홀마크카드의 생산시설이 위치한 지역에 기부금과 자원봉사 자원을 집중 투입하고 있다. 회장 도널드 홀Donald Hall과 캔자스시티 시의회 위원회가 1979년 초에 시작한 캔자스시티 '이웃연맹'은 이제 도시 핵심부의 주거개선 사업에까지 확대되고 있다.

랍비들은 자선할 때에는 도움받는 사람의 품위가 손상되지 않도록 주의해야 한다고 강조한다. 도움받는 사람에게 자선을 받는 것은, 품위 없는 일이라는 인상을 줌으로써 모욕감을 느끼게 해서는 안 된다는 것이다. 고대 예루살렘에서는 여분의 음식을 나누고 싶은 사람은 저녁 시간에 현문 밖에 옷을 걸어뒀다. 함께 나눠 먹을 음식이 현재 준비되고 있으며, 집 주인이 손님을 맞이할 의사가 있음을 알리는 신호였다. 가난한 사람은 초대받았다는 기분으로 집에 찾아감으로써 자신의 품위를 지킬 수 있었다.

마음을 담은 자선

"누구나 자유롭게 자선을 베풀 수 있지만, 마지못해 주거나 가난한 사람의 마음에 상처를 준다면 그 선물은 전혀 의미가 없다. 그런 행동은 자선의 본래 의미를 훼손하는 짓이다. 반면 보잘 것 없는 자선이라도 마음을 담아 베푸는 사람은 축복을 받을 것이다."*

모든 자선이 올바른 행위이긴 하지만, 주고 나서 후회하지 않고 또 도움을 받는 사람에게 모욕감을 주지 않도록 최선을 다하는 자세로 하는 자선이야말로 더욱 고결하다.

*Bava Batra, 9a

자선에도 최선과 최악이 있다

마이모니데스는 자선을 베푸는 8가지 방법을 최선에서부터 최악의 순서로 나열했다. 목록의 상위에 위치한 방법일수록 도움을 받는 사람의 존엄성을 지켜주기 위해 최선을 다해 주의를 기울인다. 특히 채용을 통해 개인을 돕거나 파트너십(동업)과 대부를 통해 다른 회사를 돕고자 하는 기업이라면 매우 유용한 팁이 될 만하다.

1. 일자리를 찾는 데 도움을 주거나, 대부를 제공하거나, 사업을 시작하거나 유지하는 데 도움이 되도록 파트너십을 맺는 방법

사람이나 기업이 지역경제의 번영에 기여하도록 도움을 주는 것이 최상의 자선이다. 그들이 계속 성장해 더 이상 자선에 기대지 않고도 살 수 있는 기회를 제공하는 것이기 때문이다. 무엇보다도 자선 받는 이의 자존감을 지켜주는 최선의 자선이다.

2. 기부자나 수혜자 모두 서로를 모르고 도움을 주고받는 방법

제3자를 통해 익명으로 자선을 베풀면, 수혜자가 모욕감을 느끼거나 당황해하지 않는다.

3. 기부자는 누가 받는지 알지만, 수혜자는 기부자가 누구인지 모르게 도와주는 방법

예를 들면, 도움이 필요한 어린이가 기부자 대신 그 지역의 단체로부터 선물을 받도록 하는 방법이다. 기부자는 서면으로 도움을 받는 어린이의 신상명세를 보고 받지만, 그 어린이에게는 기부자에 대해 아무것도 말해주지 않는다.

4. 수혜자는 기부자가 누구인지 알지만 기부자는 누가 선물을 받는지 모르게 도와주는 방법

제3의 자선단체를 활용하는 방법이다. 요즘 흔히 볼 수 있는 방식이다.

5. 기부자와 수혜자 모두 상대방을 알지만, 수혜자가 굳이 구걸하지 않는데도 도와주는 방법

기부자가 길거리에서 궁핍해 보이는 사람에게 돈을 주는 경우다.

6. 기부자와 수혜자 모두 상대방을 알고, 수혜자의 요청으로 도와주는 방법

길거리에서 구걸하는 사람에게 도움을 주는 경우다.

7. 기부자와 수혜자가 모두 상대방을 알고, 수혜자의 요청에 의해 주어지되, 요청한 것보다 적게 도와주는 방법

구걸하는 이가 10달러를 요청했지만 기부자가 5달러만 주는 경우다.

8. 기부자와 수혜자가 모두 상대방을 알고, 수혜자의 요청에 마지못해 억지로 도와주는 방법

수혜자가 적극적으로 구걸하자, 기부자가 강요에 못 이겨 계속된 구걸 요청을 피하기 위해 돈을 주는 경우다.

상황이 어찌됐든 자신이 감당할 수 있는 것 이상으로 자선을 베풀 필요는 없다는 사실을 기억해야 한다. 마이모니데스는 남에게 너무 많이 자선을 베푼 나머지, 가난해져서 오히려 남의 자선에 기댈 수밖에 없는 처지에 내몰리지 않도록 주의하라고 말했다.

마이모니데스가 앞에서 제시한 첫 번째 자선 규칙을 따르는 방법 가운데 하나는, 은행과 투자를 통해 빈곤퇴치에 나서고 있는 셰파펀드의 쩨덱 캠페인Shefa Fund's Tzedec Campaign에 참가하는 것이다. 이 운동은 미국 유대인 공동체가 벌이는 캠페인으로, 필라델피아에 위치한 쩨덱은 미국 내 유대인과 유대인 단체들을 대상으로 유대인이 설립한 금융기관에 예금을 맡기거나 투자하도록 권고해 저소득층을 돕고 있다. 예금과 투자로 조성된 자금은 해당 지역에서 주택 지원, 소규모 사업체 지원, 어린이 보호 프로그램 지원, 기타 도움을 필요로 하는 사람들에게 사회 서비스를 제공하는 등 다양한 활동을 하는 데 쓰인다. 1997년에 시작된 이래, 이 기금은 1,200만 달러 이상으로 불어났으며, 저소득층 이웃들의 자립을 돕는 데 사용되고 있다.

과도한 자선은 피하라

"자선은 의무지만 한계도 분명하다. 자신이 가진 것을 몽땅 남에게 다 줘버리는 바람에 스스로 가난해져서는 안 된다."*
"남의 자선으로 생계를 잇는 가난한 사람일지라도 자선의 의무로부터 자유로울 순 없다."**

*Ketubot, 50a
**Gittin, 7a

자선은 기업의 특별한 의무

기업은 지역 사회에서 흔히 금전적으로 우월한 지위에 있기 때문에 가난한 사람을 적극적으로 도와줄 책임이 있다. 성경시대에는 밭주인이 추수를 할 때 밭 가장자리에 심은 곡식은 거두지 못하게 했다. 추수 중에 땅에 떨어뜨린 과일이나 채소도 줍지 못하게 했다. 가난한 사람들을 위한 복지 차원에서 남겨놓도록 배려한 것이다.

많은 식당과 식품가공업자들이 그런 선례를 따라 노숙자 급식소에 남은 음식을 제공해왔다. 말도 많고 탈도 많은 사회인지라, 제공한 음식을 먹고 혹시나 병이 생기면, 음식 기부자가 책임을 지게 될 수도 있으므로, 기부자의 책임을 면제해줄 법안을 지방의회가 통과시키기 전까지는 음식 제공을 보류하는 사람들도 많다. 아무튼 필라델피아에 있는 필라번던스Philabundance는 남은 음식을 가난한 사람들에게 나눠주는 대표적인 단체다. 음식점과 식품가공업체에서 남은 음식을 모아 200여 개의 자선단체에 골고루 분배해준다. 1984년에 설립된 이래 지금까지 6천만 명분의 식사를 제공해왔다.

금전보다 시간을 기부하라

"가난한 사람에게 동전 몇 닢을 도와주는 사람은 6가지 축복을 받을 것이요, 그를 친절하게 대접하고 격려의 말을 해주는 사람은 11가지 축복을 받을 것이다."*

시간을 할애하는 것이 돈을 기부하는 것보다 훨씬 어렵다. 이 경구는 시간을 선물하는 것이야말로 돈을 주는 것보다 훨씬 소중하다는 사실을 일깨워준다.

뉴햄프셔 주 스트라탐 소재 야외 활동복 생산업체 팀버랜드Timberland는 자선활동에 돈뿐만 아니라 시간을 할애하는 것이 대단히 중요하다는 사실을 이해하고 있는 기업이다. 이 회사는 '봉사의 길' 프로그램을 개설, 모든 정규직 직원들을 독려해 봉사활동에 나서도록 40시간의 유급휴가를 실시하고 있다. 1992년 직원들에게 자원봉사활동을 위한 16시간의 휴가를 주면서 처음 시작된 이 프로그램은, 직원들의 관심과 참여도가 점차 높아지면서 마침내 40시간으로 확대되었다. 오늘날 이 프로그램은 회사가 벌이는 지역봉사 활동의 초석이 됐다. 직원들의 봉사활동 시간을 다 합치면 연간 10만 시간에 이른다. 지금껏 200개 지역

봉사 단체를 통해 13개국, 26개주, 73개 도시에서 봉사활동을 수행했다. 팀버랜드의 미국 내 직원들 약 95%는 2개 이상의 '봉사의 길' 프로그램에 참여했다.

*Bava Batra, 9b

기업들이 생산과정에서 남긴 물건들을 기부할 수 있게 도와주는 단체들도 생겨나고 있다. 대표적으로 전국산업자원교환협회는 기업에서 나오는 잉여 생산품을 미국 전역의 5,500여 개 학교와 비영리 단체에 공급하고 있다. 1977년에 설립된 이 단체는 지금껏 17억 달러에 달하는 물품을 기부해왔다. 이 단체를 통해 기부에 참여하고 있는 기업에는 마이크로소프트, 질레트Gillette, 풀러인더스트리스Fuller Industries, 소더퍼니처Sauder Furniture, 애슬릿펜다플렉스Esselet Pendaflex, 제너럴일렉트릭을 포함한 수천 개의 제조업체와 도소매 유통업체들이 망라돼 있다.

자선은 도덕적·윤리적 책임인 까닭에 다른 조건이 붙을 여지가 없다. 기업들은 다양한 목적, 즉 직원들의 사기를 진작하거나, 세금혜택을 받거나, 폐기물 처리비용을 줄이거나, 지역 주민들의 기업 인지도를 높이려고 자선활동을 펼친다.

마음속 동기가 어떻든 간에 기업의 자선활동은 언제나 환영할 일이다. 탈무드 랍비들은 개인이나 기업이 스스로를 위해 자선에 참여하든, 숭고한 이유로 자선에 참여하든 상관없이, 기부자는 축복을 받을 것이며, 도움을 받는 사람은 그 혜택을 누릴 것이라고 말했다.

소비자들은 자선하는 기업을 선호한다

보스턴에 있는 마케팅 회사 콘^{Cone}의 1999년 조사에 의하면, 응답자의 2/3가 동등한 가격과 품질이라면, 자선을 베푸는 회사나 브랜드를 더 선호하는 것으로 나타났다.

직원들도 자선을 좋아한다. 자선활동을 벌이는 회사의 거의 90%에 달하는 직원들이 높은 충성도를 보이고 있는데 반해, 그렇지 않은 회사는 67%에 그친 것으로 조사됐다.

캘리포니아 주 산호세에 있는 시스코시스템스^{Cisco Systems}는 2001년 4월 정규직 직원 6,000명을 해고하지 않을 수 없었다. 이 회사는 자선활동을 하는 동시에 해고 노동자들을 도울 수 있는 독특한 방안을 마련했다. 시스코시스템스는 해고 직원들 중 누구라도 지역 비영리단체에 들어가 1년간 봉사활동을 한다면 직전 임금의 1/3을 지급하겠다고 약속했다. 실제로 이들에게는 복지혜택과 스톡옵션도 주어졌고, 경제가 다시 회복됐을 때에는 제일 먼저 재고용됐다. 이 프로그램 덕분에 시스코시스템스도 직접적인 혜택을 봤다. 대부분의 직원들은 호황기에도 회사를 떠나지 않고 남아 있었으며, 회사 인근 지역의 노동자들도 언제든 시스코시스템스에서 일하고 싶다는 의사를 밝히고 있다.

  자선이 일반적으로 의무사항인데 반해, 의무사항이 아닌 조금 색다른 자선도 있다. 의무사항이 아니기에 일반적인 자선보다 더 훌륭하다고 랍비들은 입을 모은다. 이 같은 기부 형태를 히브리어로는 '그밀루트 헤세드^{Gemilut Chessed}'로, '친절한 행위'

라는 뜻을 가지고 있다. '친절한 행위'와 '자선'의 가장 큰 차이점을 4가지로 요약하면 다음과 같다.

첫째, '친절한 행위'는 돈으로 베푸는 자선과 달리 자신의 생명과 같은 시간을 써서 돕는다는 점이다. 예를 들어, 병든 사람에게 돈으로 도와주는 것은 자선이지만, 병든 사람을 병문안 간다든지, 그 사람의 집안일을 도와준다든지 등, 시간을 써서 도와주는 것은 '친절한 행위'에 해당한다.

둘째, 자선이 가난한 사람에게 도움을 주는 것인 반면, '친절한 행위'는 부자와 가난한 사람 모두를 상대로 하는 행위라는 점이다.

셋째, 자선은 오직 살아있는 사람을 대상으로 하지만, '친절한 행위'는 살아있는 사람과 죽은 사람 모두를 대상으로 하는 행위라는 점이다. 연고자 없이 죽은 이를 적절하게 장례식을 치러준다거나 사후에 상을 수여하는 행위 등을 사례로 들 수 있다.

넷째, 자선은 선행에 대한 보답을 받게 되지만, '친절한 행위'는 보답에 대한 아무런 희망이나 기대 없이 하는 행동이라는 점이다.

19세기 라투아니안 무사르Lithuanian Mussar운동(19세기 라투아니아의 정통파 유대인들이 벌인 종교운동 - 역자 주)의 창시자인 랍비 이스라엘 살란터Israel Salanter는 자선을 다음과 같이 요약하면서 '윤리와 자기발전'을 강조했다. "당신은 물질적인 것보다 영적인 것을 더욱 중시해야 한다. 이웃의 물질적 복지

를 당신의 영적인 주제로 삼아라." 달리 말하면, 나의 빵은 내
게 물질적인 주제에 불과하지만, 이웃의 빵은 내게 영적인 주제
라는 것이다.

비즈니스 성공의 비밀

1. 자선은 모든 사람의 의무다. 기부금의 우선순위는 가족, 지역공
   동체, 먼 나라 순이다.
2. 개인이나 기업을 돕는 자선의 가장 좋은 방법은 대부, 채용, 파트
   너십 등이다.
3. 자선은 수혜자의 인종, 사상, 종교, 태도 등을 고려해서 이뤄져
   선 안 된다.

비즈니스에 성공하려면 반드시 명성을 쌓아라

세상에는 세 가지 면류관이 있다.
토라의 면류관, 제사장의 면류관, 왕의 면류관.
그러나 명성의 면류관이 이 모든 면류관보다 더 낫다.

– 랍비 시메온

위대한 현자 힐렐을 찾아온 어떤 무신론자가 유대교로 개종할 테니 대신 한 다리로 서 있는 동안 토라 전체를 한 번에 깨우칠 수 있게 해달라고 요구했다. 힐렐은 그의 요구를 받아들이고는 말했다. "네가 싫어하는 일을 네 이웃에게 강요하지 말라. 이것이 토라의 모든 것이다. 나머지는 주석일 뿐이다."

마찬가지로, 탈무드 랍비들은 비즈니스 성공의 비결을 한 단어로 요약했다.

"명성"

명성 또는 좋은 평판은 개인이든 기업이든 엄격한 도덕적 기준을 따를 때 비로소 얻을 수 있는 매우 귀한 자산이다. 명성의 윤리적 기준에는 노동과 돈의 역할을 어떻게 보느냐도 포함된다.

비즈니스에서 좋은 평판을 얻는다는 것을 구체적으로 살펴보면 사고파는 것, 환경을 보호하는 것, 공평하고 정직한 경쟁에 나서는 것뿐만 아니라, 고품질의 혁신적인 제품과 서비스를 제공하는 것도 포함된다. 또한 동정심이 많고 단호하며, 때로는 결단력도 있고, 공정하며, 현명하다는 것을 의미한다. 이 모든 것은 도덕적 기준에 부합해야 한다. 요약하자면, 좋은 평판을 얻으려면 지금까지 이 책에서 제시한 비즈니스 교훈을 따르면 된다.

고객과 소비자들, 정부 당국자들 모두 어떤 회사와 직원들을 믿는다는 것은, 그 회사가 정직하고 바르게 비즈니스를 운영함으로써 얻은 호의적인 평판에 기대는 바가 매우 크다. 명성의 대가로 회사는 더 많은 고객을 모으고, 더 큰 수익을 얻으며, 더 멋진 번영을 구가할 수 있게 된다. 명성을 쌓는 것은 용기, 자신에 대한 믿음, 회사의 제품과 서비스에 대한 확신, 영적인 기반, 여기에 다른 사람들과는 차별화된 길을 개척할 힘을 필요로 한다.

명성은 천천히, 오랜 시간에 걸쳐서 차근차근 만들어진다. 제품이나 서비스 하나하나, 거래 하나하나에 정성을 다하는 과정을 거치면서 차곡차곡 쌓여가는 것이다. 명성을 얻었을지라도 비윤리적인 행위, 불성실, 불량 제품과 서비스 등에 의해 단 번에 무너지기도 한다. 명성은 또한 험담이나 나쁜 소문에 의해서도 잃을 수 있다.

많은 평판관리 전문가들이 회사가 좋은 평판을 얻으려면, 어떤 대중 캠페인과 광고 등을 펼쳐나가야 할지 대해 아이디어를 제공할 것이다. 길게 보면 그런 노력은 결국 헛수고에 그칠 확률이 매우 높다.

명성은 오랜 시간 공들여서 노력하고, 성실하게 행동하며, 본보기가 되는 활동을 함으로써 서서히 형성되는 것이지, 겉포장이나 단기간에 힘써 노력한다고 해서 형성되는 것이 결코 아니다.

좋은 평판이 기업을 살린다

사람은 누구나 실수하기 마련이고, 때때로 잘못된 판단 때문에 어려움을 겪기도 한다. 이런 때일수록 좋은 평판이야말로 구원의 손을 펼치는 흑기사가 될 수 있다.

한 번 잃은 명성은 회복이 어렵다

일단 명성을 잃으면, 다시 얻는 것은 거의 불가능에 가깝다. 알라스카 인근 바다에서 엑슨 발데즈호의 기름 유출로 환경 재앙이 일어난 지 10년 후에도 사건 처리 과정에서의 잘못으로 엑슨의 명성은 여전히 바닥이다. 엑슨의 경영자들은 자사의 환경보호캠페인을 벌일 계획이었으나 사람들이 믿어줄까 우려해서 그마저 취소해버렸다.

많은 소비자들은 여전히 엑슨 마크가 붙은 주유소에서 기름 넣길 거부하고 있다. 그 영향이 1999년 합병한 모빌에도 미치고 있다. "엑슨 혹은 모빌에서 휘발유를 넣느니, 차라리 견인차를 부르겠소." 롱 아일랜드의 법무사인 클라우디아 라이버는 2001년 〈월스트리트저널〉과의 인터뷰에서 말했다. 이어 "모빌이 엑슨과 합병하기 전까지 항상 모빌 주유소를 이용했는데, 끔찍하고 수치스런 알라스카 기름 유출에 계속해서 항의하는 마음으로 엑슨 또는 모빌에 한 푼도 주고 싶지 않다"고 덧붙이기도 했다.

HIRI^{Harris Interactive and the Reputation Institute}의 연구에 의하면, 라이버만 그런 생각을 하는 게 아니었다. 엑슨에 우호적이었던 소비자들의 거의 절반이 기업 평판도 조사에서 엑슨에 낮은 점수를 부여했다.

수년 동안 고품질 제품과 기업 인지도를 쌓아오던 인텔에 고비가 찾아왔다. 1994년 경 인텔의 한 소비자가 펜티엄 칩에서 오류를 발견하고 이를 폭로해버린 것이다. 그 오류는 매우 제한적이어서 높은 정밀도의 계산이 필요한 사람에게나 영향을 미칠 정도로 아주 사소한 것이었다. 처음에 인텔은 문제가 있다는 사실을 극구 부인했지만, 오류가 있다는 소식을 전해들은 소비자들은 분노했다. 마침내 인텔은 그런 정밀한 계산이 필요한 과학자와 연구자들에게만 새로운 칩을 교환해주기로 결정했다. 그럼에도 불구하고 소비자의 분노는 잦아들기는커녕 더욱 커졌다.

인텔의 주요 고객이었던 IBM는 펜티엄 CPU를 장착한 컴퓨터 구매를 중단했다. 개인과 비즈니스 고객들도 마찬가지였다. 고객들은 칩의 업데이트를 거부하는 회사의 태도에 분노한 데다 칩에 발생한 오류의 심각성을 인텔이 간과하고 있다고 비난했다.

인텔의 주식가격은 그 기간에 15%나 폭락했고, 초기에 무료로 칩을 교환해주는 등 신속한 조치를 취했더라면 잃지 않았을,

엄청난 돈도 함께 사라졌다.

결국 앤드 그로브 사장은 공식적으로 사과했다. "오류가 발생했다는 소문이 처음 시작됐을 때, 펜티엄 칩을 곧바로 교환해줬더라면 좋았을 텐데, 머뭇거리다 시간을 허비한 것이 고객들의 분노를 더욱 부채질하고 말았다"라며 자신의 실수를 인정했다.

이 사태의 분석 기사에서 〈워싱턴포스트〉는 "인텔은 펜티엄 칩에 오류가 있다는 사실이 폭로되면서, 그동안 고품질 칩으로 얻은 인텔의 명성에 큰 타격을 입었으며, 사건처리도 매우 부실했던 것으로 분석됐다"고 썼다.

다행히 인텔은 잘못을 저질렀음에도 불구하고, 오랫동안 쌓아온 명성 덕분에 다시 살아날 수 있었다. 명성이 견고하지 않은 회사였다면 다시 회복하기 힘든 피해를 입었을 것이다.

명성의 가치

뉴욕대(NYU)의 스턴 비즈니스 스쿨의 경영학 연구교수이자 명성연구원의 상무이사인 찰스 폼브런은 그의 책《명성 : 기업 이미지가 주는 가치의 인식》에서 명성(또는 명성적 자본, 그는 이렇게 부르는 것을 더 선호한다)을 다음과 같이 정의했다. "명성이란, 보이지 않는 부로써, 회계사들이 말하는 '호의', 혹은 마케터들의 용어로 '브랜드 에쿼티'와 매우 밀접하게 연관돼 있다." (여기서 브랜드 에쿼티는 브랜드 이름이 제품에 부여하는 부가적 가치를 말한다. - 역자 주). 탄탄한 명성을 쌓은 회사들은 라이벌 기업들과의 경쟁에서 큰 이득을 본다. 제품과 서비스에 프리미엄 가격을 매길 수 있고 마케팅 비용도 줄여주기 때문이다. 또한 고급 인력과 고품질의 공급업체, 충성도 높은 고객들을 끌어들이는 데도 대단히 유리하다.

명성이 작은 회사를 살리다

좋은 평판이 작은 규모의 박물관 컨설팅 회사였던 반디콘앤어소시에이츠Bandi Korn & Associates를 살린 이야기가 널리 회자된 바 있다. 10년 전 경쟁사가 업계에 나타나자 콘의 회사는 극심한 매출 부진에 시달렸다. 새로 나타난 회사는 박물관업계에서 대단한 인기를 모은 책 한 권을 출간했고, 회사 규모도 더 큰 데다, 신선한 아이디어로 무장하고 있었다. 콘이 말했다. "친구들이 저더러 지금 하고 있는 그대로 계속해서 하라고 조언해주더군요. 친구들이 볼 때, 고객들의 필요에 초점을 맞추고, 전문가들이 결정하기 쉽도록 고급스런 작품을 만들어낼 만큼 우리 회사가 명성도 있고 신뢰도도 높다고 평가해주더군요. 친구들은 우리 회사 서비스 질이 업계 최고여서 조만간 경쟁에서 살아남을 뿐만 아니라 강해질 것이고 결국 업계 1위를 달성할 것이라고 격려해줬습니다." 콘도 마음속으로 속삭이길, 직원들을 지속해서 독려하고 항상 정직한 태도를 유지하지만, 고객의 반응이 부정적일 때는 재빨리 실수를 인정하며, 초보 고객들과 일할 때는 인내심을 발휘하고, 크든 작든 상관없이 어떤 고객과 프로젝트든 간에 온 정성과 관심을 쏟겠다고 다짐했다. 때때로 잘못된 방향으로 가고 있지 않나 하는 걱정에 과연 이 길이 옳은가 하는 회의가 들기도 했지만 결국 좋은 성과로 이어졌다. "지난 5년간 매년 우리를 추천한다는 고객들의 숫자가 기하급수적으로 늘었습니다. 다른 사람들로부터 추천을 받거나 우리 성과 보고서를 읽은 잠재고객들의 문의가 많이 증가했습니다. 어떤 경우엔, 업계 경쟁사들에

실망한 사람들이 전화할 때도 있습니다. 이유야 어떻든, 심지어 단골 고객에게도 우리는 언제나 고객의 필요에 맞춘 고품질의 서비스를 제공한다는 목표로 매번 새로운 프로젝트에 접근합니다." 콘의 말이다.

명성은 전설적인 투자자이며, 버크셔헤서웨이의 CEO인 워런 버핏의 성공신화에도 매우 중요했다. 한 번은 버핏이 그의 매니저들에게 이런 말을 했다고 한다. "어리석은 결정으로 회사에 경제적 손실을 끼친 것은 용서할 수 있지만, 명성에 흠이 가는 일을 했다면 참을 수 없을 것이다." 버크셔헤서웨이 소속 회사들의 CEO에게 보낸 연례 편지에서 한 번은 버핏이 이렇게 적었다. "우리는 엄청난 돈을 잃을 수도 있지만, 명성만은 결코 잃어선 안 된다." 버핏은 수십 년에 걸쳐 명성을 쌓아왔고 그 명성을 지키는 데 온갖 노력을 다하고 있다.

전 미 연방준비위원회(FRB) 엘런 그린스펀 의장은 미국 역사상 단일 기간으로는 가장 번창한 경제 기간을 이끈 인물이다. 한 번은 그가 하버드대 학생들을 대상으로 한 강연에서 다음과 같이 말했다. "나는 재직 기간에 정직한 거래와 나 자신과 타인 모두에게 유익해야 한다는 방침에 따라 충실히 일한 덕분에 수많은 성공을 거뒀다. 인간관계라는 것이 사적이든 직업적이든 간에 제로섬 게임이 돼선 안 된다. 사적 만족을 떠나서, 공정한 거래에 대한 대가로 주어지는 명성은, 매우 넓고 깊은 실제적인 유익을 가져다준다. 비즈니스에서 그것을 '좋은 평판'이라고 부르는데 그것을 재무제표에 반드시 포함시키기를 권장한다." 그린스펀은 명성의 경제적 측면과 심리적 측면의 중요성을 모두 이해하고 있었다.

명성은 경쟁이 더욱 치열해지고 고객들이 더 잘 알게 될수록 그 중요성에 무게감이 더해진다. 고품질을 추구했던 1980년대, 제품의 품질은 더 없이 좋아졌으나 제조업체와 도매업자들은 큰 손실을 보고 있었다. 고객들은 제품의 품질이 좋아질수록 제품 간의 차이를 구별하기 어려워했다. 고객들은 구매의 기준으로 브랜드 인지도와 명성을 따지기 시작했다.

명성을 수량화하기

연구에 의하면 탄탄한 명성과 수익성과의 관계를 규명하려는 노력이 1990년 후반 이후로 매우 잦아진 것으로 나타났다. 언스트영Ernst & Young이 조사한 바로는 30~50%의 기업 가치가 보이지 않는 명성과 관련돼 있었다.

1997년 스턴 비즈니스 스쿨 주최로 열린 기업 평판 컨퍼런스에서는 명성이 회사의 재정에 미치는 영향에 관한 많은 보고서들이 제출돼 눈길을 끌었다. 그 중 10개 회사를 조사한 보고서에 의하면, 투자자들은 같은 수준의 위험과 보상이라면, 좀 더 평판이 좋은 기업에 더 많이 투자하려는 경향을 보였다. 명성은 기업의 자본 비용을 낮추는 효과도 가져온다. 200명의 학부생들을 대상으로 실시한 연구에 따르면, 훨씬 많은 학생들이 명성이 높은 기업에 취직하고 싶어 하는 것으로 나타났다. 명성이 높은 회사들이 경쟁 기업들에 비해 수준 높은 학생들을 고용할 기회가 그만큼 많다는 것을 의미한다.

1998년 〈포춘〉지가 실시한 기업 조사 보고서에 따르면, 높은 기업 에퀴티, 즉 평판이 좋은 기업의 가격 대비 수익률은 낮은 에퀴티 기업들보다 약 12% 가량 더 높은 것으로 나타났다. 〈포춘〉지 선정 500대 기업의 평균 시가총액과 비교해, 탄탄한 명성을 쌓은 기업이 50억 달러나 더 증가한 것으로 해석됐다.

명성은 돈으로 환산될 수 있다. 명성에 대한 회계상 전문용어로 '호의'라고 하는데, 이는 회사를 사고팔 때 화폐 가치로 수량화된다. 호의는 장부에 기록된 회사의 자산을 넘어선 프리미엄을 말한다. 기업의 명성은 구매자 입장에서는 중요한 가치를 가지기 때문이다. 명성은 기업의 인지도, 역사, 상표, 직원들의 기술, 그 밖의 눈에 보이지 않는 모든 가치를 포함한다. 명성은 또한 주식시장에서 해당 기업의 주식가격에도 반영된다. 평판이 좋은 기업은 경쟁사보다 몇 배의 수익을 얻는다.

브랜딩

할리 데이비슨은 의류 제품 라인을 가지고 있고, 다논요거트는 병물을 판매한다. 어린이용 책 시리즈를 구비한 구스범프는 어린이 의류, 백팩, 스넥 푸드와 같은 제품 라인을 새롭게 시작했다.

이 모든 기업들은 좋은 평판과 기업 인지도를 활용해 자사의 원래 분야에서 벗어난 제품을 팔고 있다. 할리 데이비슨이 의류에 대해 뭘 아는가? 구스범프스의 시리즈 작가 R.L. 스틴이 스낵 푸드에 대해 아는 게 뭔가? 하나도 없다. 소비자들은 그들의 명성을 가치와 품질로 연결시켰고, 그 기업들은 오로지 명성에만 의지한 채 전혀 새로운 제품 라인을 시장에 내놓았던 것이다.

많은 회사가 사업의 수익성을 개선하기 위해 탄탄한 명성을 가진 기업들과 제휴하려고 애쓰고 있다.

명성, 브랜드, 이미지의 차이

명성, 브랜드, 이미지는 각각 전혀 다른 의미인데도 같은 뜻으로 오해돼 무분별하게 쓰이고 있다.

명성은 주주는 물론 관심도가 다소 덜한 이들이 가진, 기업에 대한 순수한 이미지다. 이것은 회사에 관한 모든 합리적이고 감정적인 느낌을 포괄하는 개념이다.

브랜드는 어떤 회사가 자사 고객들에게 인식시킬 목적으로 자사 제품과 서비스에 붙인 상표다.

이미지는 어떤 회사, 가게, 브랜드 또는 제품이 특정 고객 혹은 인구학적 그룹에 대해 갖는 누적 가치. 경험한 소비자의 수만큼 이미지도 다양할 수 있는데, 사람마다 그 이미지를 보고 느끼는 방식이 서로 다르기 때문이다.

어떤 기업이 모든 소비자, 주주, 일반 대중, 미디어에 이르기까지 일관된 명성을 유지하고 있더라도 서로 다른 많은 이미지와 브랜드를 가질 수 있다. 기업의 명성은 기업의 경쟁력을 강화하고, 브랜드와 이미지를 확산하는 데도 많은 도움이 된다.

메일박스MBE는 물건을 포장하고 우편으로 보내는 프랜차이즈 업체로서 코니카카피어스Konica copiers, 유에스에어U.S.Air, 오스카마이어Oscar Mayer, 더치보이페인트Dutch Boy Paints 등을 내세운 광고를 집행했다. 이들 회사들은 품질 좋은 제품과 서비스로 명성을 쌓아왔기 때문이다. 그 광고를 통해 전하고자 하는 메시지는 이것이다. "MBE는 평판 좋은 회사들과 함께 제휴를 맺고 일하므로 경쟁사들보다 더 낫다"는 것이다. 미국 소매업계와 프랜차이즈업계 역사상 가장 크게 리브랜딩(브랜드를 통해 이미지를 개선하려는 것. – 역자 주)에 투자한 메일박스는 2001년 포장배송 업체를 인수한 후, 2003년 4월 "유피에스UPS Store"라는 간판으로 바꿔 달았다. 미국의 대표 택배배송기업 유피에스는 당시 3,300개에 이르는 프랜차이즈 가맹점을 MBE로부터 사들였는데, MBE의 가맹점들이 곳곳에 포진해 있는 데다 명성도 탄탄했기 때문이다. 유피에스는 그 스토어들을 이용해 대중들에게, 기존의 자사 로고에서 나비넥타이 박스를 빼고 현대적인 감각의 기업 상징인 방패 모양의 상징을 소개했다. 두 기업은 각자 가지고 있는 탄탄한 명성으로 많은 이익을 공유하고 있다. 레드 랍스터는 살아 있는 랍스터를 자사 계열의 레스토랑에 배달할 때 페덱스를 이용한다고 광고하고 있다. 랍스터의 신선도에 의구심을 품는 식당 주인이 있다면, 페덱스의 신뢰도와 제때 배송에 대한 명성이 이를 해소시킬 것임에 틀림없다.

전자상거래도 명성이 중요하다

전자상거래에 적용되는 성공의 법칙은 오프라인과 별 차이가 없다. 명성이 인터넷 비즈니스에서는 더욱 중요하다고 주장할 수 있겠다. 소비자들이 상품을 직접 보고 만질 수 없으니 말이다. 두 번째로 방문자가 많고 가장 많은 수익을 내는 www.ice.com은 니비쉬Gniwisch 집안 소유다. 그들은 미국과 캐나다 다이아몬드 업계에서 대단히 탄탄한 명성을 자랑한다. 니비쉬 부부는 둘 다 유럽계 유대인으로서 홀로코스트 생존자들이다. 그들 부부는 후에 캐나다 몬트리올에 정착해 슬하에 6명의 자녀를 두었고 캐나다에서 가장 큰 보석 가공업체인 델마 보석 회사를 시작했다.

아들들인 쉬무엘과 마이어는 캐나다 최초 다이아몬드 가공공장인 퍼스트 캐네디언 다이아몬드 커팅웍스First Canadian Diamond Cutting Works를 차렸다. 후에 마이어는 수백만 달러의 다이아몬드 비즈니스를 미국 뉴욕에서 시작했고 쉬무엘은 부동산업계와 재활용 벤처사업에서 성공을 거뒀다. 그들의 사업 감각은 차치하고라도 형제들인 쉬무엘과 마이어, 자매들인 피니와 모시는 유대교의 유산을 깊숙이 받아들였고, 랍비 안수까지 받았다. 고대 랍비들처럼 그들도 역시 실제 세상의 비즈니스업계에 종사했다.

그들은 어렵사리 인터넷을 배웠다. 아이들을 포함해 모두 18명이나 되는 가족들을 이끌고 캘리포니아 파사데나로 이주했으며, 그곳에서 유명한 인터넷 보육업체 아이디얼랩Ideallab과 함께 일했다. 아이디얼랩은 당시 buyjewels.com이라는 회사를 위해 자본금 5백만 달러와 각종 서비스를 약속했다. 2000년에 갑자기 전자상거래 거품 붕괴와 함께 어려움을 겪자, 그들은 이전 회사를 다시 사들여 몬트리올로 돌아왔다. 그 회사의 이름을 ice.com으로 바꿨다.

"탈무드는 여러 면에서 우리를 구해줬습니다. 다양화에 대해 가르쳐줬거든요. 우리는 모든 것을 인터넷에만 몰두하지 않고, 다른 투자와 비즈니스도 유지했습니다. 또한 탈무드와 성경은 비즈니스의 세계는 투명성과 명성이 전부라는 것을 끊임없이 상기시켜줬습니다. 가능한 한 모든 것에서 진실해야 한다는 것이죠."

투명성은 니비쉬 집안에 많은 보상을 안겨줬다. 그들은 10% 이하의 반품률을 기록했는데 보석업계에서는 반품률이 통상 18~20%에 달하는 것에 비하면 매우 성공적이었다. "우리는 가능한 한 모든 정보를 구매자 측에 제공하지요. 그러다보니 반품하는 측에서는 달리 불만을 표시할 일이 없어요."

니비쉬는 "다이아몬드 업계에서 당신의 이름이 당신을 대체하며, 그것이야말로 당신이 진짜 거래하는 것"이라고 말했다. 다이아몬드 딜러 클럽으로 알려진 전 세계 딜러 네트워크는 부정직한 사람들의 목록을 작성해서 전 세계 딜러들에게 회람시키고 있다. "당신이 명성을 잃는 것은 한 순간이다. 돈이 오가는 거래에서 당신이 가진 것은 명성이 전부다." 쉬무엘의 말이다.

중상모략과 험담을 조심하라

기업이 자체의 잘못된 행위로 좋은 평판을 잃을 수 있지만 타인의 잘못된 행위 때문에 명성을 잃는 경우도 있다. 탈무드 현자들은 중상모략과 험담으로 비즈니스 명성을 잃을 위험에 대해 항상 경각심을 가지라고 당부했다. 다이아몬드 딜러 클럽이 멤버들의 정직성을 말에 따라 판단하듯이, 말은 명성을 한 순간에 무너뜨릴 수 있다. 이에 대해 랍비들은 심도 깊은 토론을 진행했다.

랍비들은 가르치길, "사람의 혀는 칼보다 강하다. 칼이 가까이 있는 사람만 죽일 수 있는데 반해, 혀는 아주 멀리 떨어져있는 사람을 죽일 수도 있다"(Sabbath 15b)라고 했다. 현자들이 말하고자 하는 메시지는 다른 사람의 명성을 말로써 얼마든지 깎아내릴 수 있다는 것이다. 그것은 마치 살상범위가 매우 넓은 무기와 같다. 그들이 '죽음'이라는 단어를 사용한 것은 매우 흥미롭다. 명성을 잃는 것은 죽는 것과 다름없다 할 만큼 매우 중요하다는 의미다.

험담과 나쁜 소문을 퍼뜨리는 것은 랍비들에겐 대단히 혐오스러운 짓이었다. 그들은 사람이나 회사에 대해 다른 사람에게 전할 때 무엇을 말하고 무엇을 말해선 안 되는지에 관해 매우 복잡하고 자세한 규칙을 만들기까지 했다. 예를 들면, 다른 사람의 단점을 놓고 입방아를 찧는 행위를 금지했다. 그 사람에 대해 잘 알고 있는 사람과 대화하더라도 마찬가지다. 게다가 사람들이 다른 사람에 대해 비판적인 말을 쏟아내는 것도 금지했다. 심지어 그 내용이 이미 널리 퍼져있고 아무런 해를 끼치지 않는다 해도 말이다. 더욱이 손동작, 윙크, 끄덕임 또는 그와 유사한 몸동작을 통해 어떤 사람을 부정적으로 묘사하는 것조차 막았다. 랍비들은 다른 사람을 험담하는 소리를 옆에서 듣는 것마저 금할 정도였다. 부정적인 언사마저도 개인 또는 회사의 평판에 생채기를 내기 때문이다. 랍비들은 그런 말들이 마음에 상처를 남기고 자존감을 낮춘다는 것도 이해하고 있었다. 더더욱 험담과 소문을 금지하는 이유이기도 했다. 랍비들은 소문이 일단 시작되면 다시 주워 담을 수 없다는 것을 인식하고 있었다. 다음 이야기가 그 교훈을 시사한다.

어떤 남자가 같이 사업하는 사람에 대한 나쁜 소문을 퍼뜨리고 다녔다. 어느 날 그는 소문이 미치는 악영향을 깨닫고 자기가 저지른 잘못을 되돌리고자 했다. 랍비에게 찾아간 그는 어떻게 하면 그가 뱉은 험한 말들을 다시 주워 담을 수 있는지 물었다. 랍비가 말했다.

"포대에 씨앗을 담아 들판으로 나오시오. 포대에 담긴 씨앗을 불어오는 바람에 날려보내시오. 그런 다음 1주일 안에 나를 다시 찾아오시오."

그 사람이 랍비가 시키는 대로 하고는 1주일 만에 다시 찾아와 시키는 대로 했노라고 말했다. 랍비는 다시 말했다.

"이제 다시 들판으로 돌아가서 바람에 날린 모든 씨앗을 주워서 그 포대에 다시 담으시오."

그 남자는 그건 불가능하다며 난색을 표했다. "씨앗이 수천 개나 된 데다 그중 일부는 이미 땅에 뿌리를 내렸을 것입니다."

"그럼 이제 이해했겠군요." 랍비가 그를 책망하며 말했다. "다른 사람을 험담하면 그 악영향은 멀리, 넓게 퍼지게 될 것이오. 그 험담이 야기하는 폐해는 너무나 막대해서 결코 원래대로 되돌릴 순 없소."

비근한 예가 바로 주택 관련 제품 대기업 프록터앤갬블Procter & Gamble P&G이다. 1980년대 이래 이 회사는 사탄숭배 단체에 돈을 댔다는 악소문을 바로잡기 위해 엄청난 돈과 많은 시간을 투입했다. 그 소문은 어이없게도 달과 별들을 포함하고 있는 이 회사의 로고가 사탄을 숭배하는 상징이라고 생각한 사람들이 퍼뜨린 것이었다. P&G는 그 루머가 자사를 견제하려는 이유에서 시작됐다고 생각했다. 다시 말해, 경쟁업체에서 퍼뜨린 루머라는 것이다.

악마를 숭배한다는 소문은 절대 사실이 아니었다. 그 소문은 몇 년을 주기로 다시 되살아나서 파문을 일으켰다. 그때마다 회사는 얼토당토 않는 루머를 가라앉히기 위해 엄청난 돈을 쏟아부었다. 그 이슈가 너무나 격심해서 회사는 웹사이트에 많은 페이지를 할애해 그 문제에 대해 자세한 해명을 남기기도 했다.

소문에는 P&G의 사장이 사탄숭배 단체에 헌신하기로 했다는 것을 발표하기 위해 셸리 제시 라파엘과 필 도나후가 진행하는 TV 프로그램에 출연했다는 허무맹랑한 내용도 포함돼 있었다. 진실은 P&G의 어떤 관계자도 그런 목적으로 TV 프로그램이나 TV쇼에 출연한 적이 없다는 것이다. 더 서글픈 것은 그런 소문 때문에 사태가 악화될 것을 두려워한 나머지 P&G의 어떤 관계자도 토크쇼에 나갈 엄두조차 내지 못한다는 것이다.

P&G 웹사이트의 '자주 묻는 질문' 코너에 다음과 같은 질문과 답이 올라와 있다.

질문 : 왜 당신의 사장은 토크 쇼에 나와 그 소문에 대한 진상을 해명하지 않나요?

답변 : 그렇게 간단한 문제가 아닙니다. 문제는 사장님을 TV 프로그램에 나가라고 권유할 수조차 없다는 데 있습니다. 생각해보세요. 우리가 토크 쇼에 나가지 않았는데도 사람들이 소문들을 퍼나른다면, TV 프로그램에 실제로 출연했을 때는 오죽하겠습니까? 말이 말을 낳아서 소문에 기름만 붓게 될 것입니다.

불행히도 P&G는 방어가 불가능한 상황에 빠져있다. 마치 들판에 서서 바람에 씨앗을 날려보내고 수습할 방법을 찾지 못하고 있는 저 이야기 속 사내처럼.

　탈무드 랍비들은 개인의 명성이나 회사의 명성을 쌓거나 보호하는 것은 모두 우리 각자에게 달려있다고 주장한다.

　요컨대, 비즈니스 성공에 필수불가결한 좋은 평판은 그것을 쌓는 데 공헌한 사람들은 사라질지언정 오래오래 기업 가치를 유지하고 보존하는 유일한 요소다.

　랍비 시메온이 남긴 메아리를 따라 랍비 탄후마는 이런 말을 남겼다. "사람에게는 세 가지 이름이 주어진다. 하나는 부모가 지어준 이름이고, 하나는 이웃들이 부르는 이름이며, 하나는 스스로 얻은 이름이다. 그 중 스스로 얻은 이름이야말로 다른 두 가지 이름보다 훨씬 귀하다."(Midrash Tanhuma)

부 록

5700년의 지혜, 탈무드의 역사

글로 기록되다

AD 70년경 유대문화와 학문이 현재 이스라엘 지역인 팔레스타인에서 꽃을 피웠다. 탄나임Tannaim(연구자들)이라고 불리던 한 무리의 뛰어난 학자들이 출현했다. 이전의 많은 유대학자들과 달리, 그들은 추종자들을 거느리고 있었고, 지금의 연예인과 같은 지위를 누렸다. 그들 중에 한 명이 그 유명한 힐렐이고 다른 한 명은 샴마이였다. 두 학자는 각각 서로 다른 관점을 고수하는 학파를 형성하고 있었다. 그들은 서로 논쟁을 즐겼고, 그들이 기록으로 남겨놓은 생생한 논의는 새로운 배움의 시대를 탄생시켰다. 그 시대를 이끈 많은 학자와 랍비들이 나중에 탄생한 탈무드에 이름을 올렸다.

논쟁에 참여한 각 토론자들은 수많은 주제에 대해 자신의 고유한 의견을 제시했다. 우리가 가장 주목해야 할 인물은 랍비

유다 하나시다. 다윗왕의 자손으로 '왕자'로도 불렸던 랍비 유다는 '나시'라는 직책에서도 알 수 있듯이, 당시 유대교의 최고 사법부에다 입법부를 겸한 산헤드린공의회의 대표였다. 부자이기도 했던 그는, 당시 로마 황제들과 친밀한 관계를 유지했으며, 덕분에 로마 당국은 유대인에게 종종 관용과 혜택을 베풀기도 했다. 랍비 유다는 로마 당국의 이 같은 호의가 오래 가지 않으리라 짐작하고 있었다. 그는 평화로울 때를 이용해 장로의 유전 (구전토라라고도 하며 성문토라의 해설로서 모세로부터 이어져 내려오는 가르침.-역자 주)을 글로 정리하는 《미쉬나》 프로젝트를 시작했다. 입에서 입으로 전해져 내려오던 장로의 유전을 책으로 엮은 것이 《미쉬나》인데, 그는 이를 체계화해서 좀 더 쉽게 가르치고 배우게 하려 했다.

《미쉬나》가 그 당시에 기록돼 전해졌는지 또는 그들이 계속해서 구전으로만 전했는지, 아니면 둘 다인지는 분명치 않다. 탄나임들은 계속해서 《미쉬나》를 암기했으며, 각 사람이 살아있는 책이 됐다.

AD 217년 경 랍비 유다가 사망하자 새로운 그룹의 학자들이 나타났는데, 그들을 아모라임Amoraim(미쉬나를 선포하고 해석하는 자들)이라 불렀다. 아모라임들은 랍비 유다의 유업을 이어받아 더 많은 구전 주석들을 덧붙이면서도 또 다른 일도 시작했다. 그들은 토라의 말씀을 히브리어에서 아람어로 번역하고 그걸 윤색해서 청중들이 쉽게 이해하고 받아들일 수 있도록 했다.

두 종류의 탈무드

랍비 유다 사후 유대 문화와 학문의 중심이 팔레스타인에서 지금의 이라크 지역인 바빌론으로 옮겨가기 시작했다. 두 지방은 각각 자체의 전통과 스타일을 담은《미쉬나》를 발전시켰다. 똑똑한 학생들과 장래가 유망한 학자들을 그들의 학교로 끌어모으기 위해서였다. 새로운 학교 또는 아카데미들도 바빌론에 세워졌다. 그 중에서 가장 잘 알려진 학교가 바로 '수라Sura'였다. AD 3세기경에 세워진 이래 랍비 압바 바르 아이부Abba Bar Aivu, 라브Rav라 불렸던 아카 압바Aka Abba의 후원 아래 700년 이상 번성했다.

이들의 배움을 향한 열정과 열심은 당대 사람들도 깜짝 놀랄 정도였다. 그들의 목적은 돈이 아니라 부요한 지식이었다. 또한 물질적인 소유보다는 학문과 경건함을 두고 선의의 경쟁을 펼쳤으며, 청중의 관심을 얻기 위해 논쟁하는 것도 마다하지 않았다.

팔레스타인과 바빌론 학교들은 3세기부터 600년에 걸쳐 서로 도와가며 번창했다. 그 시기에 학자들은 서로 왕래하며 아이디어와 개념들을 공유했다. 그런 가운데 4세기에 접어들면서 팔레스타인 유대인들은 고대 로마 왕조 세베루스 가문의 마지막 황제가 쓰러진 후 로마 지배층 간에 시작된 싸움에 휘말리고 말았다. 정치적 불안이 가중되자 로마 당국은 유대인들을 종교적·정치적으로 탄압하기 시작했다.

탄압을 피해 많은 유대인들이 바빌론으로 급히 이주했다. 일부 유대인들은 방향을 틀어 유럽 대륙으로 흘러들어갔다. 학생들이 떠남에 따라, 아카데미들의 고통이 가중됐다. 학자들은 탈무드 집필을 서둘러 끝내야 했다. 그 결과 두 개의 탈무드가 탄생했다. 《팔레스타인 탈무드》와 《바빌로니언 탈무드》가 그것이다. 각각에는 해당 지역에 거주하던 유대인들의 다양한 삶의 문화와 양식이 녹아있었다.

《바빌로니언 탈무드》는 팔레스타인 버전보다 더욱 많은 전설과 우화(아가다)를 담고 있다. 팔레스타인 유대인들의 이 이야기들에 대한 애착은 남달랐다. 그들의 일상 스토리가 배어있었기 때문에 굳이 그런 이야기를 글로 남길 필요를 느끼지 못했다. 탈무드 편집 와중에 아가다는 글로 정리됐고, 《미드라시》라는 문헌작품에 담겨졌다. 이 이야기들은 모든 종교 문헌에 기록된 가장 극적이고 감동적인 이야기들로 기억되고 있다. 그중 다수가 이어서 세워진 다른 종교들의 우화들의 기초가 됐다. 기독교 성경에 등장하는 수많은 예수 관련 이야기들은 《미드라시》를 기초로 한 것이다.

두 탈무드의 가장 큰 차이점은 길이와 관점이다. 팔레스타인 학자들은 로마 당국의 정치적인 탄압 때문에 탈무드 편집을 깔끔하게 마무리할 수 없었다. 《팔레스타인 탈무드》가 상대적으로 짧고 다소 부정확하게 편집된 이유다. 그에 비하면, 《바빌로니언 탈무드》는 다음 수세기에 걸쳐 그 양이 대폭 증가했다. 오늘날 탈무드를 언급할 때 일반적으로 《바빌로니언 탈무드》를 말한다.

11세기까지 바빌론 지역에 있던 유대인 중심지도 어려움을 겪으면서 몰락했다. 반면, 스페인, 포르투갈, 북아프리카, 이탈리아, 프랑스, 독일 지역의 유대인들은 번창했다. 팔레스타인과 가깝다는 지형적 이점 때문에 유럽의 아쉬케나지 유대인들은《팔레스타인 탈무드》를 선호했고 스페인, 포르투갈, 북아프리카의 세파라디 유대인들은《바빌로니언 탈무드》를 더 좋아했다.

어떤 지역에 거주하든 상관없이 학자들은 리스폰사Responsa라는 관습을 통해 서로 질문하고 토론을 하기를 즐겼다. 이 전통은 오늘날까지도 이어지고 있다. 리스폰사란, 유대교의 율법에 관한 질문에 대해 유명한 랍비나 유대 학자가 보내온 권위있는 회답을 말한다. 이런 회답들은 할라카를 비롯, 각각의 율법조항 혹은 일부 종교적이고 문화적인 문제들과 결부돼 있었다.

탈무드의 전파

유대인의 새로운 생활 근거지마다 학자들을 배출했고, 그들은 탈무드에 나름대로 주석을 달기 시작했다. 그중 한 명이 바로 '라시'로도 불리는 랍비 솔로몬 바르 이삭으로, 11세기에 프랑스에서 살았다. 그의 스타일은 다른 학자들과는 사뭇 달랐다. 히브리어로 글을 썼지만 동시에 프랑스어, 독일어, 기타 외국어를 섞어서 사용할 줄 알았다. 다양한 언어를 구사함으로써, 그는 설명하고자 하는 바를 가장 정확히 표현할 수 있는 단어들을 골라 쓸 수 있었다. 《바빌로니언 탈무드》 전체에 빠짐없이 주석을 달았던 라시는 중세 유대인의 생활모습을 처음으로 그려낸 사람이기도 했다. 오늘날 탈무드를 공부하는 사람이라면 누구도 결코 간과할 수 없는 그의 주석은 필수로 꼽힌다.

또 한 명의 위대한 탈무드 주석가는 우리에게 흔히 '마이모니네스'로 알려진 랍비 모세 벤 마이몬이다. 스페인에서 태어난 그는 종교적인 박해를 피해 이집트에 정착했다. 그곳에서 대부분의 저서를 완성했다. 그의 가장 큰 업적은 《미쉬네 토라Mishneh Torah》인데 저술에만 10년이 걸렸고 여생을 이를 교정하는 데 바쳤다. 《미쉬네 토라》는 유대율법을 망라했다. 《미쉬나》 원전은 주로 이스라엘 지역 유대인의 생활을 주로 다뤘는데, 마이모니데스는 다른 지역에 거주하는 유대인들에게도 지침서가 필요하다는 사실을 깨달은 뒤, 율법을 번역하고 이스라엘 땅 밖에 거주하는 유대인들에게 이를 적용했다.

마이모니데스는 주로 아리스토텔레스 철학을 소개하는 부분을 항상 책 서두에 기록해뒀다. 탈무드 주석자들 대부분이 세속적인 그리스 철학을 기피했지만 마이모니데스는 이를 수용했다.

탈무드에 가해진 핍박

AD 8세기에 접어들자 카톨릭 교회는 유대인들의 탈무드 연구를 금지하기 시작했다. 1190년 마이모니데스의 책들이 이집트에서 불살라졌고, 1240년에 즉위한 교황 그레고리 4세, 1264년의 교황 클레멘트 4세 등을 포함해, 연이은 교황들의 재임 기간에 탈무드는 불타고, 묻히고, 삭제됐다. 이들의 명분은 탈무드가 유대인들의 결속을 지나치게 강화해서 가톨릭으로의 개종을 방해한다는 것이었다. 현대에 들어와서도 1920년대 러시아를 비롯한 여러 정부들이 탈무드에서 자신들이 마음에 들지 않는 부분을 수정하고자 했고, 모든 탈무드의 출판을 금지하기도 했다. 히틀러 치하의 독일의 제3제국은 탈무드를 대량으로 파괴했다.

오늘날에는 초기 아카데미가 있던 시절에 기록된 탈무드 원본 중 극히 일부만이 남아있을 뿐이다.

탈무드에 대한 관심의 부활

최근 들어 한 명의 뛰어난 탈무드학자가 펴낸 저서 덕분에 유대인과 비유대인 사이에 탈무드에 대한 관심이 되살아나고 있다. 이스라엘 랍비 아딘 스타인샬츠Adin Steinsaltz가 바로 그 주인공이다. 수학과 화학 분야에 학위를 가지고 있는 그는, 탈무드에 대한 인식을 획기적으로 바꿔 놓았다. 그의 노력 덕분에 히브리어를 잘 모르는 수백만 명의 사람들이 탈무드를 접할 수 있게 됐다. 미국의 시사주간지 〈타임〉은 그를 "천년에 한 명 나올까 말까 한 대단한 학자"라고 추켜세웠다.

애초 탈무드는 현대 히브리어에서는 흔한, 글자 밑에 표시된 모음기호도 따로 없이 아람어와 히브리어로 기록됐다. 구두점도 없어서 문장이 어디에서 시작되고, 어디에서 끝나는지조차 알기가 어렵다. 랍비 스타인샬츠는 이러한 탈무드를 현대 히브리어로 완역했고, 구두점과 발음기호도 붙여 놓아서 히브리어를 아는 사람이라면 누구나 탈무드를 막힘없이 읽을 수 있게 했다. 또한 탈무드 페이지에 빡빡하게 꽉 짜여 있던 텍스트를 넓게 펼쳐놓아, 그 페이지에서 진행되고 있는 논쟁을 보다 쉽게 이해할 수 있도록 했다. 게다가 까다롭고 어려운 낱말들을 현대 히브리어로 바꾸고, 필요한 경우 자신의 주석도 첨가해놓았다.

정통파 유대인들은 그의 노력을 폄하하면서 탈무드는 바뀌어선 안 되고, 그렇게 되면 탈무드의 특징이 사라진다고 비난했다. 일반 대중들은 거기에 동의하지 않는 것 같다. 랍비 스타인샬츠의 히브리어 탈무드는 1990년에 출판된 이래, 이스라엘에서만 100만 부 이상이 팔려나갔다. 첫 권이 영어로 번역된 뒤 미국에서 출판되자, 1년이 채 되기도 전에 50만 권 이상의 판매고를 올리기도 했다.

탈무드의 구성

탈무드는 6개의 주요 주제Orders 아래 총 63개의 책과 517
개의 장章으로 구성돼 있다. 탈무드의 순서는 《미쉬나》와 비슷
하다.

첫 번째 주제는 '씨앗들'이라는 뜻의 '즈라임Zeraim'으로, 농
업과 축산업 관련 주제를 다루고 있다. 십일조, 자선을 위해 수
확의 일부를 남겨놓는 것, 나무 접목, 가축 기르기, 휴경지 남겨
두기, 음식을 올바르게 먹기 등의 주제가 포함돼 있다. 주로 농
업과 관련된 실용적인 담론들이 담겨있지만 윤리적 문제에 대
한 질문과 고찰도 엿볼 수 있다.

두 번째 주제는 '휴일'이라는 뜻의 '모에드Moed'인데 어떤 경
우에는 '시간'이란 제목을 붙이는 경우도 있다. 안식일, 유대력,
거룩한 날 등의 주제를 다룬다.

세 번째 주제는 '여자들'이라는 뜻의 '나심Nashim'이다. 남자

와 여자, 부부간의 의무에 대해 다루고 있다. 약혼, 결혼, 이혼, 간통, 서약, 기타 부부와 가정 관련 주제도 포함하고 있다.

네 번째 주제는 흔히 '피해들'이라는 의미의 '너지킨Nezikin' 이다. 민사와 형사 관련 율법을 다룬다. 이 부분은 비즈니스 윤리와 상업거래에 관한 광범위한 율법을 다루기 때문에 이 책에서 가장 많이 인용되고 있다. 10개의 책 가운데 2개는 특히 비즈니스와 관련된 정보가 풍부하다. '가운데 문'이라는 뜻의《바바 메찌아Bava Metzia》는 재산, 대출, 비즈니스 거래, 판매, 고용, 종업원 해고, 외부 직원과의 계약 등을 다루고 있다. '마지막 문'이라는 뜻의《바바 바트라Bava Batra》는 파트너십, 계약, 법률서류, 기타 비즈니스 활동을 다루고 있다.

이 주제에서 매우 중요한 책이 바로 '아비들'이라는 뜻의 '아보트Avot'다. 이 책은 종종《피르케이 아보트》, 즉 '아비들의 윤리' 또는 '선조들의 어록'이라는 말로 불리기도 하는데, 인성함양과 도덕·윤리에 대한 풍부한 내용이 수록돼 있다.

다섯 번째 주제는 '성스러운 것들'이란 뜻의 '코다심Kodash-im'이다. 이름에서 암시하듯이 성전 제사와 제물, 기부에 대한 규정을 논하고 있다.

마지막 여섯 번째 주제는 '정결'라는 뜻의 '토호로트Tohorot' 이다. 정결과 부정 등 각종 정결법과 그릇, 음식물 등 위생과 건강유지에 대해 주로 다룬다.

탈무드 속 현자들

탈무드에 이름을 올린 고대 현자들 중 몇몇을 제외하고는 어떤 사람들인지 자세히 알려져 있지는 않다. 그들이 남긴 주석이나 다른 사람이 그에 대해 남긴 탈무드상의 기록으로 유추할 수 있을 뿐이다. 그 중에서 비교적 잘 알려진 탈무디스트 몇 명을 소개한다.

랍비 아키바Akiva

가장 위대한 유대학자 중 한 명을 꼽으라면, 단연 랍비 아키바 벤 요셉Akiva Ben Josef(AD 40~135)이다. 그는 나이 40세가 넘도록 글을 읽거나 쓰는 것조차 배우지 못했다. 파란만장했던 그의 인생은 아내에 대한 사랑과 《토라》 연구에 대한 사랑 사이의 갈등으로 점철돼 있다.

랍비 아키바는 당시 예루살렘에서 가장 부자로 알려진 칼바 사부아란 사람의 집에서 양치기로 일했다. 그는 배움도 부족하고 가난했지만, 칼바의 아름다운 딸 라헬을 무척 사랑했다. 라헬도 아키바가 싫지는 않았다. 가난하고 글도 못 읽는 양치기로 보지 않고, 독실하고 정직한 남자로 보았던 것이다. 그녀는 《토라》를 공부한다는 조건으로 아키바와 결혼하고자 했고, 아키바가 이를 받아들이면서 비밀리에 결혼식을 올리게 됐다.

두 사람의 비밀 결혼을 알아챈 라헬의 아버지가 화가 난 나머지 부부를 집 밖으로 내쫓아버렸다. 아키바 부부는 너무 가난해서 나무 장작들을 팔아 생계를 꾸리면서 《토라》 공부를 멈추지 않았다. 장작 중 절반은 내다 팔고 절반은 밤에 공부하는 불빛으로 삼고 오두막집을 덥히는 데 사용했다. 라헬은 아키바가 공부 뒷바라지를 위해 가지고 있던 보석을 내다 팔기도 했다.

라헬은 아키바가 탈무드를 공부할 수 있도록, 롯Lod이라는 도시로 떠나도록 했다. 12년 후에 집으로 돌아오던 길에 랍비 아키바는 우연히 어떤 남자가 자신의 아내에게 말하는 소리를 들었다. "당신은 살아있는 남편을 놔두고 언제까지 과부로 지낼 작정인가?" 아키바가 엿듣고 있다는 것을 짐작도 못했던 라헬이 대답했다. "그가 내 목소리를 들을 수 있다면, 나는 앞으로 12년을 더 기다릴 수 있다고 말할 겁니다." 랍비 아키바는 아내를 무척 사랑했지만, 《토라》 공부 역시 그에게 몹시 중요했다. 그는 아내에게 자신이 돌아왔다는 사실을 전혀 알리지 않은 채,

다시 롯으로 돌아갔다.

12년이 다시 흘렀다. 아키바는 2만 4,000명이나 되는 제자를 이끌고 집으로 돌아왔다. 라헬에게 다가가자 그녀가 갑자기 휘청거렸다. 아키바의 제자 중 한 명이 그녀를 부축하려 하자 아키바가 소리쳤다. "그녀에게 손대지 마라! 내가 배운 것과 네가 배운 모든 것이 사실은 그녀의 것이다."

오늘날에는 직접 사랑을 표현하는 것이 충분히 가능하지만, 당시에는 유명한 사람일지라도 수많은 제자 앞에서 여자를 한껏 칭찬한다는 것은 결코 쉽지 않은 일이었다.

유명한 토라학자가 마을에 온다는 소식을 들은 랍비 아키바의 장인은 그를 영접할 채비를 했다. 당연히 그는 그 학자가 바로 자신이 쫓아낸 사위라는 사실을 전혀 알지 못했다. 마침내 그 학자가 아키바라는 사실을 알게 된 그는, 자신의 실수를 인정하고 딸 부부에게 소유의 절반을 떼 주었다. 아키바와 라헬 부부는 부자가 됐고, 아키바는 자신이 오래 전에 했던 약속을 지킬 수 있었다. 오래 전 비밀 결혼식을 올렸을 때, 아키바가 라헬에게 이렇게 말한 적이 있었다. "내게 재산이 있다면 당신에게 '황금 예루살렘(도시 그림의 장식품)'을 사주겠소." 약속대로 그는 라헬에게 이 장식품을 사줬다. 이를 지켜본 제자가 그의 과시욕을 나무라자 이렇게 대답했다. "그녀는《토라》를 위해서 많은 고통을 겪었다."

한번은 어떤 제자가 아키바에게 물었다. "랍비님, 누가 부자입니까?" 그는 대답했다. "여인을 진정으로 사랑할 줄 아는 자다."

오랜 시간이 지난 후에 아키바는 대중을 모아놓고 《토라》를 가르쳤다는 이유로 로마당국에 체포되어 모진 고문을 받다가 화형당했다.

랍비 아시 Ashi

랍비 아시(AD 352~427)는 56년간 바벨론의 탈무드 대학 수라 Sura 아카데미의 교장으로 재직했다. 동료 라비나와 함께 학생들과 더불어 《바빌로니언 탈무드》를 편집하고 정리한 인물로 유명하다. 그는 부유하고 진지한 사람이었으며, 유대 회당이 설계에 따라 제대로 건축되고 있는지 확인하느라 재건축 기간에 건설 현장에서 잠을 잤다고 한다.

랍비 엘라자르 벤 아자르야 Elazar ben Azaryah

랍비 엘라자르는 겨우 18세 때 이미 선생이 돼달라는 요청을 받을 정도로 전도유망한 청년이었다. 그는 나이가 너무 어려서 학생들과 학자들이 자신을 존경하지 않을 것이라 지레짐작하고는 기적이 일어나게 해달라고 기도했다. 그 기도가 받아들여졌는지 하룻밤 사이에 그의 머리카락이 희게 변했고 존경을 받을 만한 외양을 갖추게 됐다고 한다. 그가 남긴 탈무드에 실린 실용적인 의견들 중 하나는 "돈이 없는 곳에 배움도 없다"이다. 그는 또한 속죄의 날(욤 키푸르)에 대해 다음과 같은 유명한 말을 남기도 했다. "신에게 용서를 구하는 것보다, 차라리 상대방을 찾아가 그 사람의 용서를 구하는 것이 더 낫다."

힐렐Hillel

가장 유명한 탄나임이자 《미쉬나》에 대한 주석자 중 한 사람인 힐렐 하자켄Hillel Hazaken은 《토라》를 공부할 돈이 없을 정도로 가난한 사람이었다. 한번은 학교 수위에게 매번 내야 하는 동전 하나가 없어서 어쩔 수 없이 지붕 위로 올라가 지붕에 난 조그만 창문으로 수업을 들었다. 마침 그날은 몹시 춥고 눈까지 내리기 시작했다. 다음날 아침에 교사였던 쉐마타와 아발론은 교실이 너무 어둡다는 것을 알아차리고는 구름이 끼어서 그럴 거라고 생각했다. 지붕을 살피던 그들은 지붕으로 난 창문 너머로 사람 하나가 있는 것을 발견했다. 지붕으로 급히 올라간 그들이 발견한 것은 꽁꽁 얼어붙은 힐렐이었다. 그들은 힐렐을 안으로 데리고 들어가 간호했다. 그 사건 이후 교실 입장료는 폐지됐다.

힐렐은 사람들이 안심하고 가난한 사람들에게 돈을 빌려줄 수 있는 '프로스불Prosbul'이란 제도를 고안한 것으로 유명하다. 또한 한 발로 서 있는 동안 《토라》의 모든 내용을 가르쳐준다면 개종하겠노라고 말한 이교도에게 《토라》를 짧게 요약했던 일화로도 유명하다. 당시 그는 이렇게 말했다. "네가 하고 싶지 않은 일은 남에게 강요하지 마라. 그것이 《토라》가 말하는 전부다. 나머지는 주석에 불과하다." 그가 했던 가장 유명한 말이 《아보트》에 기록돼 있다. "내가 나를 위하지 않는다면 누가 나를 위할 것인가? 또 내가 나만 위한다면 나는 무엇인가? 지금 아니면 언제?"

힐렐은 동시대 보수주의자들 중 한 명인 샴마이보다 성경을 훨씬 자유롭고 인간적으로 해석했다. 예수도 초년 시절에 힐렐 학교에서 랍비가 됐을 것으로 학자들은 추측한다. 자기 자신을 개혁가로 본 힐렐은 유대 전통의 범위 안에서 이를 발전시키기 위해 노력했다. 말년에는 교리를 넘어서 더욱 더 개방적이고 포용적인 자세를 취했다. 현재 유대인 대학생 네트워크 단체인 '힐렐'은 그의 이름을 따서 지은 것이다.

랍비 후나Huna

랍비 후나는 토라학교 수라Sura의 수장으로 40년 이상을 봉직했다. 그가 강의할 때는 800명이 넘는 학생들이 수강했으므로 강의를 전달하는 사람들만도 13명이나 필요했다.

안식일 전날 저녁이면, 그는 심부름꾼을 시켜서 시장에서 과일과 채소를 구입하게 하고, 사용하지 않고 남은 것은 남들이 가져가서 되팔지 못하도록 강물에 버리게 했다. 그는 가난한 사람들이 자선에 의지하고 스스로 돈을 벌지 않을까봐 남은 음식을 그들에게 나눠주지도 않았다. 왜 필요한 음식보다 더 많이 구입하느냐고 사람들이 그에게 묻자, "만약 농산물이 팔리지 않고 남는다면 농부들이 농산물을 충분히 생산하지 않게 될 것"이라고 대답했다. 생산량이 줄면 가격이 상승하고 가난한 사람은 그만큼 고통을 받게 되리라는 것이 그 이유였다.

랍비 요하난 벤 자카이 Yohannan Ben Zakkai

랍비 요하난은 힐렐의 제자였다. 그는 120년 동안 인생을 세 부분으로 나눠 살았다고 전해진다. 첫 40년은 사업하느라 보냈고, 다음 40년은 공부하며 보냈으며, 마지막 40년은 가르치면서 보냈다고 한다.

그는 로마당국의 가혹한 지배를 받던 시기에 예루살렘에 살다가 투옥됐다. 어두운 감방에 갇힌 그에게 간수가 주기적으로 시각을 물었다. 간수는 그의 대답이 틀리면 그를 가혹하게 고문할 생각이었다. 요하난은 한 번도 시각이 틀린 적이 없었다. 밤낮으로 《미쉬나》를 공부하면서, 그는 각 장章을 배우고 익히는 데 얼마나 시간이 걸리는지 정확히 알고 있었던 것이다.

랍비 메이르Meir

랍비 메이르는 유대율법에 관해 많은 학자들을 계몽했기 때문에 '계몽가'라는 뜻의 '메이르'로 불렸다. 랍비 메이르는 매주 금요일 저녁에 설교를 했는데 하루는 강의가 너무 길어져서 그곳에 참석했던 여성 한 명이 너무 늦게 집에 돌아갔다. 집에서 기다리고 있던 남편은 화가 치민 나머지 어디에 있었느냐고 다그쳐 물었고, 그녀는 강의를 듣느라 늦었노라고 대답했다. 남편은 다시 돌아가서 강의한 사람 얼굴에 침을 뱉지 않으면 집에 들어올 수 없다고 윽박질렀다. 이 소식을 들은 메이르는 눈에 이물질이 들어가서 누군가 눈에 입김을 불어줄 사람이 필요하다고 말했다. 그 여성은 내키지 않았지만, 메이르가 시키는 대로 한 번이 아니라 일곱 번씩이나 랍비의 눈에 침을 뱉었다. 랍비 메이르는 "당신 남편에게 돌아가서, 당신이 한 번 침을 뱉으라고 했지만 일곱 번이나 침을 뱉었다고 말하시오"라고 말했다. 학생들이 왜 그런 수치스런 일을 하느냐고 묻자, 그는 신 앞에서 부부간의 평화를 지켜주는 것보다 더 중요한 의무는 없다고 대답했다.

랍비 메이르가 남긴 가장 강렬한 말은 다음과 같다. "인간이 세상에 처음 날 때는 마치 '세상 모든 것이 내 것'이라고 말하는 듯이 주먹을 꼭 쥐고 태어나지만, 세상을 떠날 때는 손을 활짝 편 채로 죽는다."

마이모니데스 Maimonides

랍비 모세 벤 마이몬Moses Ben Maimon(1135~1204)은 스페인에서 태어났다. 이후 종교적 박해를 피해 이집트로 이주했으며, 그곳에서 그의 업적 대부분을 남겼다. 그의 가장 위대한 저서는 《미쉬네 토라》와 아리스토텔레스의 이론과 유대 교리의 융합을 시도한 《혼란한 자들을 위한 지침서The Guide of the Perplexed》이다. 이 책은 중세 기독교 철학자들에게 아리스토텔레스를 소개하는 데 도움을 주었다. 의사이기도 했던 그는 의학 서적을 저술하기도 했다.

라시 Rashi

랍비 솔로몬 바르 이삭Solomon Bar Isaac(1040~1105)은 줄여서 '라시'라는 별명으로 불렸다. 그는 11세기 프랑스에 살면서 주로 히브리어로 저술활동을 했으나, 정확하게 자신의 의도를 표현하기 위해 프랑스어, 독일어 및 기타 언어를 혼용했다. 라시는 《바빌로니언 탈무드》 전체에 주석을 달았으며, 사람들은 그의 주석에 최고의 찬사를 보냈다. 인쇄술이 발명된 후에 출간된 거의 모든 탈무드 버전은 그의 주석을 빠짐없이 기록하고 있다.

라브 파파Rav Papa

라브파파는 바빌론 토라 아카데미 수라 인근에 있는 다른 아카데미의 교장이었다. 그는 가난한 집안에서 태어났지만 대추야자 열매를 이용한 양조 전문가로서 사업에 성공해 큰돈을 벌었다. 그는 자신의 부가 사업적 감각에 의한 것이 아니라, 자신의 아내가 어떤 대제사장의 후손이기 때문이라고 주장했다. 그는 종종 토론의 맨 마지막에 의견을 내놓았고, 랍비들 간의 의견 차이를 조정하는 역할을 맡기도 했다. 그는 언젠가 한 학생의 학문에 매우 깊은 인상을 받아서 그 학생의 손에 입맞춤을 한 뒤, 자신의 딸을 그에게 시집보냈다고 한다. 자립심을 늘 강조했던 라브 파파는 다른 사람에게 의존하거나 땅을 빌리지 않도록 스스로 씨를 뿌리라고 조언했다.

라비나Ravina

라비나는 스승인 랍비 아시와 함께 《바빌로니언 탈무드》를 정리한 인물로 알려져있다. 그에 대해서는 알려진 바가 거의 없다.

본 책의 내용에 대해 의견이나 질문이 있으면
전화(02)3604-565, 이메일 dodreamedia@naver.com을 이용해주십시오.
의견을 적극 수렴하겠습니다.

비즈니스 성공의 비밀 탈무드

제1판 1쇄 인쇄 | 2017년 7월 29일
제1판 1쇄 발행 | 2017년 8월 5일

지은이 | 래리 캐해너
옮긴이 | 김정완
펴낸이 | 한경준
펴낸곳 | 한국경제신문*i*
기획·제작 | 두드림미디어
책임 편집 | 이수미

주소 | 서울특별시 중구 청파로 463
기획출판팀 | 02-3604-565
영업마케팅팀 | 02-3604-595, 583 FAX | 02-3604-599
E-mail | dodreamedia@naver.com
등록 | 제 2-315(1967. 5. 15)

ISBN 978-89-475-4232-6 (03320)